国家社科基金项目“总体国家安全观视野下公安情报法制建设研究”（编号：15BFX060）

U0795704

域外情报法制比较研究

张秋波　郭永良　等著

中国人民公安大学出版社
群众出版社
·北　京·

图书在版编目（CIP）数据

域外情报法制比较研究/张秋波，郭永良著. —北京：中国人民公安大学出版社，2017.11

ISBN 978-7-5653-3104-6

Ⅰ. ①域…　Ⅱ. ①张…②郭…　Ⅲ. ①情报工作—法制管理—对比研究—世界　Ⅳ. ①D912.140.4

中国版本图书馆CIP数据核字（2017）第273475号

域外情报法制比较研究

张秋波　郭永良　等著

出版发行：中国人民公安大学出版社
地　　址：北京市西城区木樨地南里
邮政编码：100038
经　　销：新华书店
印　　刷：北京泰锐印刷有限责任公司

版　　次：2017年11月第1版
印　　次：2017年11月第1次
印　　张：12
开　　本：787毫米×1092毫米　1/16
字　　数：210千字

书　　号：ISBN 978-7-5653-3104-6
定　　价：40.00元

网　　址：www.cppsup.com.cn　www.porclub.com.cn
电子邮箱：zbs@cppsup.com　zbs@cppsu.edu.cn

营销中心电话：010-83903254
读者服务部电话（门市）：010-83903257
警官读者俱乐部电话（网购、邮购）：010-83903253
教材分社电话：010-83903259

域外情报法制比较研究

撰稿人（以撰写章写先后为序）
张秋波　闫　妍　王帅响
孟祥云　周相坤　张健豪
孙一凡　郭永良

序

在新的历史起点上推进国家情报工作

国家安全是国家生存发展的前提、人民幸福安康的基础、中国特色社会主义事业的重要保障。作为国家安全的重要组成部分，情报工作旨在通过为国家重大决策提供参考，为防范和化解危害国家安全的风险提供支持，以维护国家政权、主权、统一和领土完整、人民福祉、经济社会可持续发展和国家其他重大利益。党的十八届三中全会以来，党中央提出要坚持总体国家安全观，走中国特色国家安全道路，对包括国家情报在内的国家安全立法工作进行了总体谋划和战略部署，并适时将党的主张上升为国家意志并以法律形式加以确定。《国家情报法》的颁布实施，开辟了我国全面依法治国的新境界，开启了情报工作法治化的新时代。

一、《国家情报法》的战略意义

《国家情报法》承载总体国家安全观，是党中央全面依法治国战略布局的重要体现，是新形势下维护和塑造中国特色大国安全的强大法律武器和情报工作指南，充分体现了我党奋力开拓国家情报工作新局面的战略智慧和使命担当，具有重要的战略意义。

第一，《国家情报法》承载贯彻总体国家安全观、走中国特色国家安全道路的历史使命，具有鲜明的时代特色。实现中华民族伟大复兴，是我国的根本利益和最高利益。当代中国正处于实现中华民族伟大复兴的关键时期。习近平总书记指出："这是中华民族的一个重要历史机遇，我们必须牢牢抓住，决不能同这样的历史机遇失之交臂。"坚持总体国家安全观、走中国特色国家安全道路，就是为了更好地维护和延长我国发展重要战略机遇期，确保中华民族伟大复兴进程不被滞缓或打断。在这一重要当口，我们要充分发挥情报工作的决策依据、行动支持和效果评估作用，时刻准备应对国家安全面临的风险挑战。《国家情报法》以总体国家安全观为指引，立足全球秩序大变局把握国家安全规律，着眼防范风险谋划情报工作大局，突出现实需要设计体制机制，反映了中国特色国家安全道路的特点，揭示了中国特色情报工作的本质特征，是维护中国特色大国安全的有力保障。

第二，《国家情报法》是全面依法治国战略布局的重要体现，彰显我们党更加注重法治在加强和保障国家情报工作中的重要作用，具有重要的里程碑意义。国家情报具有隐蔽性，是"不能说的秘密"。自人类文明开始以来，世界各地均开展着这项工作。对它进行公开立法，却是法治成为世界主流之后晚近才发生的事情。为顺应时代变化新趋势，回应人民发展新期待，我们党提出并全面贯彻依法治国战略。全面依法治国既是我们党深刻总结我国社会主义法治建设成功经验和深刻教训作出的重大决策，也是统筹推进"五位一体"总体布局的重要抓手，协调推进"四个全面"战略布局的重要组成。在新时期，将情报工作纳入法治化轨道，昭示我们党全面推进依法治国战略的决心与信心，体现我们党对情报工作规律的认识达到了新高度。《国家情报法》以具体的法律规范向各界表达传递我国情报工作的体系框架和制度内容，不留下一处死角，不放过一个漏洞，不忽略一处盲点，彰显我们党更加注重法治在治国理政中的重要作用，是全面依法治国战略的纵深推进，是确保国家情报工作沿着正确方向发展的可靠保证。

第三，《国家情报法》凝练我国国家情报工作的成功经验，是开展中国特色情报工作的行动指南，具有重大的现实意义。在党领导人民取得革命、建设、改革伟大胜利的历史进程中，经过实践和理论的艰辛探索，我们党积累了丰富的情报工作经验，亟须凝练归纳、系统总结、发展完善，形成立足我国国情、体现时代特点，系统完备、科学规范、运行有效的国家情报工作法律制度体系，以适应新时期维护国家安全的战略需要。《国家情报法》搭建了中国特色国家情报工作体系的"四梁八柱"，明确了国家情报工作的指导思想、基本任务、体制机制、职责权限、制度保障和规范监督，绘制了路线图，按下了"快进键"，标志着我们国家情报工作从理论到实践站在了新的历史起点上，为我国情报工作提供了行为指南，是当前和今后开展情报工作的根本遵循。

二、《国家情报法》的战略定位

国家情报工作法治化是推进国家安全治理能力体系和治理能力现代化

的重大战略问题。我们要站在党和国家事业发展与人民整体利益的战略高度与全局角度，深刻认识和准确把握《国家情报法》的战略定位。

（一）落实总体国家安全观是《国家情报法》的战略任务

维护国家安全，是中国特色社会主义建设事业顺利进行、实现国家长治久安和中华民族伟大复兴的重要保障。总体国家安全观揭示了国家安全的本质内涵，勾画了维护国家安全的整体布局，回答了中国这样一个发展中的社会主义大国如何维护和塑造国家安全的基本问题，深化了我们党对国家安全的认识深度，为国家安全工作指明了方向、明确了任务、提供了遵循。为贯彻落实总体国家安全观，我国专门制定了《国家安全法》这部立足全局、统领国家安全各领域立法安全的综合性法律。但是，仍存有亟待立法填补空白的问题需要解决。为进一步贯彻落实总体国家安全观，《国家情报法》以为实现国家可持续安全提供情报保障为己任，强调国家情报工作的目标是为国家重大决策提供参考、为防范和化解危害国家安全的风险提供支持，指出国家情报工作要接受中央国家安全领导机构的统一领导，强调情报工作体制要集中统一、分工协作、科学高效等。《国家情报法》细化了总体国家安全观关于情报领域的战略布局，为国家情报工作的有效实施提供了制度依据。

（二）增强情报整体合力是《国家情报法》的战略目的

当前，我国国家安全形势保持总体稳定，但面临的安全和发展环境更趋复杂。要在深刻变化的时代赢得主动，要在伟大斗争中赢得胜利，需要科学判断国际国内形势。这些科学判断的产生，是全方位捕捉全球情报信息的成效，是立体型综合研判支撑支持的结果。由于历史和现实原因，我国情报机构存在职责交叉、资源分散、体制机制不健全等问题，使得情报信息的收集研判不足、统筹协调不够，因此有必要以法律的形式确定国家情报工作的相关制度，明确各部门、各地方做好情报工作、开展情报行动的职责任务和保障机制，规范国家机关、公民和组织维护国家安全的责任、权利和义务，以形成情报工作的整体合力，实现战术情报、局部情报、浅层情报向战略情报、全局情报、深层情报的转化和跃升，为国家安全的维护提供战略支持。《国家情报法》以增强情报整体合力为战略目的，明确了国家情报工作机构统合和服务于国家安全战略决策，设计了情报从战术跃升至战略层面的流程安排，为国家情报的可持续生产提供了有力保障。

(三) 保障国家情报工作是《国家情报法》的战略重点

法律是治国理政最大的规矩，制度是保障工作推进改革最重要的手段。《国家情报法》的出台，改变了国家情报工作无法可依的现状，为加强和保障国家情报工作提供了制度手段。一是明确国家情报工作机构的职权范围，为国家情报工作的合法开展提供了法律依据。二是要求加强国家情报工作机构建设，对其机构设置、人员、编制、经费、资产实行特殊管理，建立适应情报工作需要的人员录用、选调、考核、培训、待遇、退出等管理制度，为国家情报工作的顺利进行提供了法律保障。三是明确保障国家情报工作人员的安全，要求对国家情报工作机构工作人员和有合作关系人员及其近亲属人身安全予以保护，对为国家情报工作作出贡献并需要安置的人员，有关部门应当协助国家情报工作机构妥善安置，解除国家情报工作人员的后顾之忧。四是设定了阻碍国家情报工作、泄露与国家情报工作有关的国家秘密的法律责任，扫清了开展国家情报工作的法律障碍。《国家情报法》以加强和保障国家情报工作为重点，为国家情报工作的顺利开展扫清了障碍、提供了依托、构筑了保障。

(四) 规范和监督国家情报工作是《国家情报法》的内在要求

人民立场是我党的根本政治立场。开展情报工作要坚持以民为本、以人为本，坚持国家情报一切为了人民、一切依靠人民，才能真正夯实情报工作的社会基础。《国家情报法》突出体现了“以人民安全为宗旨”的情报工作观念，把维护“人民福祉”纳入情报工作的任务；在总体要求中要求“国家情报工作机构及其工作人员应当忠于国家和人民”；在基本原则中强调“尊重和保障人权，维护个人和组织的合法权益”等。同时，为有效避免情报工作在开展过程中侵犯公民的合法权益，出现类似美国“棱镜门”的事件，《国家情报法》对情报工作进行了规范和监督。要求国家情报工作机构及其工作人员不得超越职权、滥用职权、徇私舞弊，不得侵犯公民和组织的合法权益，不得泄露国家秘密、商业秘密和个人隐私；国家情报工作机构使用必要的方式、手段和渠道开展工作时，应当遵守国家有关规定；国家情报工作机构应当建立监督和安全审查制度；任何个人和组织对国家情报工作机构及其工作人员超越职权、滥用职权和其他违法违纪行为，有权检举、控告等。《国家情报法》以权利义务关系的刚性配置对国家情报工作进行了规范和监督，在有效维护国家安全与切实尊重和保障人权之间取得了动态平衡。

三、《国家情报法》的战略推进

（一）坚持党的领导

党的领导是中国特色社会主义最本质的特征，是走中国特色国家安全道路最根本的政治保证。坚持党对国家情报工作的领导，是做好国家情报工作的根本原则，《国家情报法》明确“中央国家安全领导机构对国家情报工作实行统一领导”是这一原则的具体体现。在中央国家安全领导机构统一领导下，各地各部门要建立健全党委统一领导的集中统一、分工协作、科学高效的情报工作体制，充分发挥党总览全局协调各方的领导核心作用，把党的领导贯彻到国家情报工作全过程和各方面，全面加强和深化国家情报工作。打造一支坚定纯洁、让党放心、甘于奉献、能拼善赢的国家情报工作队伍，提升情报工作能力和水平。要按照《国家情报法》的要求，强化国家情报工作责任，党政同责、一岗双责、守土有责、守土尽责、失职追责，进一步巩固党的执政地位，实现国家长治久安。

（二）坚持目标牵引

《国家情报法》的目的是增强情报整体合力。国家情报工作机构的多寡，并不等同于国家情报能力的强弱。松散的“多头马车式”的情报体制要劣于科学集中高效的情报体制。国家安全面广事多，既包括传统安全也包括非传统安全，既包括政治安全、国土安全、军事安全，还包括经济安全、文化安全、社会安全、科技安全、信息安全、生态安全、资源安全、核安全。不言而喻，每个领域的安全都需要情报参考和支持，这必然涉及具体领域的情报分工。为了形成整体合力，就需要通过制度化的手段实现国家情报工作机构之间的协同配合。那么，国家情报工作应以《国家情报法》为依据，加强机构之间的沟通协调，形成统一归口、反应灵敏、准确高效、运转顺畅的国家情报收集、研判和使用制度，实现国家情报的及时收集、准确研判、有效使用和共享。

（三）坚持问题导向

实施《国家情报法》必须直面国家情报工作领域的突出问题，为重点领域国家安全工作的稳定推进提供支撑。要坚持问题导向，突出重点，以支撑“一带一路”建设为抓手，围绕为政治安全基础更加牢固提供情报支持、为打击“三股势力”提供侦查手段、为防范化解经济金融风险提供决策依据、为国防和军队改革推进效果评估、为文化软实力建设提供发展方向、为社会治理整体水平提升提供信息参考、为坚持“一国两制”遏制

"港独"反对"台独"提供预警、为维护海洋权益妥善解决南海问题提供手段等方面，稳步推进《国家情报法》的贯彻实施。

（四）坚持系统推进

国家情报工作法治化是一项庞大的系统工程，必须统筹兼顾、整体谋划、系统推进。一方面，要把国家情报工作放在统筹推进"五位一体"总体布局和协调推进"四个全面"战略布局中去把握，放在关系"两个一百年"奋斗目标的成败中去权衡，深刻理解我国颁布实施《国家情报法》的重大现实意义和深远历史意义，才能牵住"牛鼻子"，最大程度地发挥《国家情报法》统领情报工作的根本性、全局性、长期性作用。另一方面，要处理好《国家情报法》与《国家安全法》、《反间谍法》、《反恐怖主义法》等法律之间的关系，在这些法律立法时专门为情报工作预留空间、埋下接口衔接。在形成情报整体合力上用劲，在建设科学情报体制上着力，实现各种国家情报资源的优势互补，开拓国家情报工作新局面。

郭永良

2017年9月

CONTENTS

目 录

导论

在《中华人民共和国国家情报法》出台背景下，本书力图对域外的情报法制进行比较研究，以期裨益于该法的贯彻和实施。不难理解，国家情报法制通过法律实现对情报工作的制度化。理解国家情报法制的前提是对国家情报体制有一个理论上的总体了解和把握。而当前学界并未对国家情报体制构建成形的理论框架，本书在对域外情报法制比较之前，先行对国家情报体制进行研究，以为更好地理解域外各国情报法制打下基础。

一、国家情报体制的内涵及其特征

从一般意义上讲，国家情报体制是涉及一切情报机构的设置、隶属关系以及权力划分的具体体系和组织制度的总称。狭义的国家情报体制，是指涉及国家安全的或对制定国家战略计划具有现实或潜在意义的一切情报机构的设置、隶属关系以及权力划分的具体体系和组织制度的总称。本书主要是指狭义的国家情报体制，众所周知，情报工作的一个显著特点就是工作环节多，流水作业性强，各个环节既相互独立又相互联系，任何一个环节运作不畅，都会影响情报机构甚至国家层面上情报体制的正常运转。因此，研究情报体制设置、隶属关系以及权力划分，揭示其内在的客观规律，可以有效地改进情报工作，促使情报体制正常运转。[1] 国家情报体制的特征是国家情报体制区别于其他体制的象征和标志所在，了解国家情报体制的特征是为了更好地把握国家情报体制的本质所在。当然，作为一种体制，国家情报体制自然不能脱离体制的结构性、层次性等一般特征，但一旦与情报相勾连，自然就具有了其独有的特征。

一是安全主导性。国家安全是国家的最高利益，情报是为国家利益服务的，那么国家安全自然主导情报体制的方方面面，美国学者约翰·柯林斯在

① 刘宗和，高金虎. 外国情报体制研究. 军事科学出版社，2003：12.

《大战略》一书中写道："最重要的国家安全利益是生存，即国家的生存，要保证一定程度的独立、领土完整、传统的生活方式、基本制度、社会准则和荣誉等不受损害。"① 而且在不同的历史时期，社会发展水平和国家面临的威胁不同，国家安全利益的重心不同，国家情报体制的构建必然要全面考虑国家安全利益，并根据各个时期的不同重心有所倚重。国家情报体制由国家安全主导，也可以从情报工作对维护国家安全的重要性体现出来，情报工作是国家安全的"超级耳目"、国家安全的"隐形盾牌"、国家安全决策的"智囊"、国家安全的"保障与枢纽"，② 因此，在国家情报体制中，国家安全必然占有重要地位。

二是可选择性。国家情报体制不像经济制度，由一定的生产力所决定而不以人的意志为转移，在同一国情下，可以构建不同的情报体制，也可以在不同的国情下，具有相同的国家情报体制，可以选择松散型的情报体制，也可以选择集权性的情报体制，这大部分取决于国家事务决策者、国家的传统文化底蕴或者国家当前所面临的主要威胁。

国家情报体制是可以选择的，这就意味着它也是可以控制的。人力可以控制它的发展变化，适时地对它进行调整和改革，预测它的变化趋势，甚至通过领导人的设计和把握，可以加速或者延缓国家情报体制的演化过程。

三是易变性。迄今为止，没有一个国家情报体制是一劳永逸的，相反，每一个国家情报体制的构建以及发展都是在变化中的，而且其变化不是呈现出按照计划来一步一步优化权力配置，而是跳跃性的改革。一般都是在国家重大事件发生后，矛头指向情报体制的漏洞，情报体制自然就在舆论的压力下进行换血性的改革，如"9·11"恐怖事件后的美国情报体制改革。

四是滞后性。在一国内，国家情报体制的形成一般都是上一阶段延续过来的，其国家情报体制构建的重点也主要是针对上一阶段国家利益的核心，如美国在冷战期间的情报体制主要是针对苏联，当苏联解体后，美国的情报体制不得不改变其重心，裁撤一些以获取苏联情报为主要任务的部门，这体现出国家情报体制的滞后性，它的每一个历史阶段的形成都是对上一阶段的总结、优化，而无法彻底地适应现状，甚至预测未来。

五是其组成机构具有一定程度的保密性。情报体制的保密性是情报的本质所决定的，"密"是情报工作的核心，孙子兵法早就提出"事莫密于间"，

---

① 金朱德．国防经济论．解放军出版社，1987.

② 情报与国家安全课题组．情报与国家安全——进入21世纪的各国情报机构．时事出版社，2002：6－9.

若一项情报活动暴露，那么“间与所告者皆死”，战争期间尤为如此。情报机构的活动，长期以来被称为“隐蔽战线”，而这条战线从古至今就没有停止过，虽然在近些年来随着互联网、信息技术的开展，各国都努力将本国的情报体制纳入公众的视野中来，但情报的本质属性要求情报体制不可能完全实现公开化，如美国国家安全局（NSA）是“最令人莫测高深的秘密之一”，也有人将美国国家安全局的缩写 NSA 戏称为无此机构（No Such Agency）的缩写。在宣称自己是世界上所谓最“民主”“自由”“公开”的国家的美国，其研究者在涉及 intelligence 文著的开头中都会声明“本文已经被有关部门审查过，不含有涉及保密的内容”（It has been reviewed by the... which determined it holds on classified information）。依此看来，无论信息如何发达、社会如何进步，情报体制的组成机构必然有其一定程度的保密性，只不过保密程度不同罢了。

六是其组成机构设置上一定程度的重叠性①。世界各国的情报系统大多是点多线长、高度分散，呈现出纵横交织的分布形态。各国在情报机构的配置以及获取情报的方法、手段上普遍存在大量重叠现象，并且这种现象还有逐渐扩展的趋势。可以说，重叠性是各国情报体制的共性之一。综观情报史，情报机构重叠配置其实由来已久，有着深刻的历史渊源和错综复杂的原因。在伊拉克战争中，美国动用了中央情报局、国家安全局、联邦调查局、国防情报局、国务院情报研究司等情报机构，使用了包括侦察卫星、高空侦察机、无人机、无线电技术侦察、特种侦察、部队侦察、谍报侦察等各种侦察手段，为美军提供情报保障。美军为获取重要目标的情报，往往动用多个情报机构和多种手段反复实施侦察。美国这种多头并进、多管齐下的情报力量布局为美军的快速取胜奠定了坚实的基础。美国前中央情报局局长特纳在战后总结经验说，情报界因为特殊的工作性质，必须对其力量进行重叠配置，而不可能像陆军那样建立单一间接的指挥体系。

情报机构重复设置的首要原因是确保国家安全利益。安全是国家的最高利益。情报机构实质上是国家专政机构的组成部分，执行着维护国家安全和利益的任务。国家的情报政策、情报分布等也是国家安全战略的重要部分，对国家的安全起着至关重要的作用。因此，衡量一个国家情报体制是否合理绝不能简单地套用成本收益、效费比等概念，而是将其放在国家安全这个大前提下加以比较衡量。片面依赖政府或军队单一的情报机构，为所有需要情报的政府和军事单位提供情报，很难适应各条战线的情报需要。政府与军队

---

① 丁曦．国外情报机构重复设置的缘由．现代军事，2003（12）：48－49．

之间，军队各军中、各部门之间所需要的情报各有侧重，企图通过单一的情报机构完成需求各异的情报收集任务是不现实的。各情报机构之间既协调配合、互通情报，又分工明确、各负其责，这样的情报体制才能有力地维护国家安全利益。以日本的情报机构为例，日本政府的情报部门主要有内阁情报调查室、公安调查厅、警察厅、情报调查局等。陆海空自卫队参谋部也有独立的情报机构。特别是陆上自卫队参谋部调查部更是日本军事情报战线的中坚力量，日本85%以上的高级军事情报人员集中于该部。陆上自卫队调查部又有三支王牌部队：负责收集国内情况的中央调查队，负责收集国外情报的中央资料队以及专门从事无线电窃听的特别室，细化的情报布局使各情报机构能有的放矢地为各个归口部门提供及时的贴身服务，避免了情报获取过程中的情报疏漏和无序竞争。

情报机构重复设置的技术原因是为了弥补单一情报手段的不足。一种技术手段或许只能获取单一方面、某一局部、某一时段的情报资料，要想获得全面的情报，往往需要综合运用多种技术手段，这就产生了情报力量布局的重叠现象，比如，高技术手段拓展了情报活动的新领域，在情报收集的范围、距离、精度和时效性等方面，突破了传统手段的限制，达到了传统方法所不能达到的程度。但尺有所短、寸有所长，再精妙的高技术也有其不可克服的缺陷，易受时间、空间、环境等因素的制约，例如网络侦查不可能获取到未上网的文件；无线电技术侦察不能截收对方的有线通信情报；卫星侦察不能侦察到保险柜中的机密文件内容……而传统的人力手段则可以弥补这些不足，所以人们在运用高技术手段的同时，也运用谍报等传统人力侦察手段，获取内幕性、预警性的情报，以提高获取情报的效率。各种情报力量均有其特点，在力量配置、行动方式、技术手段上存在差异；由于侦察角度不同，因而针对同一侦察对象所得出的情报结论也不一样。例如，通过秘密方式获取的核心情报固然是各国情报机构关注和分析研究的重点，但难免会有疏漏不全之处；而对电视、新闻等公开情报资料的分析则可以成为其有力的补充。

情报机构重叠设置的机制原因是激励情报机构间的竞争。各国的实践都充分证明，由单一的情报机构垄断把持情报系统，往往造成情报机构死气沉沉、人浮于事、效率低下。因此，各国普遍设立了至少两个以上的情报机构，并且设立竞争机制，鼓励情报机构之间展开竞争，促使它们发挥各自优长以提高效率。如美国在情报法中明确规定了鼓励情报机构之间展开竞争的情报政策，并且在体制编制以及预算拨款等方面制定了吸纳供应法律进行保证。为了吸引领导人的注意、争取国会更多的拨款，美国各情报机构各展所长，激烈竞争，几乎无孔不入。为在竞争中立于不败之地，各情报机构网罗了大量的科技人才，密切跟踪科技最新动态，使用各种高新技术以提高情报收集能力和处理能力。各情报机构情报能力的充分发挥，促进了整个国家情报能力的增强。

情报机构重复设置的政治原因是分权制衡，防止“坐大”。情报机构因其工作性质、工作手段比较特殊和隐蔽，往往又有难以监督和制约的强大权力。实践证明，如果对这些权力不加以控制，不受制约地使用，将会对国家安全造成极大威胁。例如，克格勃曾为维护苏联国家安全做出过重大贡献，在其全盛时期，没有一个党政机关能出其右，许多重大军事斗争的结局甚至历史进程都深深打上了克格勃的印记，但是当克格勃的领导忘乎所以、权欲膨胀时，变成了国家的心腹之患，不受限制地使用权力，最终导致克格勃走向覆灭的结局。世界历史上因为情报机构滥用权力，导致国家安全受到严重威胁的事例不胜枚举。这也为其他国家提供了警示：为了防止权力的滥用，必须加强对情报活动的监督和制约。今天，各国的普遍做法是设立至少两种以上情报机构，分权制衡、相互监督、互相约束。

情报机构重复设置的本质原因是情报与反情报的激烈斗争。及时、准确是情报工作的第一要义，所谓“差之毫厘，谬以千里”在情报工作中体现得尤为突出。以精确打击为主要作战方式的高技术战争对准确情报的需求和依赖，更是到了前所未有的程度。但侦察器材的技术错误和侦察手段的单一可能导致情报偏差。单一侦察手段获取的情报资料往往零星、片面、不准确，甚至还存在被对方有意散布的假情报和谋略性情报误导的危险。因此，需要对同一侦察对象重复配置一种或多种侦察手段，并将所获取的情报资料统一归口，以综合多渠道情报相互印证，避免以偏概全或主观臆断影响情报的准确性和真实性。

在伊拉克战争中，美军使用大量多种类型的侦察卫星，组成了功能强大的情报收集网，但在取得大量情报的同时，仍然无法完全对抗伊拉克采取的伪装措施，往往对地面目标真假难辨，产生错误判断。针对这种情况，美军利用安插在伊拉克境内的特工人员和活跃在战场上的特种部队，收集和提供了许多诸如伪装目标、防空掩体、伊军士气等至关重要的用技术手段无法获取的情报，保证了战场情报的准确与真实性。

可以说，情报与反情报之间存在你死我活的斗争。随着以信息技术为代表的高新技术的迅猛发展，情报工作中的斗争更加尖锐和复杂。谍报网可能被破坏、破译的密码可能停用、无线电可以保持沉默、电磁信号可以屏蔽、侦察卫星可以干扰、侦察飞机可以击落……任何一种侦察方法都有其“克星”。情报机构的多重设置，对重要多渠道收集情报素材是完全必要的。总之，情报手段以及机构布局的重叠配置已成为情报工作的一个重要特性。另外，情报工作的重叠也产生了一些负面影响，如机构重叠造成部门之间恶性竞争、内耗严重；情报获取手段的不合理重叠也造成冗余过多、资源浪费。

二、国家情报体制的种类

按照不同的划分标准，国家情报体制可以划分为不同的类型：

第一，按照权力是否集中在一个情报机构，国家情报体制可以划分为集权型、分散型两种，分别以苏联和英美为代表。集权型国家情报体制的典型是苏联，在共产党的领导和指挥下，以政府名义成立一个包含对外情报（技术侦察情报）、反间谍、保卫甚至边防和特种部队、重大犯罪侦破等部门的职权范围很大的情报安全机构，如苏联国家安全委员会和民主德国安全部等。这种机构不仅自己本身的业务工作繁杂，而且还对其他情报机构或要害部门进行指挥甚至监督，权力极大。这种集权型的国家情报体制在维护国家安全、稳定本土的能力方面较强，效率较高，通常能迅速通知到决策者耳中，但是缺陷是容易形成国中之国，尾大不掉。例如在1991年“8·19”事件中，戈尔巴乔夫就遭到克格勃的软禁。分散型国家情报体制的典型是英美，这种类型的国家情报体制是按照一个国家的情报、反侦察、保卫等方面的不同职能成立的不同特工机构。不仅国内反间机构和对外情报机构分开，如英国的秘密情报局（MI6）和保安局（MI5），而且对外情报工作也分开，如美国就有一个以中央情报局为首的对外情报机构群。仅就美国国家情报体制对外情报机构而言，它的组成除了中央情报局外，国务院有情报与研究室、能源部有原子能情报处，其他财政部、商业部、农业部、毒品管制署、移民局都搞对外情报，军事情报机构有国防情报局、国家安全局、国家侦察局和海军陆战队、陆海空四个军中的情报局等，甚至像负责国内反间谍的联邦调查局、负责领导人安全的特勤局也收集外国的有关情报，这种分散型的情报体制，反映了美国情报需求的旺盛，也表明美国力图使情报既不被一家机构垄断，又不在整体上有所疏漏。但这种模式也常会带来叠床架屋、重复劳动的浪费。①

上述两种国家情报体制类型各有利弊，前者可以较好地发挥整体合力，使得情报从获取到传递再到使用能够高效率、快速度地完成，在应付突发性危机方面发挥着不可磨灭的作用，而且可以避免资源浪费、机构重复设置、资源共享不便利的缺点，但缺点是使用该类型情报体制的国家容易使得情报

---

① 张卫. 战后外国情报体制模式及共性. 江南社会学院学报，2000.

机构的权力过于强大，不利于国家稳定和人权保障保护；而后者分散型情报体制可以使得决策者从不同角度听到不同的声音，使得决策更趋于完善，但缺点是机构重复设置，情报资源共享不力，情报机构与机构之间的内耗竞争等等。

第二，依擅长运用的情报工作方式来划分，国家情报体制可以分为技术情报体制型、人力情报体制型。国际情报界将现代情报工作分成两大类型，其一是以美、英为代表的技术情报型，其二是以苏联为代表的人力情报型，相应地，国家情报体制也可依二者侧重点的不同，分为相应的情报体制类型。前者凭借其先进的科学技术，大力收集信号情报和图像情报；后者虽然也利用技术手段进行情报收集，但其主要力量则用于人力情报收集。苏联在人力情报方面的成就令西方情报机构相形见绌，① 当然，这也与苏联的经济实力有关，使得其花大力气来进行人力情报收集，而无力长期开展现代侦查技术。

第三，依情报工作的重点来划分，国家情报体制可以分为以国家安全为中心的国家情报体制和以经济发展为中心的国家情报体制。前者多存于经济发达、科技先进的如美国等发达国家，其有足够的实力保证自己的经济处于一流地位，因此其将国家情报体制的重心放在本土安全以及打击恐怖分子上；而以经济发展为中心的国家情报体制，多存在于以经济发展为国家生存的第一要务，非常重视科技情报、竞争情报的发展中国家。

第四，依监督的主体不同，国家情报体制可以分为国家行政首脑监督、立法监督、委员会监督。其中委员会监督又分为专门固定的委员会监督和临时成立的委员会监督等类型，虽然监督主体不同，有行政监督，也有立法监督，更有临时成立的委员会监督，但是上述的国家情报体制类型多是并存于同一个国家中的。

为尽可能避免重复劳动又能促进各个机构的工作，分散型的国家情报体制内经常有一些进行管理协调和监督的委员会。美国有国家安全委员会来制定大的对外情报行动的决策；有由国家情报总监统领的中央情报局、国防情报局、国家安全局、国家侦察局、情报与研究局等局的局长以及联邦调查局、能源部、财政部等的代表组成的对外情报委员会实施对情报界的管理。另外，美国还有十多个与国家海外情报机构有关的比较专门的委员会，如信号情报委员会、经济情报委员会、科技情报委员会、紧急情报收集委员会、武器与空间系统情报委员会、联合原子能情报委员会等，美国参众两院也都有情报小组委员会进行情报监督。

---

① 刘宗和，高金虎．外国情报体制研究．军事科学出版社，2003：157.

第五，依活动主体不同，国家情报体制可以分为政府型和全民型国家情报体制。其中政府型国家情报体制是几乎全球国家都采用的情报体制类型，而独树一帜的日本属于典型的全民型国家情报体制，可以说日本是世界上的情报大国，它大量的对外情报活动，是通过官方情报机构委托民间情报团体如商社和各类研究会等来开展的，或者是民间团体自发进行。这种由官方出钱并精心指导，民间组织大量和主动参与的情报体制就是所谓的“全民型国家情报体制”①。对于这种体制，日本国内外的评价比较高。在1982年内调室成立30周年的纪念会上，当时的宫房长官宫泽喜一致词说：“就花费的金钱与取得的成效而言，内调室是一个效率极高的机构。”日本著名记者岗村贡也说，世界已经注意到了日本那样的举国上下、官民一致的情报收集方式，并认为富于威胁性：“对于通产省、经济团体联会和民间企业团结一致争夺市场的做法，西欧各国也早已有了共同的看法。”世界著名的谍报史研究专家理查德·迪肯在其所著的《日本谍报史》中，也一再赞扬日本的情报体制和活动，认为这对日本成为世界经济大国起了举足轻重的作用。这种体制还有一个优点就是不容易引起国与国之间的外交纠纷，因为在国外进行的情报收集包括非法收集都是普通日本民众做的，然而，日本的这种体制是由于一些特殊的原因和条件才形成的，并且还存在重大的缺陷。一是由于日本是发动侵略战争的战败国，官方情报机构只好夹着尾巴做人，不能像其他国家那样开展间谍活动，否则容易引起别国的愤怒。二是由于日本有民间间谍活动的传统，有武士、浪人谍报活动的经验，如明治维新以来的“玄洋社”、“黑龙会”到“满铁调查部”等，从而使战后众多的民间研究会和商社情报组织能够得心应手地开展情报活动，以满足政府的情报需求。三是由于没有政府情报机构强有力的工作，日本经常得不到一些战略性、内幕性的重大政治军事情报。

第六，依情报需求不同，分为“推型”（push）情报体制和“拉型”（pull）情报体制。这是以英国和美国为代表的“拉型”情报体制和“推型”情报体制。在英国，情报体制最引人注目的莫过于它的“需求推动”的特点。而在美国，前国务卿 Henry S. Rowen 通过观察情报生产者和情报用户之间具有类似于市场经济中的供销关系，遂将市场经济中的商业理念推广到情报体制领域。事实上，情报体制确实可以认为是一个复杂的内部市场（Internal Market）——情报机构收集并分发情报以换取财政拨款以及其

① 也有称之为“官民协调体制”。详见：张卫. 战后外国情报体制模式及共性. 江南社会学院学报，2000.

他的资源配置。“拉型”情报体制与“推型”情报体制区别的核心在于“推型”情报体制是情报机构自己决定情报任务的主要目标以及工作的重心，在这一点上，可以说它们是“自发的”（Self - tasking），随后，它们将自己分析研判的成品通过整个政府机构的运行交由特定的情报用户，并期待自己正确选择了情报任务的目标以及工作重心，这是“推”。至于“拉”，指的是情报用户为情报机构选定情报任务的目标以及工作重心，并直接给情报机构下达情报收集的命令，几乎不赋予这些情报机构以独立选定情报课题的权力。

“推”的情报体制与美国情报理论的核心是协调一致的。在美国情报理论界普遍认为“推”是情报体制应该采取的运作模式。在该类型的情报体制中，包括四个步骤：布置任务、收集情报、分析研判以及产品分发。在第一个步骤中，情报用户根据自身的情报需求来给情报机构下达收集何种情报的任务。在收集情报这一步骤中，可以采取隐蔽的、公开的或人力的、技术的手段来进行收集，收集到的情报通过分析研判形成产品，分发给布置该任务的情报用户。

英国的情报体制与此不同，如情报学家 Hibbert 描述的那样，在英国原始的未经过分析的情报首先进入情报用户的视野，情报用户根据自己的政策意向对所获取的情报进行分析。情报用户根据自己所知道的和需要知道的对情报需求进行重新定义，而后进入情报机构的情报收集和情报分析步骤。显而易见的是，英国的情报体制与美国的情报体制在最后两个步骤是颠倒的。

美国 MITRE 智囊团成员 Peter Scharfman 认为“拉型”的情报体制是远远优于“推型”情报体制的，甚至是完美无瑕的。他指出，在“推型”情报体制中，“情报分析者从大量的信息中收集自己需要知道的东西，然后将自认为用户所需的信息交给他们”。Scharfman 认为这样的分配方案，对于情报生产者和情报用户都是无益的。在这样的情报体制下，情报生产者无法参透情报用户的需求、无法合理配置资源以及无法判定情报报告应采用何种形式，如何判断谁需要什么样的情报是将正确的情报传达给适宜的用户的关键所在。Scharfman 指出，宽泛分发情报产品必将浪费资源，因为可能会将情报用户不需要或者不想知道的内容分发给他，重要的是，这会导致重要情报被忽略。从情报用户出发，Scharfman 指出“推型”情报体制的缺陷在于“情报是自发产生的，而不是需要的时候才产生的”，还不如媒体的报道及时和迅速。

然而，在“拉型”情报体制中，情报生产者和情报用户之间的直接、迅即的沟通意味着：关于用户所需情报的任务由用户决定而不是由生产者决定，这样一来，每一个情报用户都可以独立地根据自己的需要来设定情报课题，而不是由生产者提供自己并不需要的情报。在“拉型”的情报体制中，情报生产者在情报用户的导向下进行情报的生产，同时情报用户可以根据情报独立得出结论而不受情报生产者的影响。这样一来，Scharfman 认为会带来“更多的分析，更好的分析，对通力合作更多的帮助，在过程中更高的效率，用户更多有用的分析”。Scharfman 认为在两种情报体制中，只有情报用户和情报生产者更高效、更便捷的沟通和情报处理，才能真正提高上述情报体制的效率。①

三、国家情报体制的作用

国家情报体制是整个国家各方面体制的组成部分，是维护统治阶级利益的制度性工具。由于社会制度和国家政权的性质不同，每个国家的情报体制的性质、手段和目的②也不同。资本主义国家的情报体制，是维护其资本主义制度，统治无产阶级和广大劳动人民的工具，也是推行其对外侵略政策的重要工具。而大多数发展中国家的情报体制的主旨是维护本国利益，为发展本国经济创造国家和平环境。社会主义国家的国家情报体制，以维护国家安全和利益为宗旨，具体任务是防御外来侵略，防范和打击海外敌对势力的情报活动，粉碎和平演变、渗透、颠覆和破坏活动的阴谋，保卫人民民主政权，保卫和推进经济建设。

国家情报体制的重要作用尽人皆知，从古到今的政治家和军事家早已认识到情报体制的完善与否与国家兴衰存亡密切相关。因此，各国政府都不断加强本国情报体制建设，把这项工作置于重要地位，大多数国家都是由首脑直接掌管这项工作。具体来讲，国家情报体制主要有以下几个方面的作用：

第一，完善的国家情报体制为国家重大决策提供周到的根据。任何一个国家，如果没有一个高效率、完善的情报体制生产必要的情报，在国际交往和复杂的国际事务中必易遭受挫折，从来没有一个国家的领导集团，在没有首先考虑通过情报界的建议之前，贸然采取一项重大行动。

第二，高效的国家情报体制是决定战争胜负的重要因素。在现代战争中，国家的实力、武器装备、战略战术和统帅的作用对取得战争胜利固然重要，但是战争离不开情报，只有知己知彼，才能百战百胜，高效的国家情报体制可以为赢得现代战争提供一个重要的砝码。

---

① Philip H. J. Davies, MI6 and the Machinery of Spying, Routledge, UK, 2004, p. 14.

② 虽然国家情报体制的根本目的都是维护本国的安全，但历史上和今天发生的事件也充分证明，帝国主义国家以及霸权主义国家在利用其本国的国家情报体制在全球推行霸权主义、强权政治，甚至侵略其他国家。

第三，国家情报体制是保卫国家安全的重要力量。当今国际形势虽然趋向缓和，但仍然动荡不安，国家情报体制的建设，没有战争时期与和平时期之分，无论何时，它都是国际斗争的一条重要体制性战线。

第四，国家情报体制可以促进本国经济和科技的发展。当今世界上以高科技为主的综合国力竞争极为激烈，日本东京大学教授国井利春说：“世界霸权的内容正由军事转向经济。”诚然，在当今国际社会中，谁的经济和科技发展快，谁就能在军事、经济和贸易的竞争中占据优势。因此，和平时期的国家情报体制不仅要为国家安全服务，也要注重经济和科技情报工作。

情报活动并不是对外国政府或政党进行颠覆，它也不是对外国的（或本国的）政治家或特工人员进行绑架或谋杀。情报活动就是收集能使政府（或商界或个人）胜过对手或竞争者，或者说至少使自己得以生存的情报资料的过程，就是处理或分析情报资料，并判定其中有多少应该是向上报送的有用而且可靠的情报的过程。①

四、国家情报体制的构成

国家情报体制，是指涉及国家安全的或对制定国家战略计划具有现实或潜在意义的一切情报机构的设置、隶属关系以及权力划分的具体体系和组织制度的总称。那么，它的构成也从以下三个方面进行论述：

（一）机构设置

1. 运行

一般来讲，国家情报体制的运行机构设置都是按照情报活动过程进行的。从情报需求、情报收集、情报加工、情报分析到分发以及决策执行形成一个环节层层相扣的有机系统，其中情报需求（Intelligence Determination of Needs）——尤其是国家元首、国务院、国防部或其他国家部门的情报需求是情报活动开始的起点。美国“战略情报之父”——谢尔曼·肯特教授认为，除非情报机关了解其工作的目的、工作成果的预计用途以及准备使用何种手段来采取何种行动，否则就会使实质性问题的分析和适当方案的提出受到相当的损失。② 情报需求基本上是根据用户的要求，其次则是情报机构工作人员分析研究的成果，用户为达到某一目的，必须获得相关的情报，以供决策参考，这时用户会对情报部门直接提出要求。在当今的各个主权国家里，这种需求业已制度化。以美国为例，总统不必经常提醒情报界收集有关中国战略

① ［英］威廉·维·肯尼迪等．现代情报战的内幕．罗光夏译．解放军出版社，1986：15.

② ［美］柯林斯．大战略．中国人民解放军战士出版社，1978：34.

力量的情报。情报需求的一般程序是：问题的提出→问题的分析。因为国家元首或者其他领导者很少有时间或者有耐心向情报机构提出明确的情报需求，他们提出的问题通常是模糊的，比如“我们需要更多的伊朗材料”“我们需要有关基地组织的所有资料”等，情报更多是由情报机构收集到的材料及其对政策需求的猜测所决定的。情报过程的起始是由情报需求拉动的，但是，其实质是由情报机构内部推理来“推动的”，而不是靠政策需求的外力来拉动。

情报收集（Intelligence Collection）是对原始资料的采集，是有目的地获取分析者、需求者或情报机构内部所渴望得到的情报。收集过程不外乎公开和秘密两种方式，公开收集情报的方式多种多样，后者主要包括派遣间谍和使用技术系统两种形式。公开的、秘密的收集机构必须不断适应当前对扩大情报范围的需要，情报收集需要跟一系列可控制的人员打交道，建立并维持信息来源渠道或情报网。情报源有公开和秘密之分。公开来源一般容易取得，如大众媒体（报纸、广电）、专业与技术性的书刊报、互联网、非机密的政府报告、专利文献等。另外，因为要接近不公开或机密性的信息源通常是被拒绝的，故需要用秘密手段来进行，而由于保密方试图保护这些秘密信息，因此必须通过“突破”对方的系统来获取。随着信息技术的发展以及国际形势的变化，使得利用技术手段而不是现场收集情报成为最重要的情报收集手段，其政治成本低（不会因情报人员被抓获而导致政治危机）、效果好、客观性强、结果真实可靠（收集的情报不受其个人主观因素影响）。收集情报的方法大概可分为人力情报与非人力情报。人力情报（HUMINT）是利用人力资源公开或秘密地收集得到的情报。一般来说，间谍是秘密的情报收集者，而一些外交人员、武官、新闻记者、学者等充当公开的人工情报收集者。此外，人工情报还包括析出情报（Open Source），即通过分析公开出版物，如报纸、杂志、新闻、科研报告、政府出版物等获得的情报。非人力情报包括通信情报（COMINT）、电子情报（ELINT）、图像情报（IMINT）、信号情报（SIGINT）、网络情报（NETINT）等，是通过高科技手段获取的情报。英美等世界发达国家曾过分依赖高科技手段，但“9·11”恐怖袭击事件后它们重新认识到人工情报的重要性，开始走人机互补的情报收集之路。

情报处理（Intelligence Processing），是指情报机构通过各种形式对收集到的成果进行综合研究以便提供给使用者的工作过程。情报机构通过情报收集所获取的成果并不都是符合需要的情报，它们通常可能是支离破碎的，有时甚至是矛盾的，有些情报来源可能提供各种情况，其中有的是可靠的，有的是完全不可靠的或出处不明的，因此，必须对情报的适用性、准确性、有效性及其来源的可靠性进行鉴定，经过去粗取精、去伪存真、由此及彼、由表及里的加工，构成支持判断的意见，提供给决策者使用，离开了处理过程，就会使获得的情报和情报资料真伪难辨、缓急不分、零星片段，在使用时造成混乱和失误，不能真正和充分发挥效益。具体来讲，情报处理包括情报加工（Intelligence Exploitation and Processing）和情报分析（Intelligence Analysis and Production）两个程序。

情报加工是将大量资料变成一种有条理的形式，使之更适于成品情报的制作，它包括语言翻译、密码破译、按问题分类和归纳资料、把运用摄影或电子技术储存在胶片和磁带上的信息诠释出来等。加工是分析的前提。

情报分析是情报活动的重中之重，是把资料变成成品情报，它需由专家对所获资料进行综合评价，从而揭示出其意义和价值，这是一项专业性很强、智力要求很高的工作。即使是那些直接从敌方严加保管、分发对象有限的档案中收集得来的文件，也必须要经过分析。原因一方面在于材料本身并不能说明敌人的企图，另一方面也在于敌人可能设置"骗局"。与过去的信息相对匮乏形成鲜明对比，如今的世界是"信息之海"，信息时代的最大困境是"太多的信息太少的情报"。如何在海量信息中适时遴选出有价值的情报是情报界的难题，这就使得分析研究的地位愈加突出，分析就是对各种来源的资料或原始情报进行综合并使之成为成品情报。成品情报可以是基于事实的描述，也可以是对当前情况的跟踪报道，还可以是对形势发展的预测评估。

情报分析的目的是让信息增值，并支持决策。除情报分析人员外，收集人员也必须从事初步的信息分析，比较新收集的资料与现存资料的异同和价值大小，这样才能证明新情报是重要的且值得报送的。另外要注意的问题是：(1) 情报收集者与分析者的评论，不论是论证报告或是提供信息，都要注意其来源的可靠与准确，要特别注意信息的真伪或真实度。(2) 经验不够丰富的分析者，或分析者与决策者之间不能有效地互动，都会降低情报效果，导致不理想的决策。(3) 不适当的报送，也可能导致不良的决策。报送的形式要考虑决策的偏好。(4) 情报分析过程必须排除主观，要依赖于充分的证据并依此做出假定；再者，情报的内容不能刻意讨好决策或政策，任何关心国家或组织政策的人，必须确定情报的引导作用，而不是情报跟着政策走。在历史上，杜诺万对美国情报界做出的最大贡献在于他开创性地使正宗的学术研究与情报业务得以联姻。"我们的工作不靠所谓的'金发女郎'或'孤胆英雄'，我们的情报大部分来自辛劳的汗水"，这也改善了公众对情报的看法，使得情报工作的侧重点发生了一定的变化，但需要指出的是情报分析人员的大忌，"上有所好，下必甚焉"，分析要客观、准确，而不能以决策者的意志为转移，甚至情报分析是为了诠释决策者的意愿。

情报分发（Intelligence Dissemination）是情报活动过程的最后一个步骤，它是指把成品情报传递给需求者——政策制定者，视不同情况既可能是决策人员或机构，也可能是指挥员或所属部队。情报天生用于辅助决策。孙子曰："故明君贤将，所以动而胜人，成功出于众者，先知也。先知者，不可取于鬼神，不可象于事，不可验于度，必取于人，知敌之情者也。"（《孙子兵法·用间篇》）这段话大概的意思是，明智的国君与贤能的将领之所以取得作战的胜利，是预先掌握了敌情。要事先了解敌情，不能求神问鬼、占卜打卦，不能迷信经验，不能拿相似的事情做类比推测，必须取之于人，以获取情报。

另外还涉及反情报和情报行动，2005 年 4 月美国公布了《国家反情报战略》报告，该报告的核心内容就是要求美国情报机构在今后的反情报工作中采取"先发制人"的做法。报告要求美国情报机构"确定、评估、消除和利用"外国政府、恐怖组织和国际犯罪组织针对美国利益进行的情报活动，保护美国的情报收集与分析系统，防止被对手渗透与操纵。美国国家反情报主管办公室主任指出，今后美国情报机构在反情报方面将改变工作方法，不再像以往那样在发生严重损失时才做出反应，而是要采取更加主动的措施，打击针对美国的情报活动。

情报作为一种机密信息，反情报就是保护这种特殊的信息。它一方面防内部泄露，另一方面回应外部（敌手或对手）刺探、入侵。就情报系统而言，反情报就是要保护我方系统，同时回击甚至进攻敌方系统，以抵制或削减敌方的情报活动。《孙子兵法·用间篇》把间谍分为五种类型：因间（或乡间）、内间、反间、死间和生间。其中，生间与死间都是我方派出的情报人员，他们深藏潜伏，长期作战，源源不断地获取敌方的情报；因间与内间是收买、利用敌方的人为我方刺探情报。反间就是利用敌方派来的间谍，类似今天的双重间谍。把《用间篇》用于反情报活动中，那么反情报就是防"叛徒"——因间、内间，反"内奸"或"卧底"——打入我方内部的生间、死间。反情报还可以通过"反间"了解敌方情况，通过双重间谍散布虚假情报。

情报行动是指在有些国家的情报部门拥有逮捕的权利，以致成为国家权力的职能机构。情报行动特别是秘密行动（Covert Action）就成为情报的角色之一。但秘密行动常常破坏情报部门在国内外开展的情报工作的合法性。在对外情报行动中，一旦失手，轻则身败名裂，重则激化国家之间的矛盾。因此，沙尔曼·肯特认为，情报是情报工作所做的事情。这就是说，情报部门的权力来源于信息分析而得到的情报知识，而不是来自秘密行动；情报工作行使的其他权力都在情报知识范围之内。秘密行动作为情报行动的一种极端形式，具有"零道德"性（企图超越现有的伦理道德但并非肆无忌惮）。而秘密性是情报和情报工作的最基本特性之一。一般来说，秘密行动是通过不留痕迹的情报行动，达到影响外国政府与组织的目的。① 不幸的是，在比以往任何时候都更需要明确了解情报活动什么可干、什么不可干后，情报工作的职能被一些本来与情报毫不相干的行动弄得模糊不清，甚至名声扫地。谋杀国家领导人，颠覆别国政府，进行宣传和心理战，所有这一切，对情报工作来说，都是风马牛不相及的。要说这类活动有什么合法性，也应把它们严格归入政治与军事“行动”的范围，麻烦不在于不能在组织上画出一条明确的界线。总之，情报是一回事，而行动则是另一回事。②

依美国国家情报总监办公室的组成部分为例，即是按照上述情报活动的理论进行设置的。

2. 管理

情报体制最忌讳的就是失去想象力而沦为官僚机构，但中央情报局被逐步扼杀主动性和想象力——它是官僚机构化过程汇总不可比拟的唯一重要的差别。为什么中央情报局的评论者们没有看到？因为中央情报局本身就是官僚机构化的一个世界范例。③

同其他体制一样，国家情报体制的组织形式也是上下分层、横向分工的“金字塔”式的结构。在这种结构中，管理层级和管理幅度之间存在反比关系。组织中自上而下形成一个指挥系统。上级管理者对下级管理者发布命令并进行监督和控制；下级管理者则执行命令并向上级管理者负责。这样的组织结构命令统一、分工明确，是一种与战争时代相适应的情报体制组织形式。这种组织结构强调纵向垂直关系，横向部门联系则较薄弱，部门之间具有较大的封闭性，情报传递障碍较多、速度慢，容易造成情报效用的衰减，甚至严重失真。其直接后果是增加了决策成本与决策失误的风险。庞大的情报体制和僵硬的管理机制，加上照章办事的繁文缛节，必然导致滋生官僚主义，效率低下，服务水平下降，酿成情报危机甚至情报失误。由于情报政策涉及面的广泛性和政策过程本身的复杂性，加上受决策体制的限制，要研究出一种普遍使用的情报体制模型来几乎是不可能的。也就是说，决策者可能制定正确的政策，也可能制定错误的政策。即使制定的政策是正确的，也还存在执行不当的问题。这就是所谓“情报失灵”或“政策失效”。

如今面临的国际形势，恐怖势力猖獗，信息技术的发展促使各国提高情

---

① 汪社教. 情报研究：另一种情报观. 情报资料工作，2005（8）.

② ［英］威廉·维·肯尼迪等. 现代情报战的内幕. 罗光夏译. 解放军出版社，1986：16.

③ ［英］威廉·维·肯尼迪等. 现代情报战的内幕. 罗光夏译. 解放军出版社，1986：36.

报工作的效率，也为减少管理层次、拓宽管理幅度提供了充分的条件和保障，从而为构建一种新的情报体制组织结构提供了可能。现代的国家情报体制要求在国家层面的情报共享平台上，信息共享，互动管理。互联网的分布式结构适用于扁平结构的情报体制，因而必然导致情报体制内部组织结构的变化。所谓国家情报体制组织结构的扁平化，就是减少中间层次，与此同时，加强纵向与横向的沟通、交流和协调，使整个情报体制成为一个柔性化的有机体。

3. 协作

“各个相互影响的活动范围在这个发展过程中愈来愈扩大，各民族的原始闭关自守状态则由于日益完善的生产方式、交往以及因此自发地发展起来的各民族之间的分工消灭得愈来愈彻底，历史也就在愈来愈大的程度上成为全世界的历史……由此可见，历史向世界历史的转变，……是纯粹物质的、可以通过经验确定的事实。”① 在一个国家内，资料和经过加工的情报的正式交流搞得好坏，要看政府的组织是否完善。在军事领域，则要看武装部队能在多大程度上克服内部竞争和猜忌。在国际上，情报的正式交流受到盟国之间的条约或国与国之间双边安排的支配。

大体来说，西方国家和日本允许情报通过它们的政府组织相对自由地流动，尽管在所有情况下又以按“需要知道”来加以划类控制，没有多少情报仅限制在几个高级人物的范围内。他们行动的信条是只有各个部门消息灵通，才能使整个机构运转自如。因此这些国家知道的情况大部分是相当自由地进行流通的。一般来说，在西方和日本等国家中，官僚制度对情报共享造成的障碍，比真正的安全保密措施的障碍要大得多。

苏联情报系统的主要特点是严格隔离，在完全官僚主义化的苏联，情报常常是个人以及官员生存的资本。苏联的隔离达到了如此极端的程度，常常只是几个高级人物掌握一个特定事态发展的所有资料。例如，在一次限制战略武器的会谈中，一位苏联代表示意一位美国代表不要太公开讲有关苏联武器情况的资料，因为苏联代表团中一些成员还没有被批准了解这些细节。

传统的国家情报是国家与国家之间有关情报部门的单打独斗，然而随着全球化进程的加剧，国家情报已跨越了部门和部门之间的界限，这种情报实质上已不是部门与部门之间的较量，而是国家情报价值链上各相关机构组成的系统之间的对抗。

一个木桶盛水的多少取决于最短的那块木板，这就是所谓的“木桶原理”。根据这一原理，国家情报的整体竞争力往往取决于其价值链上最薄弱的

① 《马克思恩格斯选集》第1卷. 人民出版社，1972：51.

环节。为了盛更多的水，国家情报体制必然需要不断地根据国家利益的要求改进自己的薄弱环节，也就是努力加长那块最短的木板。国家各个情报部门的合作成为必然，经由合作构建的“木桶”的每一块木板都可能是最长的，从而使容积有较明显的增加，从而完善国家情报体制。[①]

如果认为情报交流完全或主要取决于情报体制的性质或者组织形式，那是错误的。[②] 合理的情报体制只是提供一个协作的硬件平台，具体如何协作还要看情报机构与机构之间、不同部门领导之间相互协作的软件能力。

4. 监督

英国内务部国防大臣亨利·布鲁克曾说过：“安全工作毕竟是一项秘密工作……这是其本质的一个方面。对它的评价是载入下议院的秘密会议记录的，因之，必须记住：议会向我提出的问题，指望能得到认真回答的，非常有限。”[③] 一方面，保密的原因使得对情报的监督成为空中楼阁；另一方面，因为情报在维护国家安全中的重要意义，也使得监督者们不愿去监督。1955 年参议院拨款委员会主席赛尔顿斯陶在回答曼斯菲尔德议员的质询时，说“并不是中央情报局不愿意汇报情况，而是我们不愿意去了解这些情况，作为国会议员和普通公民，我宁愿不掌握这些秘密，除非这的确由我负责，这里面关系到我们美国公民的身家性命啊！”[④]

但是从民主理想出现起，人们就看到在民主国家中建立只向本身负责的保密组织的危险，仅仅就军事情报部门来讲，“如果让军方有机会左右情报以解决它自身的问题，那么，它就会‘难以抵制各种诱惑而无所不为’”，那么对于一个国家的情报体制，对它的监督是必须的。

威廉·维·肯尼迪就情报体制的监督认为，除了要提高情报部门内外的情报分析工作的质量外，还需要有比迄今更广泛的对情报部门的监督措施。苏联的整个体系不解体，克格勃要进行改革是办不到的。在这里我们对中央情报局那种组织不健全、监督控制不力而产生的危险作了简单的介绍，更详细的介绍见参议院调查报告。近几年来，英国、法国和加拿大也遇到类似的问题，只是问题小些而已。在大多数情况下，过分保密是主要原因。因此，如果我们想对付这场“情报战”而不致成为其牺牲品，情报部门的保密程度

① 卢小宾，王丽华. 在竞争中寻求合作伙伴的策略分析. 情报资料工作，2003（1）.

② ［英］威廉·维·肯尼迪等. 现代情报战的内幕. 罗光夏译. 解放军出版社，1986.

③ ［英］奈杰尔·韦斯特. MI5——英国保安局（1945～1972）. 张希，廖鲁达，辛阳译. 时事出版社，1993：9.

④ 转引自：［美］维克多·马凯蒂，约翰·D. 马克斯. 中央情报局与情报崇拜. 曹山，慕絮，知然译. 生活·读书·新知三联书店，1979：320.

要大大降低，这是首要而且最紧急的要求。

事实也证明，对国家情报的监督是必然的，正因如此，各国要么在情报体制内部成立专门的监督部门，要么在立法部门成立情报监督委员会，要么成立专门的情报监督小组等来对情报进行监督。

5. 保障

情报体制的人员招募、培训、管理以及各种设备、技术手段等综合后勤保障对于情报工作的顺利进行和不断发展起着至关重要的作用。在现代社会，为适应科技迅速发展、形势更加多样复杂时代的情报工作，各国情报体制对于人事后勤工作尤为重视。一方面是对情报工作人员的要求上，体现出特殊机构需要特殊人才的特点。强调情报机构内部人员的高素质、专业化，既具有忠于祖国和情报工作的献身精神，又要有从事情报工作的才能。对于招募从事情报工作的外围人员，则根据工作任务的不同，具有多元化的特点。另一方面是在情报工作的后勤保障上，突出表现为开发应用最新的科技成果，为情报工作人员创造更加有力的工作手段与更有益的环境。各国情报机构大都是其本国科技成果的优先使用者。

由于情报体制的特殊性，其人员的招募、培训及管理自然成为重点，不断发生情报机构内部人员成为他国“鼹鼠”的案件说明，情报体制严密的内部防范机制也是人事制度中不可或缺的重要项目之一。但是，情报体制的特殊以及保密并不意味着情报工作人员个个神通广大，诚如威廉·维·肯尼迪所言：其实，只有极少部分情报活动获取过如此振奋人心的效果。危险而神秘的侦探活动更是微乎其微。绝大部分的情报工作单调无味，只是对档案资料进行分类、筛选、研究和说明。只有在做到去伪存真，或者从杂音中听到信号的时候才是情报分析人员心情激动的时刻。对所有从事情报专业的男女无名英雄来说，奖赏就是他们的心愿得到了私下满足，例如把情报挖掘了出来，把他们偷窃的分析报送给国家最高官员等。技术装置和间谍人员得到的只是大堆的原始资料，经过情报分析家的处理，才提炼成关系国家安危的有意义的见解。情报官员偶尔会感到，他们可能已经帮助他们的政治领袖做出了一个好的决策，因而为保卫国家争取自由贡献了一点点力量。[①] 对于这种“只能做不能说”的情报工作，美国总统克林顿1997年9月18日曾说过一段话，称情报人员是“在别人去不了的地方敬业”，并指出“你们的劳动从选择到设计都充满神秘；你们以默默的爱国主义精神奉献着，不求出人头地，也不求赞扬声；你们为国家承担了最独特和最危险的重担：收集情报、储存秘

① ［英］威廉·维·肯尼迪等．现代情报战的内幕．罗光夏译．解放军出版社，1986：5.

密，尽管常常要冒极大风险，却从不考虑个人得失……我更加信赖独到而又准确的情报，你们帮助美国度过了每一次危机，赢得了每一次挑战。遗憾的是，美国人民永远不会知道你们的完整故事”。[①] 因此，从一定意义上讲，对情报体制工作人员的招募、培训、管理，尤其是对情报工作人员的奖惩甚至退休后的安全防范成了情报保障的难点。

（二）隶属关系

一般来讲，国家情报体制直接隶属于国家行政首脑，对国家行政首脑负责，其各个组成机构也是首长负责制，以提高工作效率，至多有各种委员会及立法机构进行监督。

（三）权力划分

与以往战时相适应的传统情报体制是一个等级实体，具有组织等级与权力等级一致的特征。在组织层级与部门的结构中，权力按级别和职位划分，形成与组织结构一致的权力指挥系统。这样的权力具有明显的集权倾向。在以往，情报体制采用层级节制的权力系统基本能保证组织的稳定性和可预测性。然而，现代国家情报体制的形成过程中，随着知识、信息和信息技术的爆炸性发展，加上全球化的挑战，权力集中、结构机械的权力体系缺乏灵活性和应变能力，逐渐难于应付多元化、复杂化的情报需求，更难应付瞬息万变的国家安全需要。特别是无法及时发现各种突发事件，也无法对不断变化更新的民众需求及时作出回应，这就决定了现代的国家情报体制的管理，必须是从集权向分权转变，也就是权力向外和向下分散。

权力的向下分散，是指在国家情报体制内部，原来高度集权的上层，将部分权力向本部门和下层情报机构分权，以利于调动各部门和各级情报机构的积极性、主动性和创造性。情报体制的分权，并不是分散为零散的权力单元，而是分散到情报机构各层级和各部门的权力，通过网络而联结起来，使情报机构整体能更有效地协同工作。

专业分工是情报体制组织总的显著特点和原则。所谓专业分工，是指将情报组织中的全部工作由大到小进行分解，直至分解到每个工作职位应承担的任务。这种明确分工有利于组织成员通过训练掌握专门技能，以此提高工作效率。但分工过细又容易导致组织成员缺乏适应新环境的能力。在情报的评估中，情报的收集、处理和决策支持能力已成为评判情报机构的指标之一。现在，管理中的许多程序化工作都可以由智能化及其他工具来处理。过细的专业分工不再是提高工作效率的必要条件。另外，在信息社会中，工作的综

---

① 转引自：美国《华盛顿邮报》，1997 年 9 月 19 日。

合性增强，高效工作所需的情报量越来越大，新技术的应用和环境条件的复杂多变，促使工作的综合化程度日益提高。因此，组织中分工过细的原则就显得过时了，加上过细的专业分工使工作人员长期从事同样的工作，容易养成情报人员的本位主义，甚至产生对工作的嫌恶和偏执等不正常的职业心态。

从信息化的角度来说，当我们把信息化与情报体制及其内阁机构、组织的设置、关系相勾连从而推定情报体制需要深度改革的时候，很可能主要的还是理论上的推论。这种推论虽然像一个雄辩的言谈者的逻辑推导一样富有理论上的因果联系和事实根据，但如果仅仅以此就认为这些就是现实或即将成为现实，那就可能陷入简单化的误区。实际上，信息化对情报体制的改革是有一定限度的。情报体制改革是多种相关因素复杂作用的结果，信息化在多大程度上影响着或者左右着这种改革，目前还难于下结论。

借用政府体制改革的观点，如美国前参议员多数党领袖多尔办公室主任舒拉·伯克（Sheila Burke）指出的那样：信息技术只是众多的改变结构和反映因素中的一种，哪怕是最重要的一种。人们希望更小的政府吗？是。人们希望一个更好、更有效的政府吗？是。人们希望政府更接近民众吗？是。人们希望整合和协调更多的项目吗？是。能够运用信息技术取得这些结果吗？不清楚。其结果在什么范围内改革官僚结构？不清楚。[①] 对于情报体制的权力配置如何划分，也是如此，人们当然希望更好、更高效、更公开的情报体制，但是，单凭良好的期待是不行的。

五、影响国家情报体制运行的因素

国家情报体制工作成效如何，很大程度上取决于情报体制是否合理，这是内因，当然，作为外因的影响，国家情报体制也受到诸多因素的制约。除了生产力、科学技术等“硬指标”外，影响国家情报体制运行的因素归结起来不外乎以下四点：行政首脑、立法及司法机构、政治体制和文化传统等。

（一）行政首脑

一般来讲，国家情报体制是国家行政体系的组成部分，自然而然地要对国家的行政首脑负责，行政首脑对情报的认知，也直接影响到情报体制的运转及其工作重心。以行政首脑为首的行政机构在情报体制中同时扮演着“运动员”与“裁判员”两种相互对立的角色，即必须确保情报体制高速运转、迅速反应，采取一切手段满足决策者对情报的需求以更好地维护国家安全的同时，也必须对情报机构及其活动作出某些必要的限制，使其符合宪法和相

① 转引自陶文昭．信息时代政府变革的多元方向与特点．学术研究，2004（1）．

关法律的要求。为了履行“运动员”和“裁判员”的双重职责，行政首脑通过颁布行政命令来管理国家情报体制，一般会涉及情报工作的总则，情报活动的日标、方针和职责，国家情报活动的任务，国家情报活动的实施，等等。行政首脑掌管情报体制运行的最主要手段在于它控制着情报体制的财政拨款权力。同时，设置各种制度，比如建立一定规模的情报体制并赋予体制内的不同机构以不同的任务和职权，既充分保证决策者的情报需求能够得到满足又避免某一情报机构的权力过于集中。

在考量行政首脑对影响情报体制运行这一因素中，我们可以明显地看到两个极端，即美国和苏俄。

在美国，总统通常物色自己中意的人员出任国家情报总监以及中央情报局局长等重要职位，以确保情报机构与总统保持密切关系。除了任命自己的亲信出任情报体制的重要职位外，总统还通过建立各种委员会来管理、规范国家情报体制，如 1947 年的情报咨询会议（Intelligence Advisory Committee），1975 年成立的总统情报监督委员会（President's Intelligence Oversight Board）等，美国总统控制情报体制的要害部门是预算局，它为白宫密切监督政府各部门经费，确定财政优先权。除了预算和分工控制外，美国行政当局还建立了总统情报顾问委员会、情报监督委员会等机构，并在情报机构内部设立了监察长、法律总顾问等职位，加强对情报机构的外部和内部监督。总统和国家安全委员会是美国管理情报工作的最高权力机构，他们主要通过发布有关情报工作的总统令、行政命令和国家安全委员会情报指令的形式对情报机构及其活动进行指导和影响以及控制，并建立相应的计划、报告、审批和审查程序，避免情报机构在制定和执行任务时逾越行政规范。

在苏俄，尤其是在“大清洗”期间，情报成了对斯大林观点的诠释，符合斯大林观点的情报就是真实的，而与斯大林意志相悖的情报就是虚假的，是“帝国主义的阴谋”，情报沦为政治的婢女，失去了独立存在的意义。在今天的俄罗斯，行政首脑领袖的魅力仍然左右着情报体制的核心，相比较而言，其情报的监督就少得可怜，行政首脑不仅用自己的权力来管理情报体制，还以个人的喜好来左右情报体制。

在行政首脑对情报体制的影响中，我们不得不探讨行政首脑的个人素质，其个人素质，包括个人品格、从政经验、领导作风、知识结构，都对情报体制的发展有着举足轻重的影响，一个心胸开阔、乐于听取不同意见的领导人，对情报人员提出的不同意见总是比较宽容的，也易于接受。相反，一个作风武断的行政首脑不大可能听取情报人员的不同意见。一个对情报事务有着深刻理解的行政首脑，会耐心听取情报人员的意见，而一个不懂情报的领导人，是不可能处理好情报与决策者的关系的。

（二）立法及司法机构

立法机构对情报体制的影响主要是通过制定法律并监督其正确地执行法律。在西方，立法是控制情报体制的重要手段，自然也是影响情报体制的重要因素。法律是情报机构及其活动必须遵守的强制性规范，也是保证情报体制高效、合理、正当地履行职责的根本依据。

司法机构相对于立法机构，其对情报机构的影响相对较小，原因在于以下几个方面：第一，立法机构是法律的制定者和实施者，它们所关注的主要是情报体制的宏观控制、微观管理等日常性、政策性工作，而司法机构是法律实施的监督者，只要当情报机构出现违法行为并导致诉讼案件时才能以案件审理的形式影响情报体制，从某种意义上可以说，立法机构对情报的“监督是无限的，而法院的监督则是有限的”。第二，情报机构一般都是对外的，不具备对内的职能，其行使的都是国家的对外权力，“无法对本国公民造成紧迫而直接的影响，法院也几乎遇不到由情报活动引起的诉讼案例”。[①] 当然，这并不意味着，司法机构对情报体制不存在影响，事实上，在“9・11”恐怖事件后，本国的情报活动也渗入国内，进行反恐、禁毒、缉私等执法活动，情报活动也必然会纳入司法视野中来，可以预见的是，司法机构对情报体制的影响会愈来愈大。

有观点认为，情报部门往往形成一种极端的派性，而这又非常容易恶性发展，使他们自认为是法律的化身。中央情报局关于以色列情报部门的文件的结论认为：“如果政府要求执行某一任务，不管它是否合法，总是会做到的。”一个国家的政府会利用这种误入歧途的忠诚，破坏民主程序，这一危险使得所有的情报部门特别是反间谍部门，成为一种利弊俱备的东西，[②] 对于其弊端进行调控自然成为必然。

由于国家情报体制多属于行政系统的组成部分，在三权分立的国家，权力制衡作用的发挥，必然使得情报体制纳入立法机构的监督范围，这就使得国家立法机构切入行政势力范围，发挥自己的影响，尤其是在言必谈法治的今天，情报也需要进入公众的视野，改变“由于缺乏一套必要的法律规范在宪法范围内指导情报活动，中央情报局已经成了一头桀骜不驯的‘离群之象’”现象的发生，几乎在每一个国家，立法机构都有权采取种种方式来监督情报体制，虽然曾有人提出“我们不能像经营一个税务局或卫生教育和福利

---

① http：//www. odci. gov/csi/studies/96unclass/manget. htm.

② ［英］威廉・维・肯尼迪等. 现代情报战的内幕. 罗光夏译. 解放军出版社，1986：74.

部之类的部门”去经营国家情报体制，必然需要赋予其相应的自由权限，甚至“睁一只眼闭一只眼，听之任之”，但是脱离法律视野的克格勃在历史上“几乎掌握着所有的真理”，让民主国家胆寒，可见，立法机构对情报体制的监督是必要的也是必需的。在美国，先后通过了多部法案来监督情报体制的运行，如《1947 年国家安全法》（National Security Act of 1947）、《1974 年休斯·瑞安法》（Hughes – Ruian Act of 1974）、《外国情报监视法案》、《情报监督法案》、《保密信息程序法》等，对情报体制的监督逐步完善并成熟，也使美国成为“对情报机构的立法监督最为苛刻的国家”。

情报体制内的工作人员对立法机构对自己的监督自然是嗤之以鼻，但监督给情报工作带来的益处也是显而易见的。第一，监督有利于改善情报体制在公众中的印象，不至于被公众认为是“见不得阳光”的体制，而得不到公众的信任，一旦出现情报失误，对情报体制的骂声会因为监督的存在而减少甚至消声；第二，立法机构对情报体制的监督有利于国家对情报体制加强领导，这样可以帮助情报工作者更好地把握自己工作的方向；第三，更重要的是，情报体制向立法机构作报告有利于迫使情报体制的首脑及其下属在决定进行各种秘密活动时更多地考虑法律，更自信地衡量得失；第四，情报体制与立法机构的主动接触有益于使情报体制的工作人员触摸到国民对情报的观点。综上所述，立法机构对情报体制的监督是值得肯定的。此外，立法机构对情报体制的监督作用，归根到底，是对该国人民负责的需要，这是绝不会消失的。而且，在美国的事实也证明，“谍报部门的工作人员也看到接受监督所产生的危险和不利影响并不像他们担心的那样严重。他们逐渐习惯于在委员会上作证；而委员会也注意到不要施加过多的压力”,[①] 因此，对于情报体制来讲，应该欢迎立法机构对自己施加影响甚至予以监督。

但在具体操作中要注意的是避免立法机构实施的监督只不过是走过场的现象。现在，世界上大多数国家对情报体制的监督已经成为制度，用美国中央情报局官员西尔弗的话说：“从中央情报局官员来说，我想他们已逐步接受这样的观念——遵守法律规定对工作是有利的，而不是相反的。”今日大多数情报工作人员认识到，有责任报告工作不见得是坏事，让人在你肩膀后看着而加强审慎感，对他们自己有利，对国家也有利。[②]

---

① ［美］斯坦斯菲尔德·特纳. 秘密与民主——转变中的美国中央情报局. 褚律元译. 时事出版社，1989：150 – 151.

② ［美］斯坦斯菲尔德·特纳. 秘密与民主——转变中的美国中央情报局. 褚律元译. 时事出版社，1989：153.

(三) 政治体制

政治体制是影响一国情报体制的关键因素，一国的情报体制与它奉行的政治体制有着密切的关系。如苏联的集权型情报体制就与它奉行的集权型政治体制有着不可分割的关系，而美国之所以采纳分散型的情报体制，是因为它的整体遵循着分权和制衡原则，不同的情报体制，其运作方式是完全不同的，其对情报工作的影响也是不一样的。

政体的不同甚至也影响了人们对情报工作的理解，西方学者认为，所谓集权体制国家情报机构的工作侧重于隐蔽性方面，而民主国家则认为情报的收集、分析功能和反情报功能同等重要。① 这种观点当然存在极大的片面性，因为正是在美国这样一个所谓全世界最为民主的国家里，也产生了中央情报局这样一个曾大肆从事隐蔽行动的情报机构，中央情报局的隐蔽行动机构成了美国政府的左膀右臂，成了它推行秘密外交政策的工具。综观战后美国西方的情报实践，中央情报局在从事隐蔽行动方面与克格勃相比毫不逊色。

(四) 文化传统

在影响情报体制运转的诸多因素中，文化传统的影响是最持久、最稳定，也是最隐蔽的。其主要是指一个国家或一个民族对情报工作的态度，如人们对情报工作的认识、情报实践中的惯例、情报实践中所遵循的准则、国家的意识形态等，情报文化传统对一个国家情报工作的发展起着不同的作用，不同的民族文化对情报工作的影响也是不一样的。如情报文化对俄罗斯情报体制的影响具有决定作用，苏联解体后，大一统的克格勃也曾分崩离析，负责对外情报工作的对外情报局和负责国内安全事务的联邦安全局、联邦边防局等机构都自立门户，然而，在经过矫枉过正般的动荡后，俄罗斯的情报文化终于起作用了。自普京出任俄罗斯总统以来，俄罗斯的情报机构出现了重新统一之势。俄罗斯制定了《2001—2010 年国家安全系统建设的国家政策》，根据该方案，联邦安全局、政府通讯和信息局、联邦保卫局将合二为一，成立一个统一的情报与安全机构。英国是一个重视保密的国度，它的情报文化传统就倾向于保守。保密机构是情报工作的第一要务，尽管英国是世界上较早建立常设性情报机构的国家，但情报工作在英国社会还是一个讳莫如深的话题。直到 20 世纪 30 年代，英国政府还不承认秘密情报局的存在，90 年代，秘密情报局局长的名字还是国家机密。美

① 转引自：K. G. 罗伯逊. 英国和美国对情报工作的不同见解. 麦克米伦出版公司，1987：20.

国则截然不同，美国是一个由移民组成的开放社会，公开性是美国社会的基调，这一点在美国对情报机构的态度上也有所反映，把情报活动视为国家安全的第一道防线，根据法律确定情报体制在整个国家社会决策体制中的地位，规范情报机构的活动，防止情报机构凌驾于法律之上，构成了独特的美国情报文化。二战结束后，美国曾就国家安全问题进行过史无前例的大讨论，并通过了《1947 年国家安全法》，建立中央情报局，因此，中央情报局是一个处于公众视线监视之下的秘密机构。它的局长经总统提名后必须经国会批准。其预算由国会控制，重大的情报事务也必须经国会批准，在中央情报局存在的半个世纪里，美国国会对中央情报局进行过多次调查，特别是 1975 年美国国会对中央情报局的调查更是达到了空前的程度，许多被中央情报局视为机密的非法活动被曝光，情报人员的名字也不断出现在报纸上，这在其他国家是不可想象的。再如，日本的文化传统对日本情报工作的发展起着举足轻重的作用，它主要表现在如下几个方面：狭隘的民族心理，决定了日本缺乏恢宏的战略情报意识，限制了日本战略情报工作的开展，“八纮一宇”的皇国史观，使日本片面夸大自身的力量，看不清敌我双方的力量对比，既不能知彼，也不能知己，导致历史上日本在侵略的道路上越走越远，陷入不可自拔的泥潭。日本文化传统中对情报工作影响较大的另一个因素是它的军国主义传统和武士道精神，这种传统使得日本片面强调精神因素的重要性，在封闭的环境中，大和民族形成了一种强烈的民族认同感和文化归属感，进而衍生出一种自我欣赏、自命不凡和唯我独尊的民族心态，这进一步渗透到其情报体制的方方面面。

第一章

美国情报法律制度

第一节　美国情报法制建设研究

一、美国情报立法

（一）美国情报立法溯源

美国建国初期并没有关于情报的立法，在一战期间，虽然存在《1947年间谍法》（Espionage Act of 1917）等关乎情报的法律，但大都是为了适应战争需求颁布的，针对性较强。二战初期，为了赢得战争并打击国内间谍活动，美国需要大量及时、准确的情报。在没有权威情报立法的情况下，美国总统的行政命令（President Executive Order）便成为开展国家情报工作的法律依据。直到二战后，美国才开始出台真正意义上的情报立法。

1. 美国情报立法的形成

二战期间，由于密码通信体制和情报分工上的混乱，使美国在“珍珠港事件”中付出了沉重的代价。“珍珠港事件”的阴影、新的核大战威胁、苏联的步步紧逼，以及亚洲、非洲和南美的动荡，所有这些终于使美国意识到，和平时期的情报工作和战时一样重要，并且需要更有效的组织、更好的协调。

二战后，美国进入冷战时期，国家安全问题突出，情报工作引起了前所未有的重视。1947年7月26日，杜鲁门总统签署了参众两院通过的758号和2319号议案，通过了《1947年国家安全法》，同年8月，美国国会通过该法的修正法案。这一法律对二战之后的美国军事组织和情报机构进行了重新洗牌与调整，启动了构建现代情报体制的进程。

《1947年国家安全法》及其修正案中，关于情报方面的立法活动主要有以下内容。

（1）成立国家安全委员会、中央情报局等一系列情报机构。该法规定了国家安全委员会的职责是作为合作中心，保证各军事部门和情报机构的合作。在国家安全委员会之下设立了中央情报局，这是美国第一个和平时期的情报机构，中央情报局局长兼任中央情报主任及总统情报顾问，负责具体协调美国各情报机构的情报活动，并管理情报收集及分析工作。

（2）规定了情报活动的责任，要求情报秘密行动得到批准并事后报告，对情报活动的预算及资金做出了规定，并在实际上赋予了美国国会对情报机构的监督权。

（3）规定了对情报工作、人员及文件的保护。主要涉及对美国间谍、情报人员、线人身份及秘密情报来源的保护，对情报机构如何保护工作中的文件做出了规定，并对所有政府及办公人员接触、使用和保管的涉密文件进行了密级规定。

（4）对间谍活动做出了规定。该法规定了对间谍活动的法律制裁，并提出了反间谍措施。

（5）对情报工作的支持。该法要求设立情报系统奖学金，指派情报人员进行语言学习，鼓励情报教育的发展。

《1947 年国家安全法》不仅是美国现代情报机构产生的法律前提，更奠定了美国情报体制的法律基础，对美国情报界具有里程碑式的意义。

2. 美国情报立法的发展

美国通过《1947 年国家安全法》的颁布，初步建立了美国现代情报体制框架，成立了一系列情报机构，以此为依据，美国开始对情报立法进行全方位的建设，颁布了数量众多、涉及面广泛的成体系的情报法律，是美国情报界的大发展时期，从国家安全法颁布到 2001 年“9·11”恐怖事件发生之前，可以称作是美国情报立法的发展阶段。

随着美苏冷战的不断深化，美国逐步建立起众多的情报机构，为了规范并明确这些新成立的情报机构的职能，美国颁布了一系列法律。率先颁布的是针对中央情报局的《1949 年中央情报局法》（National Security Agency Act of 1949），该法于 1949 年 6 月 20 日经美国参众两院批准通过，明确规定了中央情报局的职责和法律保障及特权，对中央情报局的财政预算及使用做出了详细规定，授权该局有使用联邦财政的权力，并可免于受到联邦财务上的使用限制。为了保护美国对外情报活动的安全，该法授权中央情报局可以不公开其“组织机构、职能、官员名称、职位、薪金、雇员的数量”等信息。为了调动工作人员献身情报工作，吸引一流人才，该法第 5 条详细列举了该局工作人员及其家属应得到的特殊待遇，为了吸引并保障外国人为美国开展情报工作，该法规定，国外为中央情报局提供情报的外国人，其本人和家属拥有“长期居留权”，能够长期居留在美国境内。此后，较为重要的有1959年5月29日通过的《1959年国家安全局法》（National Security Agency Act of 1959），该法详细规定了成立于1952年的国家安全局（National Security Agency）的职能、人事、组成、培训等内容，并授权国家安全局可以通过侦察卫星和遍布全球的监听站，接收和监听世界范围内的无线通信，收集信号情报。从20世纪60年代初开始，国家安全局每年度编制一份开展技术侦听的个人和组织的名单（其中包括美国公民及其家庭群体），通过大批量的监听，国家安全局筛选出所需要的信息，整编成情报。

逐步发展的情报立法为情报机构带来了诸多特权，但也增加了权力滥用的隐患，为了限制情报机构的权力，加强对情报界的监督，1974年，国会出台了《1974年休斯·瑞安法》，这是第一部对情报监督做出明确规定的成文法，它同美国参议院在1976年通过400号行政决议和众议院在1977年的658号行政决议共同构成了情报监督的法律基础。该法提出了有关情报监督的四个问题。

（1）限制了情报机构的权利。该法禁止了情报机构挪用资金的行为，除非总统发出一个正式的“裁定”，表示此项秘密行动对国家安全非常重要，并将裁定提交给专门的国会委员会。（2）确立了针对中央情报局秘密行动的总统问责制，其结果是大大减少了总统的“合理推诿”行为。（3）从根本上扩大了国会“知情人”圈子，然而这导致在国会中造成情报泄露曝光的危险性更大。（4）该法案确立了事实上和法律上的国会否决权，这使得国会可以更轻易地拒绝为存疑的秘密行动提供资金，有力地保障了国会的情报监督权。

为进一步维护美国国家安全，避免国外犯罪分子和恐怖势力的袭击，美国在1978年10月通过了《涉外情报监视法》（Foreign Intelligence Surveillance Act），该法案规定了针对美国境内涉外组织和个人的电子监视与情报收集的程序和原则，并规定了对实行监视的情报机构的司法和国会监督，规定了涉外电子监控授权的法定框架。在此之后，《涉外情报监视法》支配了电子监控的使用，成为打击间谍活动和恐怖主义活动的重要工具，在国家安全的情报收集工作中占据了主导地位，并在之后进行了多次修订。

20世纪70年代，美国在与苏联的冷战中处于劣势，情报活动对于国家安全越发重要，情报机构和规模不断扩大，预算急剧增加，但情报界长期以来却一直由总统主导，这引起了国会的不满。随着越南战争和水门事件的爆发，以及70年代初国会的改革，国会与总统围绕情报界决策权展开了争夺，其间建立了情报拨款委员会，并最终在70年代中期建立了国会现代情报授权制度。1978 年 9 月，总统签署了《1979 财年度情报授权法案》（Intelligence Authorization Act for Fiscal Years 1979），主要包括以下三部分内容：（1）明确拨款项目、条件及环境等实质性内容；（2）详细的财务部分，明确支出，表明资金去向及合理性；（3）限制授权时间，以便授权委员会的审查和控制。法案一般附属各类报告或秘密附件，并需在财政年结束之前向国会提交。此后，美国历年情报活动的授权和拨款均通过国会审查和情报授权法案的方式进行。

在此之后，美国设立了参议院情报委员会（HPSCI）和众议院情报委员会（SSCI），合称美国国会情报委员会，这是美国首个专门负责情报监督的委员会。为了进一步加强对情报界的监督，1980 年 7 月 3 日，国会出台了《1980 年情报监督法》（Intelligence Oversight Act of 1980），这是《1974 年休斯·瑞安法》的修正法案。该法案规定了当时的情报监督机构，建立了将情报秘密行动汇报给国会的详细规则，为美国情报监督制定了法律依据。首先，法案减少了国会“知情”委员会的数量，只要求情报机构将秘密情报行动汇报给参众两院情报委员会，而不是以前的 8 个委员会，降低了情报泄密的风险；其次，该法案扩大了情报监督的范围，要求美国所有情报机构负责人必须“充分、及时”地汇报所有情报活动，包括“任何重要的、预期的情报活动”；再次，规定了国会的情报信息获取权，要求情报机构有义务向情报委员会提供任何其所需的情报材料，这保证了情报机构对国会监督和调查的配合；最后，该法案特别规定，如果情报行动出现特殊情况未能及时汇报，总统应在事后向国会提交声明进行汇报。该法案的出台，标志着以国会情报委员会为中心的情报法律监督制度的最终确立。

随着美国情报机构的增加，职能交叉为工作带来了很大不便。为解决这一问题，1981 年 12 月 4 日，美国总统里根签署了旨在扩大美国情报机构的权力和责任的第 12333 号行政命令（Executive Order 12333）——“美国的情报活动”（United States Intelligence Activities）。该命令在 2004 年由第 13355 号总统行政命令修改为“加强情报界的管理”（Strengthened Management of the Intelligence Community），在 2008 年由第 13470 号总统行政命令再次修订，提升情报总监的地位及作用。该行政命令的内容主要包含以下几点：（1）规定了各情报机构在国家情报工作中的目标、方向、任务、角色和职责，并要求情报机构间进行充分的合作。（2）规定了情报机构的行为准则。各情报机构未经批准，无权收集、保存和扩散美国公民的个人信息；重申取缔情报机构的暗杀活动，要求“任何受雇于或代表美国政府的人，都不应从事或密谋暗杀行动”。然而在 1998 年，关于暗杀的规定与美国的恐怖主义目标相联系，被重新解释和放宽。

20世纪80年代之前的美国情报法律规定，只要不涉及机密信息，对情报人员的身份泄露是不违法的，因此，发生了多起中央情报局特工及工作人员身份被泄露的事件，直接危害到情报人员的人身安全。为保障情报人员的安全，美国在1982年6月23日公布了作为《1947年国家安全法》修正案的《1982年情报身份保护法》（Intelligence Identities Protection Act of 1982）。该法不仅要求保护情报机构的工作人员，而且特别强调要保护情报来源。该法为一系列行为定罪：（1）窃取机密信息的行为；（2）有目的地调查并揭露情报机构工作人员身份，并可能损害美国的国外情报活动的行为；（3）故意暴露正在（或即将）为美国情报机构执行秘密任务的情报人员身份的行为。美国政府已公开承认其身份的除外。

该法具有以下特点：（1）受保护的情报人员范围较广，包括各情报机构的在职和曾任职的工作人员，还包括曾经或正在同美国有情报工作往来或充当消息来源的美国公民和非美国公民。（2）违法和犯罪构成条件较低，任何企图确定和泄露情报人员身份的个人将会被起诉。（3）对违反法律的泄密主体从重处罚。（4）对情报人员保护非常周密。虽然国会是情报机构的法定监督者，但根据该法规定，当情报人员处境较为危险时，情报机构“有权拒绝国会、国会委员会或国会机构提出的解释情报的要求”。

20世纪80年代，由于“伊朗门丑闻”的出现，美国国会变得越来越怀疑总统的秘密行动，并最终出台了旨在扩大国会情报监督权的《1991财年度情报授权法》（Intelligence Authorization Act for Fiscal Years 1991），该法案规定，由情报机构进行的所有秘密行动在得到总统的批准后，必须将所有内容进行记录并汇报给国会；该法案还规定情报机构需要就中中央情报局的预算问题向国会提交报告。该法案对国会情报监督权的扩大体现在两个重要方面：（1）大部分国会提供的资金在年尾时必须公开支出情况，这可以防止情报机构的秘密行动开销过大；（2）国会也成为秘密行动的主要决策者，并且可以拒绝为中情局提供资金支持。自1991年之后，国会每年都会出台情报授权法案，这些法律逐步巩固和扩大了国会对情报界的监督权力。

20世纪90年代初，随着冷战结束，美国进行了第一次对情报界的调整和改革，颁布了《1992年情报组织法》（Intelligence Organization Act），该法明确了中央情报局局长的职责：情报界的领导者，总统的首席情报顾问并兼任中央情报主任。身为情报界的负责人，中情局局长有权制定情报界的预算，促进情报共享，拟定情报优先顺序，为总统、国防部长提供建议。该法也将1981年的12333号行政命令的部分条文正式指定为法律，包括赋予中情局局长制定国家涉外情报计划（National Foreign Intelligence Program）及规划相关预算的权力。

由于美国国内间谍活动十分频繁，为了进一步保证国家安全，防止泄密风险，1994 年 10 月 14 日，颁布了《1994 年反情报和安全促进法》（Counter-intelligence and Security Enhancements Act of 1994），该法加强了对联邦调查局的监督，防止其内部出现间谍，并在国家行政部门内设立了反情报政策委员会（National Counterintelligence Policy Board），成员包括国家反情报执行官、司法部（包括联邦调查局）、国防部（包括联席会议人员）、国务院、能源部、中情局以及美国总统指定的其他部门或机构。该委员会通过国家安全委员会向总统汇报工作，主要任务是为总统制定反间谍政策和程序，协调各机构共同执行，进一步促进中情局和联邦调查局在反间谍领域的工作合作，并为国家反间谍战略的实施提供咨询意见。1995 年 2 月 1 日，克林顿总统颁布行政命令，成立了“联邦总统情报调查委员会”，其任务是评估情报界现状并研究今后发展方向，为大规模情报改革提供可行方案。为巩固超级大国地位，美国情报立法开始趋向于逐步规范情报界机构与工作，其立法内容也体现了对未来情报界发展的方向性思考。

1996 年 6 月，美国出台了《1996 年国家图像和测绘局法案》，将国防测绘局与中情局卫星图像分析中心合并，成立了国家图像与测绘局。该法案中规定，该局是国防部的战斗支援机构，主要负责为决策者提供战略、战术图像情报和地理空间信息，国防部长和国家情报总监有义务采取一切必要措施，保证其采集图像的全面性和可用性，并不断改进图像采集技术。同年 10 月，美国再次对情报界进行了调整，出台了《情报革新与改革法案》（Intelligence Renewal and Reform Act），该法主要在两方面对情报界进行了调整。（1）增设情报界职位，细化情报管理事务。该法在国家安全局内部成立了分别掌管国际情报及跨国性威胁的两个新委员会；新增一位中情局副局长管理情报界事务；设立三名中情局助理副局长，分别管理情报分析、情报产品制作及行政事务。（2）给予中央情报主任更大的权力，主要包括预算掌控权及对情报界的管理权。该法规定，国防部长需就国家安全局、国家侦察局、美国地理空间情报局的主管人候选建议征求中央情报主任意见；国防情报署及主管情报的助理国务卿的指派必须咨询中央情报主任的意见；中央情报主任可参与制定联合军事情报计划（Joint Military Intelligence Program）、战术情报与相关计划（Tactical Intelligence and Related Activities Program）预算的过程。

此后，美国通过《1997 财年度情报授权法案》（Intelligence Authorization Act for Fiscal Years 1997）、《1999 财年度情报授权法案》（Intelligence Authorization Act for Fiscal Years 1999）等一系列授权法案，明确并规范了冷战后美国情报机构的作用、职责、组织结构、人事制度和发展方向，并探讨了未来美国情报界的发展和目的，并通过其后的一系列法律，赋予了情报机构一些新的权力和工作手段，为情报机构开展工作提供了法律保障。

3．美国情报立法的完善

2001 年 9 月 11 日的美国“9·11”恐怖袭击是继“珍珠港事件”后对美国本土最严重的一次打击，在此事件之后，美国开始反思其情报体制的不足，其情报立法开始偏向于反恐目的，进入了情报立法的完善时期。

在“9·11”恐怖袭击过后的第 45 天，美国国会就迅速通过了《美国捍卫与加强本土安全采取有效防范与打击恐怖主义举措法案》（Uniting and Strengthening America by Providing Appropriate Tools Required to Intercept and Obstruct Terrorism Act of 2001），也被称为《爱国者法案》，并在 2001 年 10 月 26 日正式施行。该法以反恐目的，通过法律扩大了情报机构的权力，并加强了情报监控。该法最大的争议来源于第二章“监视程序”（Surveillance procedures），该章节规定情报机构在收集反恐情报时可以免受相关规定限制，能够采用各种手段收集美国境内居民的一切涉外情报信息，消除了犯罪调查和情报监督之间的法律壁垒。其中有三个非常有争议的条款：（1）“偷窥许可”（Sneak and Peek Warrants），允许搜查令的执行延迟通知；（2）“机动监听”（Roving Wiretaps），允许在未经法院命令的前提下对特定个人进行机动窃听；（3）允许联邦调查局发出命令“要求任何有形物质（包括书籍、记录、文件和其他）为反恐及秘密活动而进行生产”。该法另有一个有争议的方面是移民居住规定，允许将可能会进行恐怖活动的任何外国人无限期拘押。由于该法中相当多的部分对美国传统及个人自由构成了严重威胁，许多章节和条款规定也并没有宪法保障与制衡，是一部没有必要制定的法律。①

2002 年 11 月 27 日美国颁布《2002 年反情报促进法案》（Counterintelligence Enhancement Act of 2002），该法在《1994 年反情报和安全促进法案》的基础上，设立一名由国家情报总监任命的“国家反情报执行官”，并担任国家反情报政策委员会主席。同年，美国还通过了《2002 年国土安全法》（Homeland Security Act），并在 2003 年 1 月 24 日成立国土安全部。该法规定国土安全部的主要任务是：（1）防止美国境内发生恐怖袭击；（2）减少美国对于恐怖袭击的弱点；（3）将美国境内发生的恐怖袭击的伤害降到最低。国土安全部的成立意味着将原本分散在各部门的反恐相关单位统一到一个部门中去，

① 黄爱武．战后美国国家安全法律制度研究．华东政法大学法律史系，2009.

并由国土安全部部长统筹全国反恐任务，但国土安全部本身不负责情报收集工作，反恐怖主义情报收集仍由原情报机构负责，而国土安全部设立情报分析中心，整合收集来的情报。

2003 年，美国通过了《2003 年度情报授权法》（Intelligence Authorization Act of 2003）。该法授权对美国情报工作增加拨款预算，为美国反恐工作提供经费，并成立“9·11 事件调查委员会”（9/11 Commission，以下简称 9·11 委员会），即“恐怖分子袭击美国的全国委员会”（National Commission on Terrorist Attacks Upon the United State），调查并报告“9·11”恐怖袭击相关的事实和原因，并为美国情报体制改革提供建议，防范未来可能发生的恐怖袭击。

“9·11”恐怖事件也促成了美国情报体制的全面改革。为了防止再次发生类似的恐怖袭击事件，也为了平息美国人对国家情报工作的不满，美国国会在 2004 年 12 月 17 日通过了《2004 年情报改革和预防恐怖主义法》（Intelligence Reform and Terrorism Prevention Act of 2004），该法案主要包括三方面内容：（1）设立了国家情报总监（Director of National Intelligence），国家反恐中心（National Counterterrorism Center），公民隐私和自由监督委员会（Privacy and Civil Liberties Oversight Board）。其中，国家情报总监是情报界总负责人，统管当时全国的 16 个情报机构，监督和指导国家情报计划的实施。（2）预防恐怖主义，涵盖了《2004 年停止恐怖和军事骗局法案》（Stop Terrorist and Military Hoaxes Act of 2004）、《2004 年预防恐怖分子获得破坏性武器法案》（Prevention of Terrorist Access to Destructive Weapons Act of 2004），并讨论了恐怖分子审前羁押、融资活动等。（3）执行“9·11 委员会”的建议。该法成为美国进行国家情报体制改革的主要法律依据，而这次改革也是第二次世界大战以来美国最为重大的情报体制改革。2004 年 8 月 27 日，布什总统签署了第 13354 号行政命令（Executive Order 13354：National Counterterrorism Center），成立了“国家安全反恐中心”（National Counterterrorism Center），该命令赋予国家反恐中心的职能是：分析和整合美国政府所拥有的或获得的所有有关恐怖主义的情报，为反恐行动制定战略行动规划，将行动任务分配到负责反恐行动的各主要机构，这些任务要与法律保持一致；建立共享的反恐数据库，确保各机构接触或获得执行反恐计划所必需的来自所有来源的情报支持。

2005 年 10 月 25 日，布什总统签署了题为《进一步加强反恐情报共享来保护美国人民》的第 13388 号行政命令（Executive Order 13388：Further Strengthening the Sharing of Terrorism Information to Protect Americans），该命令旨在加强情报界对反恐情报信息的共享，并结合《2004 年情报改革和预防恐怖主义法》成立了“信息共享委员会”（Information Sharing Council），指导和促进反恐情报共享。

为进一步促进反恐工作，2007年8月5日，美国国会颁布了《涉外情报监视法》的修正案——《2007年保护美国法》（Protect American Act of 2007）。该法案对美国境外人员的电子监听进行了程序上的规定，并修改了申请开展电子监听的法院许可令下达程序。

在情报监督立法方面，《2010年度情报授权法》（Intelligence Authorization Act for Fiscal Years 2010）是“9·11”恐怖事件后较为重要的法案。该法案从三个方面对情报监督进行了补充和调整。首先，进一步规范了将情报秘密行动汇报给国会的法律程序。对汇报时间限制在180天以内；其次，在情报机构向国会提供其所需信息时，进一步规定了所需的法律程序和材料；最后，该法案为情报界设立了一个总监察长，并规定其责任和义务是对情报活动进行独立的调查和审计，将情报机构的不当行为汇报给国家情报总监并提出整改意见。总监察长的设立使美国情报界同普通行政机构一样被纳入行政监察范围，有助于情报监督立法的整体化和体系化。

（二）美国情报立法模式

美国所属的英美法系又称普通法系，强调法典的延续性，以判例法为主要形式，宪法处于至高无上的地位。美国法律主要由判例法和判定法两部分组成，表现为三大层面：（1）联邦法规，由美国国会制定，明确各机构权限，为各机构授权；（2）州法规，以宪法为准则，结合各州实际制定；（3）普通法，利用判例来判决不被联邦法规或州法规所涵盖的案件。情报法律属于美国法律体系的一部分，但由于情报工作的特殊性，其立法模式和重点与其他法律不尽相同。

美国情报立法的主要模式是成文法、总统行政命令和普通法。其中，成文法和总统行政命令主要改革调整情报体制，设置情报机构和职能，规范情报活动目的、程序或手段。普通法主要在情报司法监督中发挥作用。

1. 成文法（Statutory Law）

成文法是指由立法机关经一定程序制定，并具有普遍约束力的法律。成文法大部分属于联邦法律，在公法范畴之内，不同于普通法主要处理个人或少数人的问题，成文法主要处理社会关系产生的法律问题，内容具有预测性和前瞻性。美国虽然是一个普通法国家，但情报立法主要是成文法。美国情报立法的成文法主要有以下三种形式：

（1）制定专门的情报法律。对情报界进行统筹性规定的立法，如《1947年国家安全法》《2004年情报改革和预防恐怖主义法》等；专门针对情报机构的立法，如《1949 年中央情报局法》《1959 年国家安全局法》等；专门针对情报拨款的立法，如每财年度的情报授权法案。还有专门针对情报秘密行动等出台的法案，均是专门的情报法律。

（2）制定修正案（Amendment），补充基本法律，或规范某一方面关系。如《1974 年休斯·瑞安法》是《1961 年外国援助法》（Foreign Assistance Act of 1961）的修正案，扩大国会监督权，主要限制中情局情报活动；《1982 年情报身份保护法》是《1947 年国家安全法》的修正案，对保护情报机构工作人员、保护情报来源等方面做出了更加详细可行的规定。制定修正案作为补充、调整已有的情报法律的一种形式，使情报立法能够与时俱进，随时适应变化的情报需求。

（3）散见于一般法律。如 2002 年 5 月颁布的《加强边境安全和签证入境改革法案》（The Enhanced Border Security and Visa Entry Reform），该法促使美国移民局新增 200 名调查人员和巡视员，并建立了跟踪在美国上学的外国学生的身份识别系统，详细接收并记录外国学生的个人信息情况；2005 年颁布的《真实身份法》（Real ID Act），该法除取消了先前批准的一批难民的永久居留权外，在第二章规定，驾照和身份证数据库相连接，需要记录持证人的真实信息，并在第八章中规定了“从事恐怖活动”的定义。这些目的是收集情报信息或预防恐怖活动的法律条文，虽然散见于一般法律，但也是情报立法体系的一部分，全方位、多角度地完善了情报立法体系。

2. 总统行政命令（President's Executive Order）

由于国会立法程序复杂，周期较长，且要综合多方利益，因此，在面对突发性、复杂性的事件时，难以及时应对、有效解决。根据美国宪法的分权原则，总统有权制定具体制度来指导国家工作。因此，总统往往以发布“行政命令”的方式调整和规范情报工作，其行政命令具有法律性质和法律效力。如 1981 年，里根总统为规范情报机构职能，扩大情报机构的权力和责任，签署了第 12333 号行政命令，并在 2004 年、2008 年分别由第 13355 号和第 13470 号总统行政命令修订，最终规范了美国情报机构的责任和权力，完善了情报工作的规则和程序。

3. 普通法（Common Law）

普通法也称判例法，指未经过正式立法程序或被列入法典，但早已被公认的各种习惯和先例的组合，具有“不变性”和“可塑性”的双重性质，基本原则是“遵循先例”。当有人触犯法律时，法官以过去的判例作为依据来裁决案件，维护法律的尊严和稳定，满足大众的期望。在情报立法体系中，普通法除用来进行对情报工作及人员的司法监督外，也用来保护情报界人员和情报信息。例如，2010 年遭捕的前美国情报分析员曼宁，由于其向“维基解密”网站泄露超过 70 万份秘密文件，于 2013 年被判处间谍罪，其判罚的重要依据就是以往的判例，即运用普通法。

通过形成这种以成文法为主、普通法为辅的立法模式，美国情报立法有效保障了其灵活、高效，能够不断成熟发展。

（三）美国情报立法特点

1. 情报立法体系化

自《1947 年国家安全法》构建了美国的现代情报体制以来，美国一直通过颁布法律的形式，将情报界的权力和义务结合起来，通过不断完善情报立法，美国形成了数量众多、涉及面广的情报法律体系，促进了情报体制的不断成熟发展，保证情报工作顺畅、有序地开展，实现情报沟通交流和力量聚合。可以说，美国情报体制的构成、发展、运行都是以情报法律为基础、保障和准绳的。

美国情报立法涵盖了情报工作的各个方面，数量众多，涉及面广，既有《1947 年国家安全法》这样统筹情报体制各方面的情报立法，也有各种专门立法。（1）设立情报机构、划分情报机构职能的立法，如《1949 年中央情报局法》《1959 年国家安全局法》《1996 年国家图像和测绘局法案》《2002 年国土安全法》等。（2）进行情报监督的立法，如《1974 年休斯·瑞安法》《1980 年情报监督法》等。（3）情报技术侦察方面的立法，如《涉外情报监视法》《2007 年保护美国法》等。（4）保护情报人员的立法，如《1982 年情报身份保护法》等。（5）反间谍的立法，如《1994 年反情报和安全促进法》《2002 年反情报促进法案》等。（6）改革情报体制的立法，如《情报组织法》《情报革新与改革法案》《2004 年情报改革和预防恐怖主义法》等。（7）进行情报授权的立法，如每年都要颁布的情报授权法案。还有许多情报方面的立法分散于移民法、反恐法等法律中，共同形成了美国较为成熟的情报立法体系。

这种法律体系的出现与形成有三方面的原因：（1）法律形式的作用。19 世纪后期开始，美国就逐渐形成了成文化、系统化的法律形式，在情报立法方面，美国国会也遵循宪法精神和一贯的立法原则，不断填补空白，修正错漏，形成了较为成熟、完整的立法体系。（2）吸取历史教训和失败经验，例如二战期间“珍珠港事件”的情报失误、“9·11”恐怖袭击的情报失误，都刺激了美国加强情报工作、促进情报合作的紧迫感，并随之颁布了《1947 年国家安全法》《2004 年情报改革和预防恐怖主义法》；又如“水门事件”等，则促成了《1980 年情报监督法》等一系列情报监督立法。美国善于在失败后分析原因，总结经验，并将其用立法的形式固定下来，为美国情报体制的建立和完善打下了法律基础。（3）对公民权利的保护。美国情报立法一方面需要加强其情报机构的职能和力量，保证情报工作的顺利开展，另一方面又要维护公民的权利。为了在这二者之间达到平衡，美国需要通过一系列情报立法来不断保持和维护，通过成体系的情报立法，既赋予了国家情报机构特殊权力，又约束和监督了其情报活动，保护了公民的权利。

2. 情报立法概括化

由于在国家情报活动中，除了公开的情报研究外，所有的情报活动都是相对隐蔽的，其工作目的是获取目标对象不愿交流的隐私和秘密。因此，情报机构只有保持各方面的隐蔽性才有机会获得情报。然而法律是要公开颁布的，情报立法也需要向公众公开。因此，在情报立法中，就要兼顾法律的公开性和情报工作的隐蔽性，对美国情报机构的内部组织、工作对象、行动手段以及国家情报人员的身份等进行保密。与其他立法领域要求立法明确、具体的做法不同，美国的情报立法采取的是概括性和抽象性较强的立法技术，对一些需要保密、较为敏感的情报，法律条文则只进行了原则性的规定。如《1947 年国家安全法》《2004 年情报改革和预防恐怖主义法》等法案中，对情报界进行的架构和改革在法案中虽然进行了规定，但并没有进行详细说明，对情报界结构设置及人员安全进行了立法保护；在历年的情报授权法案中，也对具体的授权及预算进行了一定程度的保密，只做了原则性的规定和方向性的指导。

通过对情报立法采取概括性、抽象性较强的立法技术，美国情报立法保证了法律公开性和情报立法保密性的协调，促成了情报立法的良性发展。

3. 情报立法灵活化

美国情报法律的制定，与国际、国内形势以及政治和外交斗争密切联系。不仅能够实现国内民主，保护民众的权利，也能够反映该时期的国家安全战略思想，具有明显的配合形势需要的特点。这可以从美国情报立法的内容和法律表现形式两方面体现出来。

在立法的内容上，美国情报立法内容紧密配合国内外形势，自 1947 年美国现代情报体制创立以来，所有对情报立法的修订和起草，都需要专家学者对当前形势和问题进行调查研究，并提出对策建议，如 1949 年“杜勒斯报告”、1971 年“施莱辛格报告”、1976 年“丘齐委员会报告”、2004 年“9·11 委员会报告”①，这些建议和对策通过总统和国会的审批之后，往往会被写

---

① 张玉镶. 场论与侦查简论. 铁道警官高等专科学校学报，2008（1）：5－11.

入或反映在立法和行政命令中。通过这种方法，美国往往能够根据国内外形势制定出针对性较强、目的性较强的情报立法内容，从而保证美国情报体制能够不断自我完善。

在法律表现形式上，情报立法呈现出多样性和分散性的特征。由于情报工作涉及面广，范围较大，面对的情况也较为复杂多变，因此，美国的情报立法表现形式也多种多样。既有总括性较强的统筹性情报立法，如《1947 年国家安全法》；也有针对不同时期进行的专门性立法，如《爱国者法案》《2004 年情报改革和预防恐怖主义法》；还有一些情报立法则由其他的法律形式进行规定和表现出来。而一些无法由层面较高、立法时间较长的国会立法来规定的内容，如关于国家情报机构的协调、保密等的规范，则由总统行政命令来规定。情报立法通过这样多样性和分散性的表现形式，使美国情报工作能够及时、有效地与时俱进，灵活配合形势需求，不断完善情报立法体系。

4．情报立法价值取向遵循宪法精神

美国的最高法律是联邦宪法（Constitution），其他所有法律都不得与宪法相违背，并符合宪法“自由、平等、公正”的原则。美国情报立法也遵循其核心特征：防止国家和政府滥用权力而破坏公民权利。

与其他国家的宪法不同，美国的宪法中最主要强调公民权利，几乎没有强调公民的义务①，可以说，美国其他所有法规中对人民权益的保障都是从宪法中派生出来的。因此，在立法的价值取向上，美国情报立法一直力争保障美国公民的隐私和自由等权利。其众多的情报法律在赋予国家情报机构相关的特殊权利之余，更多的是对情报机构权利的行使进行规范、调节和控制，为情报活动设置一套合乎宪法精神的法律程序，在维护国家安全的前提下，积极保障美国公民的隐私和自由等公民权利。如《1974 年休斯·瑞安法》《1980 年情报监督法》等法案，均是情报监督方面的专门立法，限制了情报机构的权利，扩大了国会的监督权，维护了公民的权利和自由。这些专门法案和分布在各处的限制情报机构权力的法案一起，成为维护美国公民权利和自由的法律基础，促成了个人利益和国家安全利益的平衡。

（四）美国情报立法原则

美国情报立法除了体现美国宪法所确立的原则外，还有自己的一些特点。

1．权力与权利平衡的原则

美国宪法将公民权利与国家安全相提并论，认为权利应与权力平等，情报机构的特殊权力不能绝对优于公民权利。美国颁布的一系列情报法律均试

---

① 杨艳芳．美国宪法中公民权利变迁考察．法制与社会，2012（36）：135－136.

图做到“双赢”，即在协调公民权利和国家情报工作特殊权力上，达到既保护公民权利又维护国家安全的目标。

（1）情报立法信息部分公开，协调情报信息公开与公民知情权。美国1966年的《信息自由法》（Freedom of Information Act）赋予了公民知情权，规定“美国政府应当公开行政信息，供公民和新闻界查阅”，美国情报活动也属于政府活动的一部分，按照法律规定的政府信息公开的要求，情报活动所产生的信息也应该要公开，但情报工作具有极强的敏感性和保密性，与国家安全和利益密切相关，如果公开可能给国家安全和利益带来危险和祸患，因此，美国对公众知情权的限制是“在国家安全许可的范围内”。

美国《信息自由法》及其修正案规定，对于国家情报部门在工作中获取的信息、记录和档案，如果可能暴露秘密情报的来源、泄露调查技术和程序或危害执法人员的生命或身体安全则可以不公开。如《1947年国家安全法》第七章“情报工作文件的保护”中第701条规定，“中央情报局局长经与国家情报主任协商一致，有权免除《美国法典》（《信息自由法》）第5篇第552条（该条要求公布、披露、审查或调查中央情报局工作文件）”，即赋予了情报机构特定工作文件免于调查、审查、公布或披露的权力。而《1982年情报身份保护法》第421条规定“情报人员的身份和情报来源属于国家机密，不得公开”，甚至“有权拒绝国会、国会委员会或国会机构提出的解释情报的要求”。

美国在1986年修改《信息自由法》时增加了“除外规定”，即政府拥有某项文件或信息，出于保密的要求，不仅可以不公开，而且可以否认其存在，把它排除在《信息自由法》的使用之外。这是一种比较特殊的对敏感信息加以保护的措施，比如之前《信息自由法》规定的“免除公开”。之所以这样规定，是因为在有的情况下，如果政府声明某一敏感信息或文件属于免于公开的范围，也就意味着这一信息或文件是存在的，承认存在也许会泄露敏感信息的来源或内容。该法对“除外规定”的情形进行了严格限制，只有三种情况才能适用，如联邦调查局关于间谍、反间谍和国际恐怖主义的文件等。

在平衡公民知情权与国家安全信息保密的关系上，主要由总统行政命令进行界定。

（2）情报立法规范限制秘密行动，协调情报侦察工作与公民隐私权。美国情报部门在开展情报工作中，依法可以行使特殊侦察权力手段，即秘密监听、监视、跟踪等，在情报部门行使这些特殊的法律手段和措施时，则很有可能会侵犯公民隐私权。因此，美国在制定情报成文法的过程中，对国家情报部门的活动设立了严格的条件和程序，既依法保障情报部门合法行使特权，又最大限度地保护公民个人的隐私权。

美国《1974 年隐私权法》（Privacy Act of 1974）确立了情报部门在侦察活动中，应遵循以下保护公民隐私权的规则：首先，情报收集活动中应使用侵犯性最小的技术侦察措施，不论在美国国内或针对在国外的美国人均须如此。如果作为侦察手段，则必须是在采用常规手段无法或很难查清案件事实时才能采用；其次，采用监听、监视、跟踪、搜查等开展情报收集或侦察取证时，必须经司法部长的批准。

美国 1978 年的《涉外情报监视法》授权国家情报部门收集外国情报时，可以对“在美国的美国人发送或接收的有线或无线通信的内容”进行监听，并详细规定了这种“监听的申请、审查和批准程序”，国家安全部门要使用技术侦察措施时，首先要提出申请，申请书必须包括申请理由、情报性质、对象、期限等共 11 项法定内容，该申请书同时要附加国家安全事务助理或国家安全机构的主管官员签发的证明书，证明监听的目的是收集外国情报信息，且此类情报信息通过正常的渠道是无法得到的。之后这一申请经过特别法庭批准后方可实施。这些法律程序的设计是为了满足国家情报工作的需要和最大限度地保护公民隐私权的平衡。

为了维护国家安全，做到既保障国家情报部门特殊权力的行使，又防止其滥用权力；既保护公民隐私权，又防止个人以隐私权为借口而不配合情报工作，美国立法进行了许多努力和探索。但从美国的相关国家安全立法和判例所确立的原则中也可以看出，这种平衡也是有条件和区别的，对涉及国内安全的案件和美国人而言，法律和判例要求国家安全机关谨慎使用技术侦察措施，且必须要得到法院的司法令状的批准方可使用，否则即是违法；但如果是对国外情报进行收集，或情报收集的对象是针对外国人时，则使用技术侦察措施审批条件要宽松得多，甚至可以不用得到司法令状的批准。

2. 保障与培养的原则

美国情报立法还有一个原则就是保障与培养。在其立法中，一方面体现对情报相关人员（如情报机构工作人员、提供情报信息的人员等）的保障，另一方面体现了对情报工作人员的培养及情报教育的重视。通过情报立法形成对情报相关人员的保障，促进对情报人员的教育培养，对情报教育事业的重视，最终促进了美国情报工作的不断进步。

（1）对情报相关人员的保障。美国情报立法不仅对美国公民的权利和自由进行保障，更对情报机构工作人员、提供情报信息的人员等进行了周密的立法保障，即使是对已经离职退休、伤残的前情报人员，也进行了较为妥当的安排，使情报机构工作人员或提供情报信息的人员能够免除后顾之忧，尽力工作。

美国早在《1947 年国家安全法》及其修正案中，就规定了情报工作、情报工作人员以及文件的保护条款，如该法第六章“特定国家安全信息的保护”第 601 条规定“任何人，如故意向未经授权的个人或组织披露间谍身份，且明知美国正采取积极措施隐瞒所属间谍与美国的情报关系，应根据《美国法典》第 18 篇处以罚款或 10 年以下的有期徒刑，或两罪并罚”。在其后的《1949 年中央情报局法》中，对中央情报局工作人员及家属的特殊待遇、法律保障做出了规定，并且为保护中情局的情报工作人员，该法授权中情局可以对中情局官员名称、职位、薪金、雇员的数量等进行保密，同时规定，当有外国人愿意为中情局提供情报信息时，其家属可以迁入美国并获得长期居留权，同时为其安顿生活，提供奖励，该法通过这种方式成功地吸引了外国人为美国开展情报工作。而 20 世纪 80 年代初的《1982 年情报身份保护法》更是一部专门保护情报人员身份及信息的法律，该法的刑法规定载于《信息自由法》第 50 章第 421 条，针对窃取并泄露美国情报人员的行为定义了三种罪行：①任何能够获取机密信息的个人，如蓄意将该信息披露给无知悉权利的个人，且明知美国正在采取积极措施隐瞒该情报的，应判处罚款或 15 年以下监禁，或两者兼有；②任何能够获取美国情报人员机密信息的个人，如蓄意将该信息披露给无知悉权利的个人，且明知美国正在采取积极措施隐瞒该情报人员身份的，应判处罚款或 10 年以下监禁，或两者兼有；③任何能够获取美国情报活动的个人，如蓄意将该活动信息披露给无知悉权利的个人，且明知美国正在采取积极措施隐瞒该情报活动，应判处罚款或 3 年以下监禁，或两者兼有，其中，机密信息指的就是情报人员的身份和情报来源的信息。此三种犯罪均是重罪，适用的最高罚款为 25 万美金。除此之外，美国还通过每年的情报授权法案对离职或伤残的情报机构前工作人员进行了生命、财产上的立法保障。

美国情报立法通过对情报相关人员的保障，调动了情报工作人员献身情报事业的积极性，为情报界吸引了一流人才，并免除了情报界相关人员的后顾之忧，最终保障了情报工作的有序开展。

（2）对情报人员的培养。为了实现多元化的情报专业人员队伍，专业情报人员需要进行跨学科学习或外语培训，而广泛招聘来的各学科、领域的非专业情报人员，则需要进行专业知识的学习。因此，美国情报立法非常注重对情报界内情报人员的教育和培养。

《1947 年国家安全法》第十章“教育对国家情报工作的支持”中第 1002 条规定“国家情报主任应构建整合型机制，集中情报界的教育环节，通过跨学科教育和联合培训，促进更有效且更具生产力的情报界的形成”，要求为情报界提供跨学科教育和培训机制，设立情报界内的奖学金，开展情报界外语培训计划，发展教育合作伙伴，鼓励情报教育的发展；《1959 年国家安全局法》第十章规定“国家安全局局长应安排密码逻辑与语言相关的人才培训课程和规定，并可通过金钱奖励或其他激励措施，鼓励本机构情报人员进行外语或相关技能的学习”，并详细规定了对国家安全局内情报人员的培训及要求；《2004 年情报改革和预防恐怖主义法》第一章“改进情报界的教育”第 1041 条规定“国家情报总监需要推进情报界内的情报培训，定期负责审查和修订专业情报课程”，并提出改进情报界教育的计划、过程及目标。除此之外，其他情报立法也对教育及培养多有提及，全方位、多层次地形成了对情报工作人员的培养计划及过程目标。

美国通过情报立法，形成了对情报人员跨学科、多领域、多样化、专业化的教育培养模式，并最终促进了情报体制的不断完善和进步。

二、美国情报执法

（一）美国情报执法简史

美国情报法律是根据形势和政策制定者的需求而不断颁布与修订的，而美国情报界的职责和任务则随着情报法律不断完善而逐步形成、发展，情报执法则基本表现在国内情报监听、监视等秘密行动中。

1. 情报执法的初始阶段

美国建国后，由于在一战中遭受巨大损失，美国在 20 世纪开始奉行“孤立主义”和“单边主义”，极少介入世界权力的争夺，不重视国家情报工作开展和情报机构建设。同时，受美国自由民主的传统思想影响，美国大众对情报工作和情报机构存在较强的排斥心理，认为情报工作必将对公民隐私和自由权造成危害。

在多重不利的条件下，直至 20 世纪 70 年代，美国情报界发展极为缓慢，情报执法都处于形成时期。1928 年之前，美国没有专门针对情报监听的成文法，只在宪法第四修正案中规定“美国公民享有保障人身、住所、文件及财产不受无理搜查和扣押的权力”，然而在司法实践中并未将通讯列入保护范畴，这导致情报监听事实上处于“任意侦察”的初期阶段。而这直接导致了 1928 年的 Olmstead v. U. S. 案，该案成为美国情报监听案例规则的起源。该案中，联邦特工在未经司法批准的情况下，擅自在被告 Olmstead 的电话线上安装窃听器监听被告电话内容。联邦法院的最终判决中，根据美国宪法第四修正案中“美国公民享有保障人身、住所、文件及财产不受无理搜查和扣押的权力”的规定，认为在屋外实施的监听并未入侵住所，因此认为该监听行为合法。尽管以布兰迪斯（Brandeis）法官为代表的反对派认为，情报机构无论采用何种手段对个人隐私造成非法侵犯，都应被认定为违反了宪法第四修正案，并且该观点在之后成为情报监听立法的理论源头，但该案中还是确立了“物理入侵”（Physical Intrusion）原则，在之后的40年中，是否进行了“实质性的物理入侵行为”成为判断情报监听是否合法的标准。

Olmstead案的判例导致情报机构滥用监听侵犯公民权利的现象屡屡发生，为限制情报执法权力，保护公民权益，1934年美国通过了《联邦通讯法》（The Federal Communications Act），这是美国第一部针对监听的立法，该法第605条规定“未经信息发送者授权，任何人不得监听通讯内容，不得泄露通讯的存在、内容、主旨、目的、效果及含义”，这实质上是修改了Olmstead案的主张。虽然该法的颁布目的是绝对禁止监听，但其内容在多个联邦判例中被重新解释，认为监听是合法的，但泄露监听内容是非法的，且该法适用对象仅限于电话内容，未限制对其他通讯的监听，也不适用于经通讯一方同意的电话交谈，因此，在《联邦通讯法》颁布后的30多年里，情报机构仍然频繁进行监听。

随着二战的结束和冷战的开始，美国逐渐意识到情报工作对于国家安全的重要性，开始对情报执法进行规划和限制，二战后颁布的《1947年国家安全法》及修正案，对情报界进行了全面改革，对新成立的情报机构的情报执法权力进行了规划。

（1）成立国家安全委员会。《1947年国家安全法》及其修正案中规定，该委员会负责统筹协调有关国家安全的内政、军事、外交事务，其地位随着冷战的开始日益凸显，在之后的几十年中，主要负责收集、分析情报和进行监听等秘密情报活动，直到80年代里根总统签署第12333号行政命令之后，对国家安全委员会进行了改组，限制了其情报执法的权力。

（2）重组情报机构。将中央情报组改组为中央情报局，受国家安全委员会指导，负责收集、分析情报，进行秘密情报活动，协调各情报部门工作，中央情报局局长兼任中央情报主任及总统顾问。但《1947年国家安全法》及其修正案规定，中央情报局不得有“警察职能、传唤、执法权力”，目的是将情报活动与执法活动区分开来。在此之后，为了将中央情报局和联邦调查局的职能进行分离，1981年里根总统第12333号行政命令规定，中央情报局在美国国内没有执法权，不负责国内安全事务，情报收集活动不能针对美国国内的公民和机构，也没有逮捕权。这种分立的体制使中央情报局收集到的国际恐怖主义情报不能与联邦调查局共享，而联邦调查局对国内恐怖分子的调查则需要履行复杂的程序。

1952 年，根据杜鲁门总统的备忘录《通讯情报活动》（Presidantial Memorandom：Communications Intelligence Activities），美国将武装部队安全局正式改组为以监听为主要职责的国家安全局，负责管理美国全部间谍卫星网和分布在世界各地的监听站，并主要从事电子间谍活动。1959 年，美国参众两院通过《1959 年国家安全局法》，明确了国家安全局的各种特权。从 20 世纪 60 年代初开始，国家安全局每年度编制一份开展技术侦听的个人和组织的名单，并通过监听，筛选出所需要的信息，整编成情报。

20 世纪 60 年代，美苏冷战进入白热化状态，美国情报界呈现出“非程序化”的运作状态。为了控制情报执法特权，1968 年美国颁布了《综合犯罪控制和街道安全法》，这标志着美国监听制度的建立。该法规定了开展技术侦察的条件以及期限，授权国家情报机构可以依法安装窃听装置、搭线窃听、电子监控，并规定监听可以针对国外敌对势力、组织和个人。《综合犯罪控制和街道安全法》被视为美国监听的“母法”，构建了关于监听立法的三大基础性制度规则。①合理隐私期待规则。当公民提出了合理的主观隐私期待后，则该期待也成为宪法修正案第四条所保护的客体。②令状规则。确立适用于监听的标准和要求，对监听的条件、程序、方式、被告人权利等多方面进行了详细规定，这些规定可以概括为令状规则。令状规则成为电子监听的宪法性前提，保证了公民隐私和侦察犯罪之间的平衡，但其适用范围仅限于有线通讯和口头对话，难以限制高科技监听手段。③风险承担规则。如若被告人主动将自身隐私告知警方线人，则应自己承担导致的后果。

虽然美国试图通过立法对情报执法特权加以限制，但冷战和越南战争期间，中央情报局仍使用监听等秘密手段获取了大量的反战人士和政治团体的情报，提供给联邦调查局，作为后者行使居留和调查等权力的证据[①]。特别是在“水门事件”中，尼克松总统利用情报机构秘密窃听竞争对手的信息，使情报机构滥用监听权的行为引起了大众的不满。

为了规范情报执法，美国采取了一系列行动。《1974 年休斯・瑞安法》规定除非总统以书面形式证明情报机构将要采取的秘密行动极其重要，并就此向国会相关委员会汇报，否则情报界不得将拨款用于秘密行动。1975 年，美国参议院成立了教会委员会（Church Committee），对美国情报界活动进行了广泛调查。1975 至 1976 年，教会委员会发布了针对美国情报机构的 14 份报告，指控了情报机构的权力滥用，要求限制中央情报局在国内的监视权力，

---

① 杨小敏. 反恐背景下美国监视和情报制度的新发展. 当代法学，2009，23（3）：143 - 148.

同时，建议将情报收集与执法功能分离，区分联邦调查局和中央情报局的职责与权限，防止执法机关利用情报手段破坏美国公民人身权利，除非这种情报活动经过了法院的同意。

2. 情报执法的完善阶段

20 世纪 70 年代至 90 年代，是美国监听立法的完善阶段。该阶段的主要监听立法有 1978 年的《涉外情报监视法》、《1986 年电子通信隐私法》（Electronic Communications Privacy Act of 1986）以及 1994 年的《执法通信辅助法》（Communications Assistance for Law Enforcement Act），这三部法律构成了目前规范情报监听的法律体系，代表着情报执法的成熟。

美国 1978 年颁布的《涉外情报监视法》将监听立法从刑事诉讼领域扩展至国家安全领域。该法的立法宗旨是力图在不阻碍情报机构获取外国势力和外国势力代理人情报信息的同时，保护美国公民的宪法权利，这是首次要求情报界在采取可能涉及监听美国公民通讯信息的对外情报或反情报行动之前必须获得司法部门的批准[①]。该法第 101 条规定情报机构可以在未征得通讯任何一方当事人同意的情况下，经总检察长、副检察长以及专门负责国家安全的助理检察长批准后，可以“通过电子、机械或者其他监控装置获取任何有线或无线通讯内容，该有线或无线通讯的发出者或接收者是特定的、位于美国境内的美国人”，且如有必要，可在未获许可的情况下监听 72 小时；情报机构可以在美国采用电子侦察的方式获取外国情报信息，如果是常规地或随机地监视来往通讯信号，则不必得到有关部门的同意，但对美国境外的非美国公民的监听，依据该法第 701 条规定，则“需由检察总长和国家情报总监提出申请”。

《电子通讯隐私法》（Electronic Communications Privacy Act）和《电子通讯存储线路法》（Stored Wire Electronic Communications Act）通常被合称为《1986 年电子通信隐私法》，该法对《综合犯罪控制和街道安全法》第三章的保护范围进行了修正，把电子通信纳入监听法律规范的范畴，增加了蜂窝电话、电子邮件、寻呼机、电子数据交换信息、无线电台、无线电波等内容。

1994 年的《执法通信辅助法》进一步明确了电信通信运营商的执法协助义务，建立起了全方位的监听法律制度体系。该法规定“电信运营商应保证能将被监听通信与其他通信进行隔离，并保证其服务范围内能得到所有电话

① 梁志. 美国中央情报局的由来及其职能的演变. 历史教学，2009（10）：11－22.

或电子通信的呼叫确认信息”。① 《执法通信辅助法》被认为是电信通信技术立法上对个人隐私保护的一次重大倒退。

3. 情报执法的发展阶段

“9·11”恐怖袭击给美国带来了巨大打击，也使美国情报执法发生了巨大改变。在此之前，美国的情报执法主要由联邦调查局等情报机构对国内犯罪嫌疑人及涉恐分子进行监听、监控，中情局则负责国外情报。但是，这种工作界限正变得越来越模糊，原来用于收集国外情报的监听等秘密手段，根据新的法律授权，可以被用来收集国内情报。“9·11”恐怖事件之后，美国先后通过了《爱国者法案》《航空安全法》《加强边境安全和签证入境改革法案》等法律，这些法律极大地拓展了情报执法权限。例如，2002 年颁布的《加强边境安全和签证入境改革法案》要求美国情报机构与移民规划局（NIS）合作，启动出入境的监控系统，并对在美国学习的外国留学生进行监控等。

2001 年 10 月颁布的《爱国者法案》则极大地强化了情报监听权，使美国情报执法权力大增。该法第二章“加强监视程序”强化了情报监听力度，主要体现在以下四点：（1）扩大了情报监听适用范围。除反恐外，该法允许监听和秘密搜查等手段被用于刑事案件中，此前该权限只适用于收集外国情报。该法第 201 条规定，除对恐怖主义势力进行通信监听外，如被怀疑有“使用大规模杀伤性武器或为恐怖主义提供物质支持”的行为，也被纳入监听范围；第 202 条将计算机欺诈与滥用纳入监听范围；第 209 条将语音电子邮件纳入电子情报监听范围；第 211 条规定情报机构有权获得有线电视用户记录。（2）减少了情报监听适用限制。该法第 204 条移除了从国际或国外通信中获取外国情报信息的限制；第 206 条规定了游动监听（Roving Surveillance），授权情报机构在对外国情报调查过程中，可以在“未经法院命令的前提下对特定人进行机动监听”；第 209 条规定，情报监听只需申请一个普通的搜查证，并要求电信通信运营商必须配合；第 213 条提出偷窥许可（Sneak and Peek Warrants），在特定情况下允许在未获搜查令的情况下先进行搜查和监听。（3）延长了情报监听时间。该法第 207 条规定将监听从 45 天延长到 90 天，对外国势力及代理人的监听可延长至 90 天，对特定的外国势力及代理人则可延长至一年。（4）规定了电信通信运营商的义务。该法第 210 条扩大了电子通讯记录传票的调阅范围，并规定电信通信运营商有义务提供这些信息；

---

① 谢晓专，王沙骋，赵需要. 美国情报监听立法沿革研究. 图书情报工作，2011，55（22）：68－73.

第 212 条规定，若电信通信运营商认为有“涉及死亡或严重身体伤害或直接威胁到任何人的紧急信息”，则负有向执法部门披露客户通信内容和相关记录的义务。

《爱国者法案》是美国情报监听的一个分水岭，在此之前的情报监听主要针对犯罪调查，在此之后反恐则成为情报监听的主要目的。根据该法案，情报机构不仅可以监听特定的嫌疑分子，也可以监听非嫌疑分子，美国国防部也发起了一项名为“掌握反恐情报”（Terrorism Information Awareness）的“信息淘金”计划，允许情报机构对有犯罪嫌疑的人实施全天候的监控，这在一定意义上颠覆了刑事诉讼中普遍遵循的“无罪推定”原则。但美国政府希望该法的新授权能够使情报机构更主动地收集情报信息，将恐怖主义威胁消灭在萌芽状态。

为进一步强化《爱国者法案》的实施效果，美国颁布《2002 年国土安全法》，并在 2003 年 1 月 24 日成立国土安全部。国土安全部本身不负责情报收集工作，其主要任务是防止美国境内发生恐怖袭击，保卫国土安全及有效处理相关事务，提高美国预防和应对恐怖袭击的能力。《2002 年国土安全法》增加了有关监控互联网和惩治黑客的条款，国土安全部相应地实行了对互联网的严密监控。

2006 年 9 月美国通过的《现代电子监控法案》（Electronic Surveillance Modernization Act）对监听提出了更详细的规定，进一步完善了情报执法。该法案主要包含以下内容：（1）对《涉外情报监视法》的修订。该法案第二章主要将“外国势力代理人”重新定义为“情报机构有证据认为，美国境内的特定人存在占有、控制、传输或接收外国情报信息的行为”，重新定义“电子监控”和“最小侵害程序”（Minimization Procedures），用“新设备”的定义取代“有线通讯”与“监视设备”，该设备定义为“能够帮助进行监听的设备”。（2）对监听时间的规定。法案第三章规定，如果总检察长能够证明所需监听的信息为外国情报信息，且监听只是对外国势力及其代理人控制下的财产或技术情报进行信息采集，符合“最小侵害程序”，则允许总统通过总检察长授予一年监听时间，且该监听不需获得法院命令；第十四章规定，当总统确定存在袭击可能并提交申请给国会及情报委员会，则允许总统在 5 天内授权可达 90 天的无令状电子监听，之后每 90 天换发新证。（3）对监听程序的规定。法案第五章修改法院监听令状申请程序，主要包括删除要求提供详细资料的条文；当监听对象是外国势力及其代理人时，废除某些特定要求；电子监听申请中增加美国中央情报局局长提供的名单。该法第六章修改了监听令状的发放规定，主要包括监听申请需经总检察长核实后才能批准；在特定情况下进行申请，经总检察长批准，允许延长监听时间，但该申请需在168小时内进行。第八章规定总检察长应就无令状的监听行为向涉外情报监视法情报委员会进行半年度的汇报，但对《1947年国家安全法》中要求情报委员会主席对所有情报活动（包括非法情报活动）均向委员会成员汇报的规定进行修改，总检察长只需汇报给必要人员。（4）对情报执法机构的要求。法案第十一章要求直到2009年，国家安全局局长应向情报委员会进行报告，报告内容为国家安全局监听活动中“最小侵害程序”的运用及其有效性。同年及次年，美国分别通过了对涉外情报监视改进和提高的法案，对《涉外情报监视法》进一步进行了修订。2006年的法案第103节要求总统在本法案颁布后7天内公布国会情报委员会所有成员，包括美国国家安全局的恐怖分子监视计划（Terrorist Surveillance Program）以及其他有必要公布的监视监听程序，并在第二章中对涉外情报的电子监控程序进行了修改；2007年法案则延长了紧急电子监控时限。但这两项法案在2009年12月31日应停止生效。

随着斯诺登事件的发生，以及美国《爱国者法案》到达失效期，2015年6月，美国颁布了旨在保护公民自由和权利、维护国家安全的《美国自由法案》（USA Freedom Act），该法案对情报监听进行改革，禁止大量收集美国公民电话记录和互联网数据的原始数据，限制情报机构“最大限度合理”地收集情报信息，将《爱国者法案》第215条规定修改为只对“涉及恐怖主义和间谍活动”的通讯进行监听，但将机动窃听和独狼监视（Lone Wolf Surveillance）延续至2019年12月。《美国自由法案》弥补了现行法律要求情报监听在外国恐怖分子进入美国后立即停止的漏洞，给予了情报机构在外国恐怖分子进入美国后的72小时内仍可持续监听监视的权力，为其提供获得法律许可的时间。

（二）美国情报执法机构

美国情报界是由以总统为主席的国家安全委员会（National Security Council）指挥和管理，向各个情报机构部署任务；情报界内各成员机构在国家情报总监（Director of National Intelligence）的领导下各司其职，通过国家情报总监向国家安全委员会和总统负责。

国家安全委员会是情报界的决策机构。它依据《1947年国家安全法》成立，该法规定国家安全委员会负责统筹协调有关国家安全的内政、军事、外交事务，并在80年代里根总统签署第12333号行政命令后对国家安全委员会进行了改组，限制了国家安全委员会的权力。该委员会原设在中央情报局内，现在是国家情报总监办公室直属的专家咨询和情报分析部门，其法定成员包括总统、副总统、国务卿、财政部长和国防部长。国家安全委员会负责为情报界提供宏观指导，整编《国家情报评估》（National Intelligence Estimates），委员会内13名情报专家担任的国家情报官（National Intelligence Officer）分别负责不同方向、地区和专题的情报评估分析工作。

国家情报总监办公室（Office of the Director of National Intelligence）是情报界的指挥机构。根据《2004年情报改革和预防恐怖主义法》，美国于2005年4月21日正式设立了国家情报总监办公室，并由国家情报总监领导，主要任务是促进信息共享，推动情报战略计划，统一发展方向，并确保美国情报界的整合。国家情报总监是情报界的领导者，担任总统和国家安全委员会在情报事务上的首席顾问，负责监督和指导国家情报计划的实施，有效整合所有涉及国防和国土安全的情报，并保障美国在国内外的所有国家安全利益。国家情报总监的核心任务是引导美国情报界进行整合，使其能够提供最高效的情报。国家情报总监办公室由几个部分组成，包括国家反恐中心（National Counter Terrorism Centre）、国家反扩散中心（National Counterproliferation Center）、国家反间谍执行局（National Counterintelligence Executive）和国家情报委员会（National Intelligence Council）。

除此之外，美国情报界还有负责咨询和监督的机构。总统情报顾问委员会（President's Intelligence Advisory Board）和国家情报委员会（National Intelligence Board）属于咨询机构，前者作为总统执行办公室的顾问，根据1978年颁布的《涉外情报监视法》成立，由16名政治中立人士组成，当时名称为总统外国情报顾问委员会，并在2008年根据奥巴马总统第1346号行政命令更名为总统情报顾问委员会，主要负责就情报工作进行分析并向总统提出建议；后者前身为国家对外情报局（National Foreign Intelligence Board），是国家情报总监管理情报界的高级顾问班子，根据1997年《中央情报局局长指令3/1》（Director of Central Intelligence Directive 3/1）设立，规定国家对外情报局的任务是“担任中央情报局局长在国家情报实质性问题方面的高级情报顾问”，并负责审查和批准国家情报评估。负责监督的机构主要是参众两院的情报委员会，负责审核情报预算，并对情报立法、情报活动进行监督。

国家情报总监直接领导情报界，协调其余16个情报部门的工作。在情报界内，这16个成员部门按其隶属关系可以被分成三类：情报指挥部门、情报执行部门和军事情报部门。

情报指挥部门，主要指为总统及国家安全委员会决策服务的国家级情报机构。情报指挥部门负责协助国家情报总监办公室确定情报信息收集的需求，提供建议，制定预算，管理财务并评估情报界的表现。其主要包括中央情报局（Central Intelligence Agency）、国防情报局（Defense Intelligence Agency）、联邦调查局（Federal Bureau of Investigation）、国家地理空间情报局（National Geospatial－Intelligence Agency）、国家侦察局（National Reconnaissance Office）和国家安全局（National Security Agency）。

情报执行部门，是指存在于政府各部门（除了国防部），并为这些政府部门服务的政府情报机构。其主要包括能源部的情报及反情报办公室，国土安全部的情报和分析办公室，缉毒局的国家安全情报办公室（Office of National Security Intelligence），国务院的情报和研究局，财政部的恐怖主义与金融情报办公室。

军事情报部门。所有武装部队中的情报机构都属于军事情报部门，主要负责为自己隶属的部队提供情报服务。其主要包括空军情报监视及侦察局、陆军情报处，海岸警卫队情报局）、海军陆战队情报处、海军情报局。

本书主要讨论非军事情报部门，其中，情报执法机构主要有以下部门：

1．中央情报局

美国《1947年国家安全法》中，将中央情报组改组为中央情报局，受国家安全委员会领导，负责情报的收集和分析，协调各情报部门工作，中央情报局局长兼任中央情报主任及总统顾问。1949年6月20日，美国通过了《1949年中央情报局法》，进一步明确和规范了中央情报局的权力和职责，并在1952年设立了负责分析工作的情报处。

中央情报局总部设在弗吉尼亚州的麦克莱恩，该局是关乎国家安全的最大的情报来源处，直接为美国高层决策者服务。中央情报局对海外状况的情报分析最终为政策制定者和国家安全及国防领域的高层决策者提供决策依据，但中央情报局不负责制定外交政策。

中央情报局局长（Director of the CIA）是国家情报管理者，在情报界内，作为国家情报总监的代表来促成国家情报机构的合作，解决冲突，并对情报界人力情报表现做出秘密评估。

组织。中央情报局内的组织主要包括国家秘密行动处（National Clandestine Service）、情报局（Directorate of Intelligence）、科学技术局（Directorate of Science and Technology）、支持局（The Directorate of Support）、开源中心（Open Source Center）。

国家秘密行动处成立于2005年，成立依据是“9·11委员会报告”。主要负责协调中央情报局和联邦调查局等情报机构的间谍及反间谍活动，保护美国秘密情报活动和情报机构免受境外敌对组织与个人的渗透。该行动处通过人力情报手段秘密收集那些无法通过其他手段获取的海外情报。在得到总统授权，且该授权内容合法时，还会进行秘密行动来保证美国政策目标的顺利实施。

情报局成立于2005年，负责对所有情报进行分析，形成报告、简报，并将关键的海外情报问题整理成文件。这些情报来源包括美国的海外情报人员、人力情报报告、卫星照片、公开信息源和先进的传感器。

科学技术局成立于1963年，前身是成立于1948年的科学情报办公室（Office of Scientific Intelligence）。该局主要负责存取、收集和利用情报，通过应用最新的技术、工程和方案设计来帮助中央情报局完成任务，解决最复杂、关键的情报问题。

支持局为美国国内外情报机构和情报活动提供全天候、全方位的支持，包括收购、通信设施服务、财务管理、信息技术支持、医疗服务、后勤保障、机构和人员支持、设施和技术安全性服务等。

开源中心（Open Source Center）。根据“9·11委员会报告”和“大规模杀伤性武器委员会报告”（WMD Commission Report）的建议，2005年11月由国家情报总监宣布成立了开源中心。该中心由国家情报总监领导，由中央情报局局长作为情报总监的执行代理进行管理。该中心主要负责：（1）从“网络、数据库、新闻、广播、电视、视频、地理空间数据、照片和商业形象”等公开情报源中收集信息，并翻译、制作和传播开源信息，满足政策制定者、军队、州和地方执法人员的情报需求，并分析整个美国政府所需开源的信息。（2）帮助政府和军队的其他部门实现开源。（3）在Open Source. gov托管开源材料供政府广泛使用。开源中心每天生产超过2300个情报产品，包括翻译、改编、分析、报告、视频编辑，用以解决短期需求和长期问题。其情报产品涵盖外国政治、军事、经济、科学和技术等主题问题，也包括反恐、防扩散、反毒品以及其他国土安全议题。开源中心还收集数量分布有限的“灰色文献”，如学术论文、小册子、传单以及其他给公众分发的材料。开源中心通过其开源研究院提供咨询服务和人才交流培训等业务。

2. 国防情报局

国防情报局依据1961年美国国防部第5105. 21号命令成立，负责为政策制定者和军事指挥官收集、整理与管理外国军事情报。它主要的活动范围是位于华盛顿特区的联合基地阿纳卡斯蒂亚—博林的国防情报分析中心（Defense Intelligence Analysis Center），位于亚拉巴马州亨茨维尔的导弹和航天情报中心（Missile and Space Intelligence Center），位于马里兰州弗雷德里克的国家医学情报中心（National Center for Medical Intelligence），位于弗吉尼亚州夏洛茨维尔附近的里瓦纳站（Rivanna Station），以及弗吉尼亚州的匡蒂科海军陆战队基地（Quantico Marine Corps Base）。国防情报局的员工大约30%是军人，70%是平民。

国防情报局主任是国防部长和国防情报局局长的高级军事情报顾问。此外，国防情报局主任是总体国防情报计划（General Defense Intelligence Program）的总负责人、国防部对外反间谍项目的总负责人，还是测量和信号情报（Measurement and Signatures Intelligence）的项目协调人，并且自2006年以来，一直作为项目协调人，协调国防情报局和军事情报计划（Military Intelligence Program）的战斗指挥部分。国防情报局主任还充当战略司令部的联合功能司令部司令，进行收集情报、监视和侦察等任务。

组织。国防情报局内的组织主要包括分析局（The Directorate for Analysis）、情报局（The Directorate for Intelligence）、联合参谋部（Joint Staff）、国防反情报和人力情报中心（The Defense Counterintelligence and Human Intelligence Center）、测量和信号情报及技术收集局（The Directorate for MASINT and Technical Collection）、信息管理局（The Directorate for Information Management）、总信息室（Chief Information Office）。分析局负责评估外国武装力量；重点评估对象是大规模杀伤性武器（WMD）、导弹系统、恐怖分子武装力量、基础设施系统以及与国防相关的医疗问题。分析局的副主任同时也是国防情报分析程序中的情报分析职能负责人；情报局和联合参谋部负责向参谋长联席会议和国防部高级官员提供外国军事情报；国防反情报和人力情报中心负责指导、管理反情报及人力情报活动，该部门统筹指导、协调和解决有关国防的情报事务和作战命令问题；测量和信号情报及技术收集局负责收集、分析、开发测量及信号情报；信息管理局和总信息室承担国防情报局的技术工作，主要负责管理国防部情报信息系统部门（Department of Defense Intelligence Information System），并运行全球联合情报通信系统（Joint Worldwide Intelligence Communications System）。

地下设施分析中心（Underground Facilities Analysis Center）。地下设施分析中心是在国防情报局、国防威胁降低局（Defense Threat Reduction Agency）、国家地理空间情报局和国家安全局的基础上成立的。主要负责利用国家情报资源来寻找、检定和评估敌对国家和个人所使用的地下设施（Underground Facilities），并协同情报界开展探测、分析、收集和汇报地下设施分析情报，最终形成联合报告。地下设施分析中心主任通过国防情报局将联合报告呈交给国防部长和国家情报总监。

国家媒体开发中心（National Media Exploitation Center）。国家媒体开发中心成立于2001年年底，是国家情报总监中心和国防情报局的执行部门。主要负责对媒体信息进行收集、接收、编目、初始处理和传递；取证分析和翻译；

报告、存储、传播和共享。这些媒体信息内容主要包括情报、反情报、军事和执法部门的信息。

3. 联邦调查局

联邦调查局作为情报和执法机构，成立于1935年，负责调查危害国家安全的行为、事件，调查重点是恐怖组织、外国情报机构、大规模杀伤性武器扩散和犯罪企业。联邦调查局总部设在华盛顿特区，在全美有56个办事处和400多个分支机构，在全球有60多个办事处。这些办事处的法律专员或职员均工作于美国全球大使馆。

国家安全科（National Security Branch）。国家安全科是联邦调查局的组成部分，在该局内部负责国家安全计划，总共包括四部分。反恐部（Counterterrorism Division）负责国内和国际反恐任务，同时负责监督联合反恐特遣部队（Joint Terrorism Task Forces）；反间谍局（The Counterintelligence Division）负责预防和调查美国境内外的情报和间谍活动；情报局（Directorate of Intelligence）负责联邦调查局的情报分析工作，它设立在联邦调查局总部和各个办公室中，其工作人员一般在现场情报组和融合中心；大规模杀伤性武器局（The Weapons of Mass Destruction Directorate）通过运用大量的科学技术，预防个人和团体非法获得大规模杀伤性武器及其技术；恐怖分子筛选中心（Terrorist Screening Center）的设立是为了巩固政府对恐怖分子的筛选，并建立一个独立的对已知或可疑的恐怖分子的综合观察名单。恐怖分子筛选中心有助于保证联邦政府、地方、州的安检人员随时获取有关恐怖分子的信息和专业知识。

联合反恐特遣部队（Joint Terrorism Task Forces）。联合反恐特遣部队是由当地政府组织的美国联邦调查局领导的多组织多任务部队。联邦调查局设立该部队的目的是开展情报预测并破坏恐怖活动的预谋。全国100多个城市均有联合反恐特遣部队（包含联邦调查局的56个办事处），华盛顿特区的国家联合反恐特遣部队负责总指挥与协调。

国家虚拟翻译中心（The National Virtual Translation Center）。该中心成立于2003年，是国家情报总监办公室的中心之一，联邦调查局代理执行。该中心负责为国家安全提供及时、准确的翻译，其任务包括：充当情报机构翻译人员间的交流中心；与美国政府、学术界和私营部门专家合作，互通有无；建立国家高素质、高效率的语言学和翻译学家团队，并与华盛顿项目办公室保持合作关系；应用最先进的语言翻译技术，最大效率地进行翻译转换。

4. 国家侦察局

国家侦察局成立于1961年9月，创建者是国家情报总监和国防部负责情报的副部长。国家侦察局是国防部（Department of Defense）的机密机构，其存在及使命直到1992年9月才进行了解密。

国家侦察局总部设在弗吉尼亚州的尚蒂伊，该局开发和运用了独创的空中侦察系统来从事保护美国国家安全的情报活动。国家侦察局设有一名主任，两名副主任，其中一人是首席副主任，其员工主要来自中央情报局、国防部和部队。

国家侦察局是为了使国家情报计划（National Intelligence Program）和军事情报计划（Military Intelligence Program）能够高效实施才建立的，主要负责提供信号（敌方通信信号、国外武器系统信号和其他相关信号）和地理空间（图像）情报数据。在通常情况下，国家侦察局卫星是唯一能够访问所有关键领域的设备。

国家侦察局的主要情报用户和合作伙伴包括：国家政策制定者、部队、情报界、国家各部门、司法部门、财政部门和一些基层部门。所有这些部门都依靠国家侦察局来帮助攻坚克难。如：

（1）解决简易爆炸装置（Improvised Explosive Device）的威胁；

（2）逮捕恐怖分子；

（3）对敌人的攻击发出警告；

（4）打击大规模杀伤性武器扩散；

（5）打击贩毒；

（6）应对自然灾害。

5. 国家安全局

国家安全局根据1952年杜鲁门总统的备忘录《通讯情报活动》成立，是由武装部队安全局改组而来，其后通过了《1959年国家安全局法》，进一步明确了国家安全局的各种特权。

美国国家安全局是国防部的一部分，由文职和军事人员共同组成。该局负责保障信号情报和信息安全保障（Information Assurance）的产品及服务，指导、规划计算机网络作战（Computer Network Operations），为国家和盟友赢得决策优势。该局及其军事合作伙伴中央安全局（The Central Security Service）共同领导着美国政府的密码学。

中央安全局负责提供及时、准确的密码逻辑和知识，协助军事密码工作。该局负责协助达成国家和战术情报目标，解决关键性的军事密码问题，指导信号情报发展，执行国家安全局的信息安全保障任务，确保军事一体化。

国家安全局内的组织主要包括信号情报局（The Signals Intelligence Directorate）、信息保障局（Information Assurance Directorate）、国家安全运营中心

(The National Security Operations Center)、国家安全局/中央安全局的威胁运营中心（Threat Operations Center)、研究局（The Research Directorate)。

信号情报局负责收集、处理和传播外国信号情报信息，并为军事行动提供反间谍服务。

信息保障局由国防部长领导，负责保障情报的可用性、完整性、机密性，对电信及国家安全系统的访问进行身份认证。

国家安全运营中心是24小时工作的运营中心，负责提供通过国家安全局和中央安全局得到的全部情报预警，进行信息安全保障并提供国外信号情报，监测世界性事件，并监管国家安全信息。

国家安全局/中央安全局的威胁运营中心负责保障情报信息，为当局发现和描述网络威胁，并为网络运营商和维护者提供情报预警。

研究局致力于通过科学促进情报发展。该局通过创新数学、科学和工程，帮助国家安全局和中央安全局来实现和维持情报界的不断发展。

6．国土安全部、情报和分析办公室

2003年1月24日，美国依据《2002年国土安全法》成立国土安全部(Department of Homeland Security)。国土安全部的成立对于美国政府最大的变革是将原本分散在各部门的反恐相关单位统一到一个部门中去，由国土安全部部长统筹全国反恐任务。它收编原有的海岸防卫队、特勤局、海关、移民局等22个联邦机构，成为美国政府50年来的最大单位。国土安全部不负责情报收集工作，反恐怖主义情报收集仍由原情报机构负责，而国土安全部设立情报分析中心，整合收集来的情报。其执行的工作主要包括五项：边境巡逻、拘捕非法移民及押解出境、情报收集、情报调查和边境检查。业务分散于三个机构，即公民与移民局（Bureau of Citizenship and Immigration Service)、海关及国境保护局（Bureau of Customs and Border Protection）以及移民及海关执法局（Bureau of Immigration and Customs Enforcement)。国土安全部的主要任务是防止美国境内发生恐怖袭击，并将美国境内发生的恐怖袭击的伤害降到最低。在执行层面上，可分为六大工作项目：情报与预警、边境与安全、国内反恐、基础建设与资产防护、天然灾害防护及紧急准备与应对。国土安全部的成立目的是保卫国土安全及有效处理相关事务，提高美国预防和应对恐怖袭击的能力。

情报和分析办公室（Office of Intelligence and Analysis）是国土安全部的一部分，该办公室副主任也是国土安全部的首席情报官，对国土安全部部长和国家情报总监负责。情报和分析办公室的预算全部由国家情报计划提供。

情报和分析办公室为国土安全任务提供全方位的情报支持，负责对威胁国土安全的情报进行收集、分析，并传递给所有的情报用户。其任务通过三个战略目标实现：

（1）通过情报分析，深化认识威胁；

（2）收集有关国土安全的信息和情报；

（3）为国土安全计划管理情报。

情报和分析办公室在情报界与联邦政府内部拥有特殊授权，为国家网络融合中心（National Network of Fusion Centers）部署人员和系统，提供培训和协作。国家网络融合中心是大多数双向情报的中心，情报在联邦政府和地方、区域合作伙伴之间流动。融合中心由联邦政府和州政府共同经营。

尽管国土安全部的其余大多数组成部分不属于情报界，却仍与情报界保持频繁互动，包括移民和海关执法局（Immigration and Customs Enforcement），海关和边境保护局（Customs and Border Protection），运输安全局（Transportation Security Administration），美国特勤局（U. S. Secret Service）和美国公民及移民服务局（U. S. Citizenship and Immigration Services）。

跨部门威胁评估和协调小组（Interagency Threat Assessment and Coordination Group）是国土安全部的合作机构。随着情报需求的多样化，许多政府间跨部门及跨学科的举措已经启动，以改善信息共享环境。跨部门威胁评估和协调小组是根据2007年“9·11委员会”的建议设立的，主要负责帮助国土安全部、联邦调查局和国家反恐中心共同合作反恐，并满足国家、地方、部落、地方政府和私营部门合作伙伴的情报需求。

7. 缉毒局、国家安全情报办公室

缉毒局（Drug Enforcement Administration）负责依法监督和控制受管制药物，包括监管参与种植、生产或进行非法贩卖、运输受控药物的组织和主要成员，并依法采用刑事或民事司法等手段进行处理。

缉毒局内部的国家安全情报办公室（Office of National Security Intelligence）在2006年加入情报界。该办公室设立的目的是通过促进情报界和国土安全部之间的情报协作与共享，减少毒品的非法流通，保障国家安全，并打击全球恐怖主义。

（三）情报执法流程

1981年总统第12333号行政命令规定，情报活动的目标是向总统和国家安全委员会提供必要的情报，从而帮助决策者制定和完善美国的外交、国防、经济政策，保护美国的国家安全，情报机构“必须使用一切合法手段来确保美国得到最迅捷可靠的情报”。因此，情报机构的工作任务就是对情报进行收集、分析和传递，为决策者提供建议。集执法与情报于一身的情报机构，因为缺少监督，极易滥用职权，损害公民权益，因此，美国自颁布《1947年国家安全法》之后，始终致力于将情报活动与执法活动区分开来。

情报执法流程可以总结为相互关联、相互循环的六个步骤，即对情报的规划，收集，处理与开发，分析和制作，传递，评估。这六个步骤的循环过程是高度动态的、连续的、永无止境的。第六个步骤中，情报评估（包括征求来自用户的反馈）可以与其他五个步骤分别结合进行，并与整个情报循环形成一个整体。

构成情报循环的六个步骤如下：

1. 规划

在这一阶段，情报工作者要规划符合情报用户需求的情报活动。在通常情况下，情报用户会在这一步提出情报需求。情报需求可能是一份完整的报告、图形图像，或不经过分析总结的原始信息。结合情报用户的需求，情报机构在规划阶段就能够确定好最终的情报产品形式，从而规划情报循环活动。

2. 收集

收集所需要的原始数据，制作出情报成品。原始信息及数据大多来自于五个基本情报源，即地理空间情报、人力情报、测量和信号情报、公开来源情报和信号情报。原始信息的来源也可能包括（但不限于）新闻报道、航空影像、卫星图像以及政府和公共文件。

3. 处理与开发

将原始信息处理成易于理解的格式，以便于生产出最后的情报产品。处理与开发需要高素质的专业化人才和精良的设备，才能将大量原始信息转化为可以理解的信息。通过信息处理，进行数据转换、数据加密，电影图像和其他图像的转换等，就能生成情报产品。

4. 分析和制作

对信息进行整合、评估、分析、加工，并制作成为情报产品。分析和制作步骤同样需要训练有素的专门人才（一般被称为分析师）对信息进行分析，并按照情报用户的需求，来选择优先顺序。经过多重处理的信息，将成为可操作性很强，并能满足情报用户需求的情报成品。需要注意的是，偶尔情报循环会跳过此步骤（例如，情报用户只需要特定的信息，如原始图像）。针对1962年10月的古巴导弹危机，肯尼迪总统只需要苏联在古巴放置装备的事实和数量，并不需要观察苏联活动的分析报告。

5. 传递

将情报产品传递给情报用户和其他特定对象。传递手段一般是电子传输。信息的传播通常是通过网站、电子邮件、Web 2的协作工具和硬拷贝完成的。

作为“成品情报”的情报产品被传递后，新一轮的情报循环就会再次开始。

6. 评估

在情报循环期间不断获得反馈，并根据反馈来优化各个步骤和循环的整体。情报用户不断地评估和反馈对情报循环至关重要，能够更好地调整和完善情报活动与分析行为，从而更好地满足情报用户不断变化的情报需求。

除了上述六个步骤之外，情报执法本身也有较为特殊的环节，这些环节主要贯穿于情报活动的监听、监控过程中。

1. 确定情报执法对象及客体

美国1978年颁布的《涉外情报监视法》中第101条规定，情报监听的对象为“某种电子、机械或其他监控装置获取的任何有线或无线通讯内容”，并且该内容的发出者或接收者是“某个特定的、已知的且位于美国境内的美国人”。但在美国2008年的《涉外情报监视法》修正案中，增设“对某些位于美国境外的人实施情报收集的额外程序”，将美国境外之人纳入情报监听范围；①《1986年电子通信隐私法》将电子通信纳入监听客体规范范畴，增加了蜂窝电话、电子邮件、寻呼机、电子数据交换信息、无线电台、无线电波等内容；2001年的《爱国者法案》将语音电子邮件纳入电子情报监听客体范围。

2. 申请情报执法令状

在实施情报监听前，依据情报监听的令状原则，需要申请令状，而为了限制情报执法权力，其申请程序则较为严格。根据《涉外情报监视法》的规定，情报监听实施之前，首先需要由实施监听的情报机构经总检察长、副检察长以及专门负责国家安全的助理检察长批准后，方可提出情报监听申请书，其申请书内容应包含监听对象身份、监听设备、监听地点、申请理由、监听方式、相关证明文件等；若监听对象为境外的非美国人，则根据《涉外情报监视法》第701条规定，“需由检察总长和国家情报总监提出申请”，该申请需经宣誓并加盖公章。对情报执法的审查，主要由涉外情报监控法院负责，该法院根据《涉外情报监视法》建立，对情报监听申请的审查不公开进行，如有特殊情况，《现代电子监控法案》授权总检察长可直接委派联邦调查局和国家安全局的监督或执行人员授权紧急电子监控，但总检察长需就此事提交一份报告给外国情报监控法庭和国会情报委员会。

在特定情况下，情报机构可进行无令状监听，美国2006年颁布的《现代

① 吴常青．国家安全与公民隐私权的平衡：美国情报监听制度及启示．情报杂志，2016，35(4)：9－14．

电子监控法案》中对此进行了较为详细的规定，具体情况包括：（1）经总统授权。如果总检察长能够证明所需监听的信息为重要的外国情报信息，且符合“最小侵害程序”，则允许总统通过总检察长授予一年监听时间，且该监听不需获得法院令状。按照法律规定，这类无令状监听应仅为获取外国势力及其代理人的通讯，不允许对美国公民实施。（2）紧急情况。当总检察长有合理原因认为需要紧急进行监听时，可在通知有管辖权的法官后，先实施无令状监听，并在7日内补充申请令状；2006年的《涉外情报监视改进和提高法案》中规定，在等待司法机关审查期间，司法部长可紧急授权电子监控长达72至168小时。（3）战争时期。当国会通过宣战协议后，总统可经总检察长授权进行15日以内的情报监听。并且，《涉外情报监视法》及其之后的修正案均要求情报机构制定相应的行为准则，防止情报执法中无令状窃听的滥用。

（四）美国情报队伍建设

战后，美国通过法律不断调整、完善情报机构及其组织形式，形成了较为完善的情报界和情报体制。目前，美国的国家情报体制主要是根据《1947年国家安全法》和《2004年情报改革和预防恐怖主义法》构建的，并对美国国家情报机制、国家情报组织结构、指挥体系以及与其他政府部门之间的关系都进行了明确规定。

1．美国情报执法队伍的构建

美国情报界经过了从无到有、逐渐优化的过程，其具体措施主要有：确立最高领导人、设立组织形式、组建专门情报机构，并对其职责进行确立和优化。

确立美国国家情报界最高领导人。二战前，美国没有专门的情报机构，战后，为了适应扩张需求和情报需要，美国通过《1947年国家安全法》，成立了永久性的“国家安全委员会”作为负责国家安全的中枢机构，同时，该法及其修正案明确了美国总统是国家情报界的最高领导人，也是最主要的情报用户，负责全面协调和管理国家情报工作。

明确美国中央情报主任的定位。《1947年国家安全法》和1981年第12333号总统行政命令规定，美国中央情报局局长兼任中央情报主任，负责领导情报界，直接对总统负责，同时还担任总统和国家安全委员会涉外情报工作的法定顾问。在之后的《2004年情报改革和预防恐怖主义法》中，设立了国家情报总监取代中央情报主任，负责统领美国的国家情报系统。国家情报总监作为总统首席情报顾问，管理和领导全美16个国家情报界成员单位，拥有比中央情报主任更大的权力。

设置美国情报界的组织形式。美国联邦制的重要特点是分割主权的双重主权概念与三权分立的结合，这种结合既能够保证联邦政府和地方政府之间的制约平衡，又保障了联邦政府内的制约平衡。[①] 美国在设置情报界的组织形式时，也遵循了这一原则特征。

情报界的纵向设置上，形成由总统全面领导指挥，中央情报主任（2004年后改为国家情报总监）直接领导的情报界组织形式。同时，《1947 年国家安全法》等相关法律规定，情报工作具有涉外性，情报机关具有特殊的法律地位。国家情报工作属于美国联邦事权，各个州没有自己的国家安全机关，也不得从事国家安全情报工作。

情报界的横向情报机构设置上，实行“三权分立”的模式，由总统、议会和法院分别行使权力，相互制衡。国家情报工作归属于总统领导下的行政系统，同时要接受国会的监督和法院的司法审查。在分权制衡的原则下，国家情报界内部各个机构也是各有分工、各司其职且又相互制约。

赋予美国情报机构职责。美国通过制定综合性或者专门性法律，赋予国家情报机构职责，规范国家情报机构职责的运用。

《1947 年国家安全法》及其修正案规定，国家安全委员会负责保障各军事和情报机构的合作交流，同时下设中央情报局，负责具体协调美国各情报机构的情报活动，并管理情报收集及分析工作，为了将其与联邦调查局职能区别开，法律还规定，中央情报局与警察组织不同，没有国内安全保卫的职权和司法权，不能使用传票。该法同时规定了中央情报局主要在美国本土以外从事国外情报和反间谍工作，并明确了中央情报局的法律保障及特权。

1951 年总统第 12333 号行政命令对中央情报局、联邦调查局、国家安全局的情报任务和职责分别作出了规定及划分：（1）规定中央情报局负责依法搜索、分析和传递外国情报及外国反间谍情报；管理协调政府部门在国外进行的情报活动；研发和采购情报工作所需的技术、设备等；保护中央情报局的活动、设施、资料、财产和人员安全。（2）规定联邦调查局负责执行、协调国内反间谍任务；保障国家安全局通讯安全任务；研发和采购涉及情报工作的技术、设备等。（3）规定国家安全局专门从事信号情报工作，为中央情报局、国防部提供信号情报支持；研发美国信号情报、通讯安全所必要的技术、设备；保护该局的活动、设施、资料、财产和人员的安全。另外，该法还规定了国家安全局的职能、人事、组成、培训等，授权国家安全局接收和监听世界范围内的信号情报，要求国家安全局局长在总统提交财政预算的同

① 黄爱武. 战后美国国家安全工作的法律规制. 上海政法学院学报，2010，25（3）：58－66.

时，向议会提交国家安全局工作人员报告。

《2002 年国土安全法》规定了国土安全部的职能，主要负责保卫美国边防安全，防止恐怖分子入境；保障交通和重要基础设施的安全；防止美国境内发生恐怖袭击。

2．美国情报执法队伍的保障

（1）对情报执法队伍工作的保障。美国对情报执法队伍的建设体现在工作方式上，就是通过一系列立法，结合时代需求和政治需要，赋予国家情报机关开展工作所需要的特殊手段及权力，并对必要的部分进行限制，主要包括以下几种：（1）秘密搜查和监视权。美国情报机构拥有的特权包括秘密搜查和监视权，2001 年的《爱国者法案》和 2002 年 5 月 30 日美国司法部长签署的《国内侦查工作新准则》，则进一步扩大了联邦调查局等国家情报机构的秘密调查权，规定情报机构在合法的条件下，可以秘密获取图书借阅记录和电话通话细目，可以获取美国大学内外国留学生和访问学者的注册资料①，可以对公众机构、政治组织和网站进行秘密搜查和监控。（2）技术侦察权。《1959 年国家安全局法》授权国家安全局可以通过侦察卫星和遍布全球的监听站，接收和监听世界范围内的无线通信，收集信号情报；《1968 年综合犯罪控制与街道安全法》规定了进行技术侦察的条件及监听期限，授权情报机构可以依法安装窃听装置，该法可以说是美国所有电子监控法律的“母法”；1978 年的《涉外情报监视法》规定国家情报机关可以在美国境内通过电子侦察方式获取外国情报，且常规监听不需得到有关部门的同意；《1986 年电子通信隐私法》扩展了情报监听的保护范围，除原有的有线通信和口头交流外，将电子通信也纳入保护范畴②；2001 年的《爱国者法案》进一步扩大了联邦调查局电子监控的权限，授权情报机构可以使用漫游式窃听装置监听任何疑似恐怖分子的电话内容，且在必要情况下，允许在未经法院许可的前提下进行窃听。（3）秘密行动权。美国为实现政治目的或保护国家安全，在无法采取军事行动和外交手段时，国家情报部门就会通过采取秘密手段间接或直接进行干预，以实现既定的政治目的，同时又不留下任何美国介入的证据，这种行动称之为“秘密行动”。概括起来秘密行动主要是开展宣传战、经济战、破坏活动和准军事行动。秘密行动只能由中央情报局进行，除非总统向其他情报机构授权。

尽管秘密行动是隐蔽的情报活动，美国还是对其进行了调节和规范。美

① 黄爱武．战后美国国家安全工作的法律规制．上海政法学院学报，2010，25（3）：58－66．

② 孙晓宇，张秋波．美国情报监听立法评析．现代情报，2015（4）：154－158．

国《1947年国家安全法》规定，秘密行动要在国家安全委员会的指示下开展，中央情报局在采取秘密行动后要向国会进行汇报；1951年的总统第12333号行政命令对秘密行动进行了定义和规范；《1974年休斯·瑞安法》从情报经费开支方面对秘密行动进行了规范，禁止了情报机构为秘密行动而挪用资金的行为；20世纪70年代，美国成立了情报委员会，监督秘密行动的内容和手段；《1991财年度情报授权法》进一步明确了秘密行动的内涵和作用。但近年来，随着反恐形势的严峻，对秘密行动的限制已经不再过于严格。

（2）对情报执法队伍人员的保障。美国对情报执法队伍的建设很大部分体现在对情报执法队伍中情报人员的培养和保障，美国较重要的情报立法中对此都有提及。如《1947年国家安全法》中，就明确要求为情报界提供跨学科、跨领域教育和培训，并设立奖学金，开展外语培训计划；《2004年情报改革和预防恐怖主义法》中，也提出了要改进情报界教育的计划、过程及目标。通过不断努力，美国情报执法队伍人员素质不断提高，形成了跨学科、全方位的人才，从而带动情报执法队伍不断进步。

（五）美国情报执法监督

美国情报部门的监督主要由行政部门和政府立法部门共同负责。他们所进行的监督一般是对情报机构进行监督，使他们对自己的行为负责。

1. 行政部门的监督

美国行政部门的监督通常集中于秘密行动和间谍活动。总统领导对行政部门的监督，所有的秘密行动都必须得到他的批准。总统的这项权利主要通过两个法案进行确立。《1974年休斯·瑞安法》确立了针对中情局秘密行动的总统问责制，该法案禁止了中情局和国防部挪用资金的行为，除非总统发出一个正式的“裁定”，表示此项秘密行动对国家安全非常重要，并将裁定提交给专门的国会委员会。在《1991财年度情报授权法》中规定由情报机构进行的所有秘密行动都必须得到美国总统的批准，并将这些内容记录下来向国会汇报，该法案还允许总统对中情局内部专项行动的介入。

美国还成立一系列委员会、行政部门，或通过立法对现有机构的职能进行重新界定，来对情报机构进行监督。

（1）联合情报委员会。《1947年国家安全法》修订后成立了联合情报委员会，它由美国国家情报总监、国务卿、财政部长、国防部长、司法部长、能源部长以及国土安全部长共同组成。联合情报委员会负责协助国家情报总监监测和评估情报界的行为表现，确保计划、政策顺利执行。联合情报委员会是管理情报界的最高行政机构，通常每半年开一次会。

（2）情报监督委员会。情报监督委员会最初由福特总统倡议建立，并在

1993 年根据克林顿总统第 12863 号行政命令成为总统情报顾问委员会下设机构，主要负责通过审阅情报界递交的情报活动季度和年度报告，对情报监听和其他秘密行动进行调查监督，仅 2002 至 2004 年间，联邦调查局就有 13 项活动接受了调查，然而 2008 年 2 月，布什总统颁布行政命令，废除了每三个月向情报监督委员会递交报告的规定，终止了情报监督委员会对情报界内每个情报机构的法律总顾问和情报机构总监的监督权力，这在一定程度上破坏了情报监督力度。2008 年，美国总统奥巴马签署第 1346 号行政命令，剥夺了情报监督委员会的一些监督权，削弱了其监督能力。在此之前，如果情报监督委员会了解到涉嫌违法或违反行政命令的情报活动，便会通知总统和首席检察官，然而现在，情报监督委员会则必须将事项提交司法部进行刑事调查。

（3）监察长办公室。《1978 年监察长法》规定，监察长办公室负责对情报机构的“人员和方案进行独立调查，审计，检查和专项评论……以发现和制止其不当行为，促进诚信，经济性，效率性和效果性”。《1998 年情报机构举报人保护法》对《1949 年中央情报局法》和《1978 年监察长法》进行修订，规定了情报机构内的工作人员及承包商，如果希望就情报活动中需“紧急关注”（该法案将“紧急关注”定义为“严重或明目张胆地滥用职权、违反法律规定和行政命令，或财务、管理出现相关缺陷，或情报活动的业务涉及机密信息，但不包括在公共政策方面的意见分歧”）的内容向国会进行投诉或提供信息，要先将材料呈报给监察长办公室的司法部门，在 14 日内，监察长办公室必须确定“投诉或信息是否可信”，如果认为内容真实可信，就将把材料上交至总检察长，并由他将材料上交至众议院和参议院的情报委员会；如果认为其内容不可信，或未将材料上交至总检察长处，举报人在告知监察长办公室后可以将材料直接提供给众议院和参议院情报委员会。

2．立法部门的监督

美国宪法和《1947 年国家安全法》赋予国会对情报界的监督权。《1980 年情报监督法》提出了当时的情报监督结构，即建立参议院情报委员会和众议院情报委员会作为中央情报局的监督委员会，这些委员会负责出台情报授权法案。总统任命情报官员时，参议院情报委员会具有提出建议和批准的权利。

国会主要依靠三方面来实行监督：第一是通过立法监督；第二是通过拨款和授权监督；第三是通过调查监督。

（1）立法监督。制定有关情报监督的法律，是国会对情报界进行监督的最重要方式。为了达成对情报界的有效监督，国会先后颁布了《1947 年国家安全法》《1974 年休斯·瑞安法》《涉外情报监视法》《1980 年情报监督法》

《1991财年度情报授权法》《1998年情报机构举报人保护法》《2004年情报改革和预防恐怖主义法》等一系列法案，建立和完善了美国情报监督体系，为情报监督提供了保障和依据。

（2）拨款和授权监督。美国国会监督最重要的优势就是对情报界的拨款和授权。国会每年出台当年的情报授权法案，对预算进行配置和授权，为情报工作和优先政策事务指明下一步工作方向。同时，许多情报界的最高领导人，包括美国国家情报总监和中央情报局局长，由总统提名，并由参议院批准，这为国会提供了情报界内的权力。

（3）调查监督。国会调查权来源于《1946年立法改组法》，该法规定两院的各常设委员会必须就其主管的法律事项对有关的机构进行持续监督①，而《1970年立法改组法》更要求常设委员会必须向国会提交监督活动的报告。国会日常的调查监督通过举行听证会来进行，它邀请有关部门官员出席听证会，并有目的地询问一些问题，举行听证会为国会提供了一定的洞察力，达成了国会与情报界的交流，保证了情报机构的工作能够更加透明和有效。政府问责办公室则是实际上的国会调查机构，协助国会行使监督的权力，并通过生成报告，使监督更加高效和公平。而对情报界进行的隐蔽活动或失误，国会往往成立单独的调查委员会，对事情进行调查了解，如国会对"珍珠港事件"和"9·11"恐怖袭击事件的调查，直接导致了两次重大的情报体制重组和改革，促进美国情报监督的不断完善。

第二节　美国情报法制建设评价及启示

一、美国情报法制建设评价

从《1947年国家安全法》颁布至今，美国的情报法制建设不断完善，既有辉煌的成就，也有不足与缺憾，只有对两方面进行充分研究，才能构成美国情报法制建设的完整评价。

（一）美国情报法制建设优点

1. 情报立法程序规范化

美国情报法制建设的基础，是情报立法的规范化。美国情报立法的程序与一般法律立法程序相同，主要包括四个环节。（1）提出议案。一般情况下，立法的开始是由议员提出立法提案，其提案形式主要是法案（Bills）和联合

① 谢艳．西方行政立法控制机制及其对我国的启示．浙江大学，2004．

决议案（Joint Resolution）。如《1974年休斯·瑞安法》，其名称就是来源于提出该法案的参议员哈罗德·休斯以及众议员奥莱尔。（2）委员会审议。议案提出后，委员会将就议案进行公开或秘密的听证会，听证会后，进行议案审议，完成审议后，向全体委员会报告，最后，由委员会进行表决，绝大多数议案在此关口夭折。（3）辩论和协商。经委员会表决后通过的议案，将列入日程表，由议员对该议案进行辩论，提出修正案，并再次进行审议和表决，再次通过后，将送总统签署。（4）总统签署。经总统签署后的议案将成为法律，若总统否决，将由议会表决，2/3通过后将直接成为法律。

情报法律法规的修订，也同样经过多重程序。由于最高管理层大部分并非情报工作的专家，因此，对情报法律进行修订时，首先需要专家学者对国情现状及当下问题进行调查和研究，并提出各类对策建议，形成报告。如1949年的“杜勒斯报告”，在得到国会的采纳后，被写入了《1949年中央情报局法》；2004年的“9·11委员会报告”则成为《2004年情报改革和预防恐怖主义法》。在情报法律制定和修订过程中尊重科学、尊重规则，也保证了美国情报法制建设的健康发展。

2. 情报法律内容实用化

美国情报法制建设的目的，是情报法律内容的实用化。无论是情报职权的界定、情报活动的审批还是情报政策的制定，都离不开情报法律，情报界始终在法定范围内运行。

为情报机构职权提供法律依据。长期实践验证，将美国情报机构的权力和职责结合起来的就是美国的情报法律。具体来讲，就是通过情报法律的制定，使其既能保障情报工作的顺利开展，又能保证对情报机构权力的约束，保护美国公民的隐私和自由权。

《1947年国家安全法》使美国现代情报管理体制得以确立，根据该法对各情报机构权力和职责的规定，美国情报界得以理顺关系，各司其职。在此之后，美国每成立或改组一个情报机构，必然通过情报立法，对该机构的组织结构、人事安排、隶属关系、职能使命、运行模式、薪资津贴、教育训练等内容进行规定，如《1949年中央情报局法》《1958年国防部改组法》《1959年国家安全局法》《1996年国家图像和测绘局法案》《2002年国土安全法》，这一系列法案结合情报机构特点，对《1947年国家安全法》中的规定进行了细化和解读，形成对情报工作的指导和要求。除了这些针对特定情报机构职权进行规范的专门情报法律外，还有大量的对情报机构职权的规定散见于一般性情报法律，如《1974年休斯·瑞安法》对中情局做出规定，要求其在实施秘密行动时必须获得总统授权，且总统需在规定时间内以书面报告形式向国会汇报；《2004 年情报改革和预防恐怖主义法》中就设立了国家情报总监、国家反恐中心、公民隐私和自由监督委员会等职位和部门，并对其职责和权力进行了规定。由此可见，美国情报法律为情报机构职权提供了依据，保证情报工作不会脱离既定轨道，奠定了美国情报工作有序化的法律基础。

为情报授权审批提供法律依据。美国情报工作实行项目管理制度，每项情报项目和计划都需得到授权和审批，其行政、立法、司法系统都具有一定程度的审批权，这些授权和审批的权力集中表现在对拨款的控制、人事的管理上，司法部门则通过组建特殊法庭直接参与情报活动的审批，该审批权力来自 1978 年的《涉外情报监视法》中第 103 条的规定："最高法院首席法官应公开选出 11 名地区法官组成一个法庭，该法庭有权对电子监听申请举行听证会，并依法颁布令状。"

而行政和立法授权与审批权力的法律依据基本来自每财年度国会出台的情报授权法案。美国自《1979 财年度情报授权法案》颁布实施起，就建立了国会的年度拨款授权机制，情报界申请情报活动经费和人员时，必须向国会列出详细的资金流向及拨款项目，在经参众两院情报特别委员会审议后，方可得到国会的授权和总统的批准。除此之外，《2004 年情报改革和预防恐怖主义法案》第 1062 及 1062 章中要求推行保护公民的隐私和自由权的政策和方针，并专门设立公民隐私和自由监督委员会，任命官员专职负责，对特定情报工作进行检查和审批。这种层层依法授权和审批，保证了美国情报界的多元化分权管理，促进了情报工作的不断发展完善。

为情报政策制定提供依据。美国所有情报政策性和规范性文件，如总统行政命令、国家安全委员会和国家情报总监下达的情报指令、情报机构内部章程等，均是在结合特定机构和事件特点及国家需求的情况下，对已有情报法律的细化和解读，以增强法律的可操作性。因此，在发布各类情报政策和指导方针时，各类文件中均表明发布该政策或行政命令的法律依据。如"第 104 号情报界指令"就表明其法律依据为《1947 年国家安全法》；"第 703. 1 号情报界政策指南"表明其法律依据为《2002 年反情报促进法案》；"第 2006 –200 –2 号情报界政策备忘录"表明其法律依据为《2004 年情报改革和预防恐怖主义法》。

（二）美国情报法制建设不足

美国情报法制建设已极为成熟，但其仍存在的最大弊端是情报法律受政治影响过大。国会作为美国政府的一部分，极易受到国内政治环境和"情报政治化"的影响，综观美国情报法制建设历程，政治因素始终是情报法律出台、修订和废止的深层次原因。

二战后，美国在建立现代情报法制过程中，便试图通过立法保证情报机构“政治中立”，为保证情报产品的真实客观，《1947 年国家安全法》第 102 条 A 款规定“情报应独立于政治意见，建立在收集到的信息资源的客观基础上”。现代美国，总统在情报立法方面的作用越来越大，首先，在总统否决情报议案后，参众两院要以 2/3 的多数同意后才能否决无效，而这是很难争取到的；其次，总统可以通过咨文行使立法倡议权，事实上国会每年的立法工作主要就是围绕总统的建议进行的。这就使得情报和政治具有了天然结合性，情报机构不可避免地会成为政治斗争的工具，而国会在必要时，甚至会出台相应的情报法律或条款，为情报机构的秘密行动“正名”，或对其进行默许。例如，虽然《1947 年国家安全法》及其修正案中明确将中央情报局和联邦调查局职能分离，1981 年总统第 12333 号行政命令中也强调中央情报局的情报收集活动不能针对本国公民，但冷战和越南战争期间，中央情报局仍使用秘密手段对国内反战人士和政治团体进行监控，并将资料提供给执法部门，而情报监督机构则对此进行了默许，国会也并未出台相应的法律进行约束，导致最终“水门事件”的恶果。“水门事件”之后，美国情报法律受政治影响程度有所减弱，但“9·11”恐怖袭击事件的发生，则直接导致情报立法事事屈从于反恐的需要，情报立法在一定程度上甚至成为情报机构越界行为的保护伞，如 2002 年《加强边境安全和签证入境改革法案》中要求对在美的外国留学生进行监控；《爱国者法案》则强化了情报监听权，扩大了情报监听范围，该法案允许情报机构对“有嫌疑”或“被怀疑”涉恐及犯罪的对象进行监控，极大损害了公民的人身和自由权，直接导致了公众对情报机构的不信任；在此之后的《2004 年情报改革和预防恐怖主义法》《现代电子监控法案》《美国自由法案》等一系列法律，则递进式地扩大了情报机构的特权，促使情报界和执法界的紧密合作，虽然有助于反恐需求，但在事实上却有违美国“自由、平等、公正”的宪法精神。

二、对我国情报法制建设的启示

在我国，情报法律主要指涉及情报的相关法律，这些法律法规不仅数量有限，而且分散在各个法律法规中，缺乏系统性与完整性。直至 2015 年 7 月 1 日十二届全国人大常委会第十五次会议通过了《中华人民共和国国家安全法》，我国才有了首部针对情报界的相对系统、完整的立法，但是该法内容较少，对于我国情报工作的法律规定只做了框架性的较为笼统的规定；而 2015 年 12 月 27 日十二届全国人大常委会第十八次会议通过的《中华人民共和国反恐怖主义法》则是我国首部反恐立法，其中第四章“情报信息”是对情报工作的规定，但也只是较为笼统地规定了情报工作。我国情报法制建设工作仍有较长的路要走。因此，研究美国情报法制建设，对我国情报法制建设具有重要的启示和帮助作用。

1．构建以国家安全法为基础框架的情报法律体系

在多年的情报立法探索中，美国已经形成了层次分明、完整配套的情报法律体系，而我国情报立法尚在起步阶段，因此，研究美国情报监督立法能够帮助我国完善国家安全法，搭建出情报立法的法律框架和法律体系，做到情报工作有法可依。

修订完善《中华人民共和国国家安全法》，形成情报立法基础框架。美国《1947 年国家安全法》是针对情报界较为详细具体的立法，系统性地规定了情报界的诸多事项，该法成立了国家安全委员会、中央情报局等一系列情报机构，规定了情报工作和情报秘密活动的职责与程序，规定了对情报工作、文件的保护，以及对情报工作人员的培养方式，奠定了美国情报体制的法律基础。对比而言，我国新出台的《中华人民共和国国家安全法》虽然对情报相关工作进行了框架性规定，界定了“国家安全”“网络空间主权”等概念，但系统性较差，内容不够全面，就此而言，《中华人民共和国国家安全法》亟须全面化、系统化的修订，搭建出情报立法的法律框架，才能为此后的情报立法给予更明确、更有力的保障。①

研究制定系列情报法律，形成情报法律体系。美国经过长时间的情报立法探索，现行的情报法律体系可划分为六个层次：（1）具有最高法律效力的宪法；（2）美国法典中涉及情报的法律；（3）总统颁布的各类涉及情报的行政命令；（4）国家安全委员会及国家情报总监发布的各类指令；（5）司法部长针对情报事务颁发的各项指导方针；（6）情报机构内部的规章制度及军方的各类情报条令。② 参照美国的情报法律体系，我国可以在国家安全法所搭建的法律框架下，不断研究情报工作的特性和时代特点，结合原有的情报类法规，制定出一系列相互联系、相互补充的情报法律，形成我国层次分明的情报法律体系，保证我国情报工作在合法、有序的条件下顺利开展，适应国内外复杂形势，维护国家安全和社会稳定。

---

① 王存奎，王爱博，王雪莲等．情报界定相关立法比较研究．保密科学技术，2015（12）：47－53.

② 胡荟，孟祥．论法在美国情报管理体制中的地位与作用．情报杂志，2015（8）：7－10.

2. 选择分步骤分阶段的情报立法模式

情报立法模式基本上分为两种，一种是制定单独的情报法，规定情报工作的诸多法律事项；另一种是将对情报的立法规定纳入法制建设框架内，根据国际国内形势需求和国家战略政策，形成若干既独立又有机结合的法律，最终汇集成比较完善的情报法律体系。前者虽然效率高，但对立法积淀要求较高；而后者是较为循序渐进的立法模式，可操作性强。参考美国的立法经验，结合我国情报立法现状，我国更适合采取的是分步骤、分阶段、分层级的情报立法模式。

参照美国情报立法，我国可以逐步制定出以下几个方面的法律：(1) 引领情报工作改革，统筹情报体制各方面的情报立法。参照美国的《1947 年国家安全法》《情报组织法》《情报革新与改革法案》《2004 年情报改革和预防恐怖主义法》等，我国也应完善《中华人民共和国国家安全法》，并以此为基础，不断研究情报工作方向和路线，通过制定引领情报工作改革的情报法律，带动我国情报界的跨越式发展。(2) 设立情报机构、划分情报机构职能的立法。《中华人民共和国反恐怖主义法》第 43 条提出设立“建立国家反恐怖主义情报中心，实行跨部门、跨地区情报信息工作机制，统筹反恐怖主义情报信息工作”，随着我国情报界的进一步发展，也势必会出现越来越多的情报机构，参照美国的《1949 年中央情报局法》《1959 年国家安全局法》《1996 年国家图像和测绘局法案》《2002 年国土安全法》等专门针对情报机构而颁布的法律，我国也势必要出台专门的情报立法，对情报机构的职能和上下级关系等进行相应的规定，理顺情报工作。(3) 进行情报监督的立法。完善的情报法律体系必然需要有成熟的情报监督法律，如美国《1974 年休斯 · 瑞安法》《1980 年情报监督法》等，而在《中华人民共和国国家安全法》中，情报监督内容只在第 13 条、43 条、46 条有所涉及，规定国家机关及其工作人员在进行涉及国家安全的工作和活动时，应当严格守法，不得滥用职权、玩忽职守、徇私舞弊；并要求国家建立国家安全工作督促检查和责任追究机制，确保国家安全战略和重大部署贯彻落实。针对这些规定，我国应进行进一步的细化和解读，通过出台相关情报法律，保证情报监督的有力实施。

3. 保证情报行动力和国家监督力的情报立法内容

情报机构的工作性质不同于其他的政府机构，为了获取有效情报，经常采用秘密手段或采用特殊方法，这极易导致权力的滥用，影响情报工作质量。因此，情报立法的核心需求，就是追求情报行动力和国家控制力的平衡，在保证情报机构能够高效获取情报信息的同时，不脱离国家监督，避免情报机构滥用职权。

美国对情报行动力和国家监督力的不断探索贯穿于其情报立法的始终，例如1978年的《涉外情报监视法》和2006年的《现代电子监控法案》，就提出了令状原则，对情报执法流程做出了详细规定；美国《1974年休斯·瑞安法》中，为了限制中情局的权力，扩大了情报监督的主体范围，却发现这危害了情报工作的顺利开展，因此，在其后出台的《1980年情报监督法》中就对此做出了修订，减少了情报监督的主体，并通过之后的立法，系统化地将情报监督的主体限制为专门的委员会及行政机构，减少了情报泄密的风险。而我国目前在情报立法保证情报行动力方面，并无专门针对情报工作的情报立法，只在一般性法律内对情报工作有所涉及，且情报工作的大部分依据仍是情报机构内部的法规章程，难以保证情报工作高效开展；在情报立法保证国家监督力方面，由于我国的监督主体有立法机关、行政机关、司法机关、社会团体以及公民个人，因此呈现出多样化的特征，虽然监督主体多元化可以有效地形成全面、立体的监督网络①，但这样的监督体系却不利于情报工作的保密，需要通过情报立法，设立更为科学合理的情报工作程序和情报监督体系。例如，通过情报立法，设立独立于情报体系的情报监督部门，赋予其对情报体系进行全权监督的权力，同时落实情报监督负责人，防止出现理论上集体负责实际上无人负责的情景。结合美国情报授权法案对情报监督的有力促进，我国应在情报监督立法中同样把握好权利监督和权力监督的统一，以权利为基础，权力为保障，有效地保持监督机关对情报体系的控制力。

---

① 杨建军. 我国法律监督体制与监督过失责任研究. 刑法论丛，2011（2）：149－184.

第二章

俄罗斯情报法律制度

第一节　俄罗斯情报法制建设研究

一、俄罗斯情报立法

（一）俄罗斯情报立法溯源

1. 情报立法的空白阶段

建国初期，为了巩固政权以及俄国的发展，苏维埃政府成立了全俄肃清反革命及怠工非常委员会，主要职能是收集重要情报，这个机构的名称音译过来就是契卡。这个情报部门在苏维埃政权建立之后经过了几次更名，其主要职能更多的是根据经验设定的，而非法律赋予。

在苏维埃政府成立之初，政权不稳定，一方面要应对其他政党的反动活动，另一方面还必须应对来自其他国家的威胁，这个时期的俄国举步维艰。在建立初期，俄国在立法方面，除了维系 1918 年的《苏俄宪法》，没有其他的内容，对于情报方面的法制建设更是没有进展。经过苏维埃政府的多方努力之后，俄国的内外忧患有所缓解，这时国家领导层开始意识到立法问题，并积极建立和健全国家法律体系，不过这依然没有改变情报方面的立法空白现状。当时俄国国内涉及情报工作的部门还比较多，如国家安全委员会、安全总局等，这些机构直接归属苏共最高领导机构，即中央政治局负责，接受它的领导，而且各个机构的具体职责由中央政治局进行调整。

苏维埃俄国的情报部门及其工作人员最主要的目标是维护已有的政权地位，惩处一切反革命活动及削弱反革命力量。因此，它们的职责又被形象地称为“怠工思想与表现以及反革命活动的消除者”，而且，除此之外，它们有强制执法的权力以及进行相应调查的权力。但是，当时俄国国内相关法律体系不健全，对于契卡行为的约束和监督不足，使其在具体实践中权力不断增大，并将这种权力归为己用、为己谋利，这些行为发展到后来已无法控制，引起社会的恐慌，使其本来的职能被扭曲。

当国内反革命活动逐渐减少，国际威胁也有所缓解时，由契卡带来的红色恐怖逐渐成了国内社会稳定的最大威胁，此时苏维埃政府的相关领导人，包括列宁意识到必须对契卡进行一定的整治，约束其行为，削弱其权力，在必要时甚至要暂停其活动。在 1921 年年底俄国召开了第九次苏维埃代表大会，在会上重点讨论了契卡的问题，会议认为，“这个时期政权得到了一定的巩固，契卡的使命已不再如当初那么重大，可以适当地对其进行相应的调整，包括职责、权力及机构设置方面”。第二年的 2 月，契卡进行了一定的调整，并更名为国家政治保卫局，在调整的同时其权力也作了相应的调整，职责和权力都有所缩减，其一切活动针对破坏活动展开，不涉及其他领域，而且只有组织和打击这类活动的权力。不过，由于后期反革命活动再次活跃，使得苏维埃政权对国家政治保卫局的约束和监督并没有持续太长时间，以至于到最后其权限扩张到最初的状态。1922 年，俄中央执行委员会发布了相关法律，规定国家政治保卫局具有驱赶以及监禁的职权，而且其在必要时拥有枪决的权力，即在法律规定的条件下，其可以直接枪决暴乱分子及其他类型的罪犯。

在斯大林执政期间，国家安全总局做了一定的调整。首先，它的直接领导机构改为内务人民委员会。其次，活动的范围有所扩大，即打击国内一切反革命的行为，巩固政党地位。国家安全委员会是在 1954 年组建的，组建之初，它的活动范围就非常广，影响着国内的各方面。四年之后，苏共中央政治局通过了一部重要条例，这个条例即为《苏联部长会议国家安全委员会条例》，该条例对这一机构的职责和权力做了充分说明。例如条例在首章就明确了国家安全委员会的性质，它属于一个政治团体，主要是负责传递中央及政府维护社会稳定的相关政策。不过，由于该条例的制定者并非国家法律制定者，而且公开程度不够，所以该条例实际上不属于法律范畴，也就不是真正意义上的情报立法。

2. 情报立法的探索期

俄罗斯在情报活动方面真正意义上的立法出现比较晚，要追溯到苏联解体前。在戈尔巴乔夫担任国家领导人的时期，苏联局势十分复杂，处于风雨飘摇、内忧外患之中，不改革就将面临经济崩溃的境地，其中国家安全形势日益严峻，因此其中有些改革措施涉及了国家安全委员会，如社会改革中，对于克格勃的重组和取缔声音很大。为了响应社会的声音，推进民主的进程，同时也使国家安全机构能依法作为，俄罗斯制定了《国家安全机构法》。为了制定该法，当时组建了法律起草小组，由克格勃主席顾问、法学博士谢尔盖·季亚科夫领导，其他的一些法学专家协同，最终由其主席克留奇科夫签署决定。[①]

苏联的最高权力机关在1990年年底通过了上述最终草案，收到草案之后，政府多次组织相关专家及领导进行商议及修改，最终于次年的5月16日通过，并由当时的最高领导人戈尔巴乔夫签字颁布，于当月的24日正式生效。

《国家安全机构法》主要是针对国家安全相关机构制定的，其内容涵盖这些机构的方方面面。首先，明确规定了该机构的结构、使命以及具体职权，并确定了其活动开展的要求、工作人员的身份及其监督关系。其次，对于国家安全机关的活动，其必须依法、公开进行，活动相关的信息必须向社会公开，除少数法律明确规定不能公开的除外，并且一切活动必须维护公民的合法权益，政党的相关决定不影响机关的执法人员。最后，该法中并没有涉及苏共，只是重新规范了克格勃的相关活动。例如，对于情报活动的对象也不再是一些西方反对国家和国内的反革命斗争，也强调收集关于周边国家信息，用于维护周边国家的安稳。

尽管《国家安全机构法》颁布之初，苏联解体成为必然，而且国家领导叶利钦及克留奇科夫正在盘算着重新组建国家机构的事宜，该法实际上并未受到社会的太多关注，随着苏联的解体，该法也随即被废止。但是《国家安全机构法》的出台仍具有里程碑的意义，它是苏联建国以来情报机构的首部专门法律，该法也是为国家情报机构在开展活动时能够有法可依的首次尝试。

通过分析苏联国家情报活动的发展历程，尽管情报机构在国家机器中一直占据中心位置，同时也对政权的巩固至关重要，但是在这方面立法的进展却一直未有较大的突破。苏联情报工作在国内维系长达70年之久，相关的情报机关也逐渐形成了一套自有的运转模式以及内部管理规章，外部几乎不干涉这些机构的运行，因此缺乏相应的监督。唯一一部规定情报机构任务和职责的法律也是迫于国内压力而进行的。而苏联国内情报机构相关的立法现状直接导致相关情报机构以权谋私、侵犯公民合法权益的现象出现。因此，苏联解体后，俄罗斯在吸取以往经验的基础上，特别重视对情报工作的立法，主要从安全领域、缉查领域、对外情报领域、情报机构设置领域等开始着手实施情报立法工作。

---

① 李竹. 美国、俄罗斯国家安全立法背景析评. 苏州教育学院学报，2010（25）：20－24.

3. 大规模立法期

俄罗斯非常重视情报方面的立法，因此在这方面发展非常迅速，其目前的情报立法已经走在了世界的前列，速度之快和规模之大是世界各国所不能比拟的。自从苏联解体后，俄罗斯集中精力建立和完善情报法律体系，并出台了一系列法律法规。

俄罗斯在20世纪90年代迎来大规模情报立法。俄罗斯在独立后的3个月内就完成了《俄联邦安全法》的起草、修改、颁布整个过程，并且一直沿用到今天。同一年，即1992年在叶利钦总统的领导下，另外三部情报法律陆续出台，分别是3月的专门针对侦缉活动的《俄联邦侦缉行动法》、7月的针对涉外情报的《俄对外情报机关法》以及针对情报机关的《俄联邦国家安全机关法》。克格勃对于苏联的解体具有关键性的作用，而叶利钦又掌握国家大权，支配着国家情报机关的运行，在这样的前提下，他在俄罗斯成立之后，而且国内还不稳定的情况下，就已经开始从事情报方面的立法工作了。

在经历了两年的平静期之后，俄罗斯情报立法在1995年迎来另一个立法高潮，在1995年制定了《俄联邦国家安全机关法》和《俄联邦对外情报法》，并于同年废止了《俄对外情报机关法》。1997年国家出台了《俄联邦国家安全构想》，1998年俄罗斯制定了《俄联邦安全总局条例》和《反恐怖斗争法》，并废止了《俄联邦安全总局机关法》。该国的《俄联邦信息安全学说》颁布的时间是2000年9月，直到2006年3月，废止了《俄联邦反恐怖斗争法》。此外，自1992年到2003年这十年多的时间，共进行了10次有关情报法律的修订。这段时间的大规模立法活动为俄罗斯的情报法制建设以及情报机构的高效有序运转奠定了强有力的基础。

（二）俄罗斯情报立法内容

俄罗斯在成立后的很长一段时间里，致力于情报法律体系的构建，并取得了卓越的成效，其速度之快、规模之大，是其他国家无法比拟的，构建了一个相对齐备的法律体系。[①]

1. 有关情报安全工作的联邦法律

《俄联邦安全法》是俄国情报工作的重要支柱，它于1992年3月颁布实施，旨在确保个人安稳、维护社会稳定、促进国家安全。该法在明确国家安全范围及内涵的基础上，确定了国家的安全系统职能、资金管理及监管机制，并解读了俄联邦安全会议存在的意义、功能、流程及国家地位。该法包括五

① 范莉萍. 中俄信息安全立法比较研究. 黑龙江大学学报，2010：44－49.

章内容，其中第一章作为总则，阐述了国家安全的相关内涵，保障国家安全的原则、法律基础等。第二章核心内容是国家安全系统，确定这一系统包含多方面内容，是一个大范畴，既包含公、检、法、行政机关，同时也包括社会团体、企业以及参与维护个人和调整国内安全等领域关系的法律组成，是一个复合型概念。第三章的内容是国家安全会议的相关规定，包括法律地位的界定、工作使命、流程等。第四章主要是相关的经费管理，以及规范国家安全相关费用的收支情况。第五章主要是对开展安全活动的监管，明确这一监管主体，包括共和国及民族苏维埃，同时两院的成员及检察机关相关工作人员也有监督权。除此之外，公民有知情权，所有国家安全机关应当公开其相关的活动信息，特殊规定可不公开。

《侦查活动法》是俄罗斯颁布的专门规范国家侦查活动的法律，颁布时间为1995年8月12日。该法在明确侦查内涵及特点的基础上，对侦查主体、机构组成、权责、原则、程序、资金保障以及监管进行了相应的规定。除此之外，该法还规定，侦查活动要依宪进行，不得侵犯公民的合法权益，同时公民应当积极配合侦查活动的开展。①

2000年1月出台的《俄联邦国家安全构想》明确了俄罗斯的国家安全观及安全构架，对俄罗斯的国家安全进行了更为详细的诠释，带有明显的俄罗斯国家色彩。该法阐述了俄罗斯的公共利益、国家安全保障的目标、现面临的威胁、要解决的关键问题、安全活动开展的方向、构建安全体系、组建安全维护机构等，并通过一系列的努力，为公民提供一个安居乐业的环境。该法是俄罗斯国家安全领域完善、详细及基础的阶段，同时也是这一领域的最高纲领。在维护国家安全的准则上，该法确定了必须以尊重公民合法权益为前提，并不得违反基本宪法及相关的国际法规。

《俄联邦信息安全学说》是俄罗斯情报立法的一个重要方面，是关于信息安全的内容，于2000年的9月颁布实施。该法指出俄罗斯可能面临的信息危机及解决危机的措施，保障俄罗斯的信息安全，提出了信息安全领域的国家公共利益及其维护措施。

为了提高国家反恐和防恐能力，俄罗斯结合国内外形势，对1998年颁布的《俄联邦反恐怖斗争法》进行了相应的修订，并于2006年的3月推出新的《俄联邦反恐怖主义法》，新修订的反恐法更符合俄罗斯现阶段的发展需求，同时也更符合国家的反恐法规。该法明确了国家反恐任务的主体、主体责任、活动的准则以及反恐活动中的具体管理与监督，并在1998年的基础上，对反

---

① 俄罗斯与大陆法系审前程序比较。

恐活动的范围、职责、权限进行了一定的扩充。①

2. 有关情报机构的组织条例

情报管理的机构组成部分可以划分为两类：第一类是对外的机构，第二类是对内的机构。1996 年 1 月 10 日出台的《俄联邦对外情报法》规定，俄联邦对外情报总局是俄罗斯安全保障力量的组成部分，它使用某种合法的方法和手段捍卫个人、社会和国家免遭来自国外的威胁。俄联邦对外情报总局的使命是：为俄联邦总统、联邦会议和联邦政府做出政治、经济、军事战略、科学技术和生态等领域的决策提供情报保障；为顺利实施俄罗斯在安全领域的政策创造有利条件；促进俄罗斯经济发展、科技进步及军事与国防安全。俄罗斯对外情报活动必须遵守的原则有：作为联邦安全保障力量组成部分的联邦行政权力机关权限分工的原则、合法性原则、尊重个人和公民权利与自由的原则、受俄罗斯总统和联邦议会监督的原则、公开与不公开的方法和手段相结合的原则。

《俄联邦安全总局条例》是为了规范俄联邦安全总局工作制定的，于 2003 年的 8 月正式颁布实施。该条例明确了俄联邦安全总局的主要职责、工作任务以及任务开展的原则及准则。首先，机构的职责主要包括及时、准确地寻找俄罗斯面临的国内外威胁，并及时向总统等国家领导人报告，以及时应对和预防各种危机。其次，条例规定了该机构主要有四项工作任务，一是开展必要的反侦查工作；二是收集公民安全、国家安全等相关的信息，密切关注国内外动态；三是根据收集的相关情报，对潜在的恐怖袭击及反政府活动予以打击；四是确保信息领域的安全以及国家边境的安稳。最后，该机构在具体履行职责的过程中应当符合相应的原则，如符合宪法相应规定，维护公民合法权益，合理地公开相关活动信息，接受监督与指导。

二、俄罗斯情报执法

（一）俄罗斯主要情报执法机构概述

俄罗斯对于联邦安全总局曾几次颁布法律对其进行机构的调整，如 2003 年俄罗斯总统普京颁布的《联邦安全机关的结构》和《联邦安全总局条例》；最近一次修改是 2006 年第 1476 号总统令对《联邦安全机关的结构》的修改。根据这次修改，安全总局主要由以下几个分支组成：

1. 联邦安全总局中央机关

该机构主要负责对有关维护国家安全系统的相关法律法规的修订，统筹

---

① 戴艳梅. 俄罗斯反恐机制研究. 俄罗斯中亚东欧研究，2012（5）：31 – 38.

国家各安全部门，督促其认真履责。目前下设9个总局以及相关的直属机关，具体有：反间谍总局，除了进行反间谍工作，还承担着保障俄罗斯境外情报机构以及情报人员安全的任务；保卫宪法制度与打击恐怖主义总局，顾名思义，主要负责打击活跃在俄罗斯境内外的恐怖活动以及恐怖组织，维护宪法相关制度，牢固情报法治意识形态等工作；边防总局，其管辖范围相对较宽，是维护从边境到专属经济区安全与稳定的基础军事组织，边防局长直接服从联邦安全总局领导，边防总局局长也同时兼任联邦安全总局副局长[①]；经济安全总局，负责打击涉及俄罗斯国家经济利益的相关犯罪，防止不公平经济竞争，保护俄罗斯国家金融安全；行动信息与国际联系总局，主要负责对收集到的情报信息进行加工处理，并据此制定情报报告，辅助情报决策，开展国际情报合作等；组织和干部工作总局，主要负责对联邦安全总局中央机关情报人员的管理、任免等工作；监督总局，负责对机构运作进行监督。另外两个是科学技术总局和活动保障总局，分别负责武器的订购和供应、对情报活动的后勤保障工作。

联邦安全总局的职能是其下设职能部门任务的综合，具体包括保卫俄罗斯边境以及海上的安全；打击恐怖活动；维护俄罗斯情报信息安全；进行情报加工处理，辅助上层进行情报决策等，在法律法规规定的职权范围内维护俄罗斯国家安全与稳定。

联邦安全总局的具体任务主要有以下几个内容：统筹国家安全机构，对它们的相关活动进行监督；发现潜在的安全威胁并向总统、总理和其他国家权力机关进行通报；对有关国家在俄罗斯的间谍活动进行预警和制止，打击洗钱、跨国贩毒等国际犯罪；对妄图破坏俄罗斯宪法体制、颠覆国家政权的行为进行迅速打击；在自己的职权范围内制定有关情报信息安全政策，保障特种通信技术的相关密码以及核心技术不被泄露。

与其任务相对应，联邦安全总局大的活动方向主要有：情报信息安全维护，恐怖活动斗争，边境和海洋权益保障，进行反间谍活动调查、预警和制止。另外，该机构还进行一定的情报侦察活动和对外的情报收集活动。

联邦安全总局须遵守的主要行事原则主要包括以下几个方面：以宪法为依据，以法律为准绳；尊重并保护公民的隐私；保护国家的主权独立和领土完整；理智妥善处理边境以及海上纠纷；开展国际情报交流与合作时遵守国际互惠原则等。

---

① 刘向文．谈俄罗斯联邦现任政府的机构改革．俄罗斯中亚东欧研究，2005（6）：1－8．

2. 对外情报总局

该局是维护国家安全的重要组成力量，是直接隶属于总统的国家权力机关，其职责范围主要由《俄联邦对外情报法》所规定，负责对影响俄罗斯国家安全的外部因素进行监测和打击①。

对外情报总局当前的组织结构主要由行动、分析和功能性部门组成，下设局长新闻秘书、专家咨询组和局长办公室三个相互独立的部门。局长办公室的主体部分由干部工作局、科学工作局、行动工作局和物质技术保障局组成，另外还包含社会和媒体联系办公室以及局长办事机关和法律处，其中社会和媒体联系办公室的设立是俄罗斯情报机构历史上的首次。

根据《俄联邦对外情报法》，对外情报总局的任务和职能包括：在俄联邦进行政治、经济和科技方面的决策时提供情报信息决策辅助；促进俄罗斯安全领域相关政策的落实；提升俄罗斯经济、科技及军事保障能力建设力度。当前对外情报总局主要在政治、经济和科技这三个方向开展侦察活动。该机构在政治领域的主要任务有：收集关于世界对俄罗斯的政策的不利情报并进行预警；对国家安全可能构成威胁的世界热点地区的局势的相关情况进行收集和跟踪报道；收集某些国家新型武器，尤其是核武器的研制情况；在自己的职权范围内促进俄罗斯对外政策的有效实施。

在经济领域，该机构的主要任务有：维护国家经济利益；对国家贸易伙伴进行可靠性评估；收集世界有关经济组织、金融贸易当中涉及俄罗斯国家经济利益的情报，保护俄罗斯国家经济安全②。

该机构在科技领域的任务与苏联对外情报工作任务基本相同，即为了国家国防能力的提升而收集与军事和军民工艺有关的科学技术方面的情报。

3. 总参情报总局

总参情报总局作为俄罗斯武装情报体系的重要组成部分，是总领俄罗斯各兵种、军种以及军区的重要军事情报部门。

由于该机构的军事性，使得它成为俄罗斯所有情报机构当中最秘密的一个，甚至都没有设立自己的新闻机构。其具体的组织结构也属于国家的绝密内容，从未公开过。根据相关的媒体报道可以得知，与苏联解体克格勃遭到肢解不同，该机构完整地继承了苏联时期的建制，下设 12 个业务局、9 个辅助保障局和处以及 1 个军事培训学校。其中业务局的一、二、三、四、七、八这 6 个局专门负责各个地区的情报侦察工作，每个局都根据具体负责的国

① 戴艳梅. 俄罗斯联邦安全总局探析. 情报杂志，2010（1）：51－53.

② 王亮. 俄罗斯联邦情报管理体制分析. 解放军外国语学院学报，2015（17）：20－60.

家和地区设置方向处和组，向这些国家派遣对外武官和其他相关军事情报人员，负责对情报的收集和整编。

作为俄罗斯军事情报部门的重要组成部分，该机构统管所有情报侦察手段，主要任务有以下几个方面：在军事政治、军事经济、军事技术等领域开展侦察活动；组织进行军事间谍渗透、卫星侦察、无线电侦察以及敌后行动等；管理和监督各国家的驻外武官情报活动，指挥各军种、军区的情报机构的工作。

由于普京总统特别重视情报工作，因此将总参情报总局的地位提升到非常高的高度，该机构的职权范围也因此越来越宽，开始承担"收集威胁国家安全的相关事项并进行预测"的任务，渐渐地其职能已经不限于传统的军事情报侦察活动，而是拓展到了几乎与国家意志、能力有关的一切情报。特别是近年来，俄罗斯面临的安全形势日益严峻，该机构在扩展情报收集领域的同时，其活动范围也在日益扩张，近年来俄罗斯执行海外反恐任务时也能看到该机构人员的身影。总参情报总局局长甚至公开表示，该机构人员随时准备在全球任何地方开展行动，所发生的事件对俄罗斯国家安全的影响程度直接关系到该机构对某一地区的关注度。随着全球化进程的加快，俄罗斯面临的国家安全威胁可能来自任何国家和地区，除了美国和北约的威胁之外，国际恐怖主义等非传统威胁因素正在占据越来越大的比重，通过情报侦察对这些威胁进行预警、处置，是当前总参情报总局的重要职责。

4. 国家反恐委员会

2006 年 2 月，俄联邦第 116 号文件《关于打击恐怖主义措施》的命令颁布，该命令宣布成立国家反恐委员会，隶属于联邦安全局，以协调各联邦主体权力机关和地方自治权力机关的反恐行动。①

国家反恐委员会内部成立了联邦行动指挥部，由情报机构领导组成。各个地方设有分支机构，负责具体的反恐问题，联邦安全局长和副局长分别负责国家反恐委员会和联邦行动指挥部工作的开展。②

国家反恐委员会成立之初有 17 个部门参加，现在扩展到 19 个，目前总计有成员 22 名。国家反恐委员会是俄罗斯为了建立协调中心所进行的第二次尝试，1998 年第一次尝试所建立的联邦反恐委员会的作用正在日益减弱，始终没有发挥其应有的作用。为了取代这一名存实亡的机构，适应反恐进程的需要，国家反恐委员会目前主要包括预防恐怖主义活动协调局、打击恐怖主

① 马振超．俄罗斯反恐危机管理研究．国际关系学院学报，2009（1）：27－32.

② 刘肖岩．别斯兰事件后俄罗斯反恐机制的重建．武警学院学报，2008（11）：86－89.

义活动协调局、信息分析局和国家反恐委员会信息中心这四个机构。①

作为俄罗斯打击恐怖主义的重要力量，国家反恐委员会的主要任务有以下几个方面：协调联邦与地方的反恐行动；针对反恐存在的问题直接向总统提出相关建议，对反恐法令进行修订；参加国际反恐合作，协助国际反恐条约的制定；采取针对措施，对反恐人员及家属进行相应的社会保护，救助被恐怖组织挟持、伤害的人员；产生恐怖主义威胁时迅速制定相关措施，清除恐怖主义滋生根源。②

预防恐怖主义活动协调局主要负责制定反恐领域标准法律；对资助恐怖组织的单位和个人予以打击；对俄联邦反恐委员会采取的行动进行监督。打击恐怖主义活动协调局负责第一时间对恐怖组织实施的恐怖活动进行处理；在国家采取反恐行动时负责武器以及资金的保障工作；协调和组织有关部门开展反恐处突演习工作。信息分析局主要承担对收集来的反恐情报信息进行分析处理，开发和研制反恐情报信息化系统等工作。③ 国家反恐委员会信息中心在国家采取恐怖措施之后，及时通过媒体向国民告知相关情况，保证公民对反恐措施的知情权；通过与媒体展开合作，实施对国家反恐政策与措施的宣传工作；防止恐怖分子煽动、蛊惑无辜群众，防止虚假恐怖信息在社区的传播，以免造成人员恐慌，引发社会动荡。

5. 联邦警卫总局

联邦警卫总局是在苏联国家安全委员会（克格勃第九局）的基础上发展而来的，几经重组，当前是在《国家保卫法》的基础上组建而成，受俄联邦直接领导的情报执行机关，下设总统警卫部门、克里姆林宫警备队、联邦特种通信分队、俄联邦驻联邦区警卫总局特种信息与通信中心、俄联邦警卫总局科学院、总统安全总局以及其他保障部门。④

作为国家情报执行权力机构，联邦警卫总局主要负责制定俄联邦警卫部门、总统、政府以及其他部门特种通信与信息领域的相关政策、法律法规修改完善和相关的检查、监督活动，并负责在职权范围内组织国家各保障部门进行合作，以及警卫领域、特种通信和信息领域的相互协调。

具体而言，主要包括两个方面的任务：一是承担对总统和政府的警卫工作，主要包括保障总统的交通、饮食和日常生活服务；保护总统家人及随从

---

① 樊明明，肖欢，陶祥军. 美俄反恐预警机制的比较及启示. 当代世界与社会主义，2014 (12)：6－9.

② 穆亮龙. 俄罗斯国家反恐委员会的成立与发展. 解放军外国语学院学报，2008 (2)：12－15.

③ 梅建明. 论反恐情报链. 中国人民公安大学学报，2007 (3)：34－38.

④ 穆亮雷. 当代俄罗斯国家决策机制与其启示. 山东大学，2013.

人员的安全；在警卫对象出行途中负责警备、戒严；警卫国家重要行政官员的工作地点及毗邻地区；二是为总统在与他人进行电话或者电报通信时提供密码密文通信保障，并为来访的外国元首及其他人员提供保密电话通信保障，定期检测和维修全国机要通信网络，对重要通话进行保密性测试从而防止通信泄露以及通话侦听，保证战时的通信畅通与保密。

（二）俄罗斯情报执法队伍建设

1. 情报人员的招募

（1）招收标准。为了适应当前情报工作的要求，当前情报机构招收对象呈现多元化，他们分布于各行各业，招募领域最多的当属计算机领域、国家安全领域、科技领域等，同时为了应对互联网安全的防护能力，俄罗斯情报机构也在积极地雇用一些技术高超的网络黑客。招收年龄一般呈现年轻化，但是对于一些对专业知识要求较高的领域，招收年龄会予以放宽。

招收标准最重要的一条当属政治条件合格，因为在情报机构工作，接触的都是涉及国家秘密的情报材料，如果招收人员政治上不过硬，将会造成情报信息的泄露，给国家安全带来不可估量的损失。因此，俄罗斯情报机构招收人员坚持的是核心人员公民化的标准。例如，2007 年俄罗斯《对外情报法》规定，对外情报机构人员必须是忠于自己国家和事业的俄罗斯公民，禁止拥有双重国籍，禁止情报机构人员加入或者组建任何党派。

在学历要求方面，基本上要求要受过至少中等以上普通教育或者职业教育。例如，联邦国家安全总局要求机构人员应当接受过高等、中等普通全日制教育或者中等以上职业教育，掌握相关的专业知识和必备的职业技能。

有关素质方面，情报机构对于情报人员的个人素质要求普遍较高，要求具备较强的自学能力和适应能力，以便能够适应危险繁重的情报工作。例如对外情报机构明确要求机构人员能够在短时间内掌握几门外语的基础知识，能够确保进行简单的交流。身体素质方面要求也比较严格，首要的一点就是军事素质过硬，能够负担繁重的情报任务，一些情报机构还要求符合医学和心理学专业规定的有关要求。

（2）招募审查。首先根据应聘者提交上来的书面简历以及其他相关文件，审查其身份、国籍、财产以及家人的相关情况，是否在国外生活过，是否同有关国家的情报机构发生过交集等，拒绝提供有关信息的人将不予录用。基本信息通过之后，情报机构还会按照要求对应聘人员进行医学检查和相应的心理测试，如俄联邦安全总局规定未通过医学鉴定的人员将会被拒之门外。情报机构会专门组成专家组，对应聘人员进行心理测试、智力水平测试，对交际能力以及处事应变能力等综合素质进行打分测评。

俄罗斯当前的情报机构改变了以往苏联只能通过秘密方式招收，改为公开与秘密相结合，但公开的方式也只是在前期的报名阶段，真正后期审查、录用还是严格保密的。另外就是相比苏联情报机构，现代情报机构不再有意识形态方面的要求，而是强调对国家忠诚。军事素质、心理素质、身体素质等要求相比较于苏联阶段更为严格，以适应当前社会的发展变化。

2. 情报人员的培训

鉴于情报人员较强的专业性，各国情报机构都十分重视对情报工作人员的培训，其中，苏联在这一方面处于领先地位，他们形成了完备的培训教材、丰富的培训技巧和方法，拥有先进的培训设施，培养了一大批优秀的情报工作者。俄罗斯在苏联解体之后继承了苏联优秀的培训传统。

在苏联解体之后，由于苏联绝大多数情报培训学校都坐落在俄罗斯境内，因此俄罗斯也继承了这些情报培训学校。例如安德罗波夫红旗学校归俄联邦对外情报总局领导并于1994年更名为对外情报学校。

相比于苏联，俄罗斯目前的情报学校在规模上大为缩减，但是仍沿用苏联的培训体系培养情报人员，并且俄罗斯并没有沉迷在苏联的培养模式下故步自封，而是大胆吸收美国、英国等西方国家情报培养模式的有益经验，从而培养了一大批能够与时俱进、适应情报发展要求的情报人员。

为了同招收标准当中不再强调意识形态保持一致，俄罗斯情报人员培训教材当中删除了“苏联共产党历史”这一课程，但还是强调忠于国家和人民。另外，随着科技的日新月异以及侦察技术的更新换代，更多的专业知识课程被加入培训体系。

3. 情报人员的出境方式

情报人员经过筛选、培训合格之后，大部分都会留在国内情报机构开展工作，但是为了获取更多其他国家真实可靠的情报信息，不可避免地会派遣相应的人员到国外收集情报，出境的情报人员，一般是自身素质过硬、思想政治坚定、有强烈责任心的人，而且一般已成婚，拥有稳定的家庭生活。

在出境之前，必须对情报人员的身份进行伪装，这是整个派遣工作中最为重要的一个环节，稍有不慎，便会被入境国家识破身份而使得自身的安全变得岌岌可危。另外，入境方式也十分重要，具体的入境方式主要有以下几种。

利用公开方式进行派遣。这一类方式就是为出境的情报人员提供合法、有效的身份证明，使其能够自由地出入国边境。最为常见的一种便是利用使领馆和国际组织人员的身份进入目标国家，根据每个人所重点收集的情报领域的不同，会将其分配到相应的部门。这一方式为情报人员进入一些机构提供了极大的便利，同时也可以凭借其外交官员的身份结交一些高层人士，获取深层次的情报信息，而且即使情报收集活动失败，情报人员也可以因为其外交人员的身份而免于受到相关国家对其追究责任。但是这一方式的缺点就是派遣国会对外交人员严加防范、重点核查，在情报收集活动过程中会受到很多监视。

俄罗斯情报人员往往也会以一些民间机构人员的方式进入目标国家，如一些跨国公司、商业银行等。例如，莫斯科人民银行各国的分行人员有一部分便是情报人员，而且这些银行也在秘密地为情报人员的情报收集活动提供经费支持。

这一方式的优点在于身份较为隐蔽，可以接触到各个阶层的人，获取更加广泛的情报信息，而且可以利用金融、贸易等联系到相关的情报人员，缺点在于一旦身份暴露，由于没有外交豁免权，将会受到派遣国严厉的制裁。

秘密身份潜入。这种方式一般是通过伪造虚假的身份证明，使情报人员蒙混过关，潜入目标国家。首先在派遣的途中，需要伪造一个假的身份，在进入境内之后往往会使用另外一种与之前假身份毫无关联的掩护身份，情报人员在派遣过程中就需要将掩护身份牢记于心。为了使得掩护身份显得更加天衣无缝，往往还需要伪造出生证明、生平履历、纳税证明等一系列的证明材料，相关人员会将真实情况和虚假情况整合在一起，而虚假情况往往是无法查证的，这样便进一步增强了情报人员身份的可信性。

非法派遣方式在当前俄罗斯仍得到相当的重视，2010 年，美国查获了俄罗斯安插的由 11 名俄罗斯人组成的情报网络，该网络的领导人罗伯特便是以哥伦比亚居民的身份进入美国留学，而且后来警方发现，罗伯特所持有的护照也并非本人的，而是冒用了一名加拿大死者的护照。

4. 对情报人员的保障

情报工作作为一项高风险的活动，对情报人员的地位通过法律予以确认，为其提供身份保护和伤残、养老补助，为其家属提供必要的保护和社会保障，对于激发情报人员的积极性和潜力，提升士气和凝聚力，解除其后顾之忧具有十分重要的意义。俄罗斯历来十分重视情报人员的保障工作，多部法律都对情报人员保护措施通过法律予以规定。《俄联帮对外情报法》和《俄联邦安全总局法》从各自角度对情报人员的法律地位、人身、财产、家属生命安全都进行了规定①。主要有以下三个方面：首先，规定了情报人员属于国家工作人员，从事的工作属于国家机密，受到法律保护；其次，情报人员在执行任

① 刘守功. 国外间谍情报机构概览及活动. 金城出版社，1996.

务过程中人身、财产等遭受威胁时，国家将会依据规定进行相关补助，提供伤残待遇等；最后，因情报人员执行任务而导致家属生命、财产安全面临威胁时，其家属享受国家相关的社会保障。

上述列举的保障措施适用于所有的情报人员及其家属，对于外派情报人员，法律上还有具体的保护措施，首先是上文提到的身份掩护支持，这关乎任务执行成功与否，甚至关乎情报人员的生命安全，因此为境外情报人员提供相应的身份保护十分必要。另外就是当情报人员在执行任务时不慎暴露之后的相关营救措施。《俄联邦对外情报法》明确规定，境外情报人员因执行任务而遭受司法追究的，国家有责任采取一切措施促使其无条件释放。一般是由外交长官出面斡旋，有时国家元首也会出面进行高层协商，如果这样仍失败就会考虑以协助潜逃的方式进行营救。

（三）俄罗斯执法机构工作监督

根据俄罗斯相关法律规定，俄罗斯情报机构除了接受直接领导——总统的监督之外，还要接受立法和司法的监督。所以俄罗斯情报机构工作过程中的主要监督模式有议会监督、总统监督、司法监督和检察监督等，其中最主要的模式是立法监督即议会监督，此处重点介绍俄罗斯联邦会议在情报机构运转过程中的监督职能①。

作为俄罗斯的立法机关，联邦会议监督联邦政府和联邦行政权力机关，并据此在情报体系中行使立法监督的职能，具体体现在以下三个方面：

1．听证权

俄罗斯宪法规定，国家杜马和联邦委员会在遇到自己管辖的问题时，有举行议会听证会的权力。在召开议会时，可以邀请情报部门等行政权力机关、科研机构以及社会上相关人员参加，会后将讨论结果提交政府、有关部门。举行听证会议是议会监督情报机构的主要方式，另外，联邦委员会还可以听取对外情报总局和联邦安全总局局长的工作报告以及相关情报机构所作的专题报告，以此发现情报机构工作过程中所存在的问题并提出改进措施。

2．质询权

《俄罗斯联邦会议联邦委员会成员和国家杜马代表地位法》中规定，联邦会议代表有权在国家杜马和联邦委员会的会议上，通过书面形式就有关问题向各联邦行政权力机构的相关领导人进行质询。② 在提出质询案之后15日内，或者法律规定的其他期限，被质询的国家公务人员应当通过口头或者书面的

① 汤唯，孙季萍．法律监督论纲．北京大学出版社，2001.

② 汤唯．试论转型时期的俄罗斯议会．南京师范大学，2010.

形式予以答复。另外，国家杜马还有权在本院的会议上，对联邦政府中的任何成员进行有关问题的问询，该成员应当亲自到会或者以书面的形式对问询的问题进行解释。[①] 因此，当情报人员在执法工作过程中出现一些不符合法律规定的行为时，两院代表可以随时就相关问题对有关情报人员进行质询，从而起到相应的监督作用。

3. 情报经费审核权

俄罗斯国家预算的审核权掌握在联邦议会下院国家杜马的手中，包括总参情报总局、联邦安全总局以及对外情报总局等情报机构的经费开支。此外，联邦审计院还负责审核对外情报机关的预算经费开支。《俄联邦保密法》规定，在履行完毕保守秘密的相关手续之后，联邦审计院下设专门小组有权征调对外情报机构预算开销情况的文件，并可以在内部会议上就预算花费情况听取情报机构领导人对相关问题的报告。

第二节　俄罗斯情报法制建设评价及启示

一、俄罗斯情报法制建设评价

俄罗斯情报法制建设开始较早，现在的法制体系已经十分完备，但是在取得了卓越的成就时也存在些许不足。

（一）俄罗斯情报法制建设的优点

1. 明确规定所有情报机构的活动都要依法进行

在俄罗斯，宪政中的法制思维贯穿整个政府活动中，并且国内强调法律的重要性，认为法律是神圣不可侵犯的，国内所有公民都必须遵守。所以，俄罗斯的情报法律体系要求相关的情报机关必须依法开展情报工作，包括在反对国内外敌对势力的一些活动等方面。通过分析俄罗斯在情报方面的法制历程，可以发现其情报机构发生调整和改组必定伴随着一定法规制度的出现，这些法规制度会及时、全面地规定情报机关的权责、结构以及监督体制等，从而使情报活动依法进行。例如，在1991至1992年两年间，俄联邦安全委员会经历了一系列的调整和重组，被肢解为两大部门，即俄联邦安全部以及俄联邦安全署，为了使这些部门能有法可依，俄罗斯的联邦议会在重组之后便制定了《俄联邦国家安全机关法》；而后一年，1992年新成立的俄联邦安全部再次经历相应的调整，成为俄罗斯的专门反间谍机构，随即俄出台了

① 侯志山. 外国行政监督制度与著名反腐机构. 北京大学出版社，2004.

《俄联邦反间谍条例》，该条例使得该部门的反间谍活动得以顺利展开。此后，在 1995 年、1998 年以及 2003 年，俄罗斯的相关情报机关为适应国内外发展形势的需要进行了相应的改组，俄罗斯国内同样制定了相应的法律法规作为其工作的依据。尤其是 1998 年之后，俄罗斯成立了世界首个条约法律局，足可见其对情报法制的重视程度。

2. 要求情报机构在履行职能时必须尊重人的权利和自由

俄罗斯为了推广宪政制度，并使全民支持宪政工作，国内宪法在其首章中就明确了公民的合法权利及自由，并将其作为宪政的基础和原则。其中，俄罗斯宪法第 2 条规定了公民权利及自由的价值，同时也将维护公民合法权益作为政府及相关部门的责任与义务。在此基础上，俄罗斯的情报法制建设过程中强调一切情报及相关工作必须以尊重公民、维护其合法权益为前提。例如《俄联邦安全法》是其国内最重要、最基本的安全法，该法同样规定了公民权利必须受到尊重，其自由必须受到保护，不得限制其自由，特殊规定除外。维护公民权益以及尊重公民自由等原则在其他的情报法律中同样也得到体现，如《俄联邦对外情报法》专门设立条款规定相关机构的一些涉外情报工作的前提是保障公民的自由以及权益。

3. 已形成对情报机构的全面监督机制

在俄罗斯，国家权力三分为立法、行政以及司法，三大权力机构彼此独立，同时相互配合以及彼此制约。情报机关在俄罗斯属于行政机构的分支，不但要接受行政机关内部的监督，同时其权力必须受到立法以及司法机构的制约。① 现阶段，俄罗斯已经形成了一整套情报机构监督机制，监督形式多种多样，监督主体多元化，其中最重要的是来自总统、议会、检察院以及法院的监督。情报机关必须向总统报告工作以及规划，因此总统主要通过听取这些报告、规划，制定相关政策制度的形式监督情报活动；议会的监督形式主要是通过举办听证会，分析和听阅情报机构负责人的工作总结以及工作计划等；检察院对国家情报机关的监督主要是监察其具体活动是否依法进行；而对于法院的监督，更多地涉及情报机关的相关法律案件，审理其是否维护公民权利等，除此之外，法院还接受情报机关工作人员违法案件的审查以及公民对情报活动的相关举报和控告。②

俄罗斯的情报法制建设除了受到国家宪政的影响，还受到国内外其他因素的影响，如国内外的宗教活动、公民的参政意识、政党制度等，而且俄罗

---

① 黄道秀. 俄罗斯联邦刑事诉讼法典. 中国人民大学出版社，2006.

② 耿玉娟. 独联体国家检察制度比较研究. 俄罗斯中亚东欧研究，2014（4）：20 - 27.

斯国内相关法律明确规定其所有情报机关不服务于任何政党，同时它们的决定、活动不受政党相关决定的制约，其活动必须是公开进行的，少数规定不必公开除外，而且情报活动应当以一定的渠道告知公民。

（二）俄罗斯情报法制建设的不足

俄罗斯的情报法制工作虽然走在世界的前列，但同时也存在这一些问题，主要包括以下三个方面。

1. 总统的权力过大

俄罗斯相关法律赋予俄罗斯的总统在情报工作中拥有最高、最广泛的领导权，指导和监督着情报工作的开展，如《俄联邦对外情报法》等。国家安全相关机关直接对总统负责，俄联邦的相关安全会议由总统召开与主持，所有情报机关的组建需经总统同意，并且相应的职责、权限、工作目标等需经总统批准。此外，总统将俄罗斯的国防部、安全总局以及对外情报总局这三大情报机关设置成其直接领导的机构，并定期听取机构领导人的工作汇报。因此，这使国家的情报工作易受其主观认识、过往经验、执政方式、性格及能力的影响。

2. 司法监督和立法监督效果甚微

根据俄罗斯宪法规定，在俄罗斯的政体中，立法权、司法权、行政权理应彼此独立又相互制约，而情报机关作为行政机关的一部分，其权力的执行过程应当受到立法及司法机关的制约。但在实际运作过程中，行政权力过大，在一定程度上削弱了其他国家机关在情报领域中的权限，导致俄联邦委员会对情报决策的影响微弱。在制定情报工作方向及战略目标时，以总统为主，议会并无直接参与权和话语权，这也直接造成议会对情报领域的监督“有名无实”。对于司法监督方面，司法机构的监督同样因为行政机关过度干预而受到阻碍。在俄罗斯的传统理念中，法官必须受检察官的领导和监督，这使得其国内司法机构的独立性不够，司法监督流于表面，而目前欲强化情报领域的司法监督，必须提高司法机关的独立性，但解决这一问题还需要长期努力。

3. 具有规范性质的立法进程偏慢

俄罗斯由于国情及其法律文化传统的特点决定了其情报立法的背景和发展。由于俄罗斯是一个有着较深专制传统、缺乏民主意识和权利观念的国家，其历史上作为政治保安机构的秘密警察曾长期存在。因此，不论是在其作为独立国家阶段，还是加盟苏联阶段，始终未把包括规范国家安全机构在内的相关立法提上议事日程。相反，情报工作的权力却依靠各种“内部文件”的“赋予”而愈加得以增强，公民权利和自由受到较大限制。苏联直到其解体前夕，才在各种危机的压力之下进行国家安全立法，并且这一立法主要解决的是克格勃的存在及其活动“于法有据”的问题，对克格勃所拥有的权力并没有做出太多限制和调整。直到俄联邦时期才开始好转，不仅通过立法将原先高度集权的国家安全机构进行分立，而且按照西方价值观念确立了若干情报活动的原则，在不长的时期内制定了一系列规范各种国家安全机构及其情报活动的法律。

二、对我国情报法制建设的启示

（一）科学制定立法规划，形成情报法律体系

积极有序地开展情报立法的基础性工作是提高立法质量的重要措施。科学制定立法规划可以整合立法需求，使立法项目之间相互协调，增强立法的科学性和预见性。俄罗斯在脱离苏联之后，非常重视情报立法工作，在继承苏联情报法律的基础上，在极短的时间内出台了一系列相关情报法律，明确了情报机构的地位和职能以及情报工作的指导性原则，构建起了情报法律体系。反观我国，情报立法进程极为缓慢，有关情报机构工作的规定散见在各个法律法规当中，缺乏系统性、层次性和完整性。直到2015年出台《中华人民共和国国家安全法》，但这也只是对情报工作进行了原则性的规定，缺乏可操作性。因此，我国应当借鉴俄罗斯情报立法的有益经验，明确情报立法指导思想，科学进行立法规划，加快情报立法进程，实现情报专门立法。加强情报领域的立法与我国现有法律体系之间的衔接与统一，正确协调不同部门的规范性法律文件之间的矛盾关系，及时进行调整、完善和补充，避免出现法律滞后，真正达到情报工作安全，以实现情报建设健康发展的最终目标。

（二）增强立法可操作性，明确相关情报机构职权范围

情报工作涉及问题内容繁多、纵横交错、十分复杂，如果不通过立法对相关情报部门的职责权限进行规定，那么就有可能会导致各情报机构职权混乱，认为有利可图的情报工作便会一拥而上，认为情报任务可能会损害情报机构利益时则会推诿扯皮，造成情报工作效率低下，难以开展。而俄罗斯情报立法对于各情报机构职责规定较为完善具体。例如，俄联邦《国家信息安全法》就提出了明确要求，“从立法上分清联邦国家权力机关与联邦主体国家机关对保障俄联邦信息安全所拥有的职权范围，明确社会团体、组织和公民在这方面的目的、任务和参与机制”。同时还明确，在这方面负有主要职能的是联邦政府通信和情报署、国防部、联邦安全局和国家技术委员会。明确规定了国家信息安全工作的管理机构以及各个机构的职责范围，在各个层次上都力求做到分工负责、各司其职。因此，我国在情报立法过程中，要努力增强立法的具体性和可操作性，构建每个情报机构的“权力清单”，坚决打击“选

择性情报执法”。只有将情报法律制定得具体、可操作性强，才能减少争议的发生，使情报机构在执行时职责清晰、有法可依。

（三）加强对情报工作的监督与制约

鉴于情报工作的危险性和机密性，情报人员要想获得深层次、有价值的情报，就不可避免地会采取秘密手段或者其他隐蔽途径，因此也很有可能侵犯到公民的隐私，造成不利的影响，从而影响情报工作质量。为此需要对情报权力进行强有力的监督，防止权力滥用。

俄罗斯的情报工作始于苏联，情报机构经过长时间的发展，权力越来越膨胀，职权范围越来越宽，俄罗斯较早地认识到了问题的严重性，积极通过立法对情报机构的权力进行监督和制约，通过法律保证情报权力在法律框架内行使，例如上文提到过的立法监督、司法监督、检察院监督等，虽然司法监督以及立法监督的效果欠佳，但还是在监督方面发挥了相当重要的作用，获得了俄罗斯公民的一致认可。

上文已经提到，我国现在的情报立法工作有待完善，关于监督情报机构的法律更是空白，所以我国对于情报机构的监督只是停留在内部监督，虽然各情报部门对于情报人员的侦察方法控制得十分严格，但是这种监督方式的效果十分有限。因此，我国应当通过情报立法设定更加合理的监督模式，既保证情报工作的有序高效开展，同时确保权力能够在法律的规制内运行。可以借鉴俄罗斯的有益做法，通过情报立法设立人大、司法和检察院对情报机构的外部监督制约机制，形成内部外部监督并重的模式，还可以设立专门的情报机构监督部门，对相关情报机构人员设置进行监督，对经费开支进行审计，形成对权力的真正有效制约，防止权力膨胀，确保情报工作的顺利开展。

第三章

英国情报法律制度

第一节　英国情报法制建设研究

一、英国情报立法

（一）英国情报立法溯源

英国情报活动的历史悠久，从公元 9 世纪开始就可以找到英国情报活动的影子，历史上第一个有记载的情报活动是阿尔弗雷德大帝亲自对丹麦大军的情况开展的情报收集活动。此后，英国对情报活动给予了足够的重视，在与其他国家的斗争中，英国人逐渐形成了情报思想，认识到情报收集活动在战争中的重要性。自都铎时期起，英国开始着手开展了一系列有组织的域外情报活动。亨利七世非常重视情报活动的作用，但由于其缺乏经验导致情报工作的开展效率十分低下。到了亨利八世统治的时期，由于其对情报活动没有给予足够的重视，因此这段时期英国的情报活动几乎没有进展。在此期间，英国国家内部的政治和军事形势并不复杂，对情报活动的需求不高。在伊丽莎白统治时期，英国的社会矛盾突出，由原先的国内政权稳定问题升级为整个欧洲大陆国家之间的冲突，每个国家都拥有多支军队，伴随着政治、经济等问题的矛盾日益加剧，英国重新对情报工作引起了重视，伊丽莎白一世开始重用弗朗西斯·沃尔辛厄姆及其情报机构，但在詹姆斯一世继位后，由于其对情报工作了解得不甚彻底，导致斯图亚特王朝期间英国的情报工作再次衰落。在早期阶段，英国的情报工作还不完善，没有形成一个完整的体系，且最终以情报工作的失败而结束，因此在这段时期英国的情报立法活动还处于空白阶段，并没有形成相关的情报法律。

到了 17 世纪中期，英国于 1640 年爆发了资产阶级革命，最终克伦威尔在 1653 年成为英国的统治者。在此期间，英国面临着内忧外患。然而此时由于英国的情报工作还处于萌芽阶段，克伦威尔在这种形势下对英国的情报工作进行了一次改革。在改革过程中，克伦威尔对约翰・瑟罗委以重任，同时，克伦威尔针对情报活动的经费提出了新的标准，即以效果论价，这是克伦威尔在英国情报活动中史无前例的举措，此项措施使得英国情报工作的效率加快，成为欧洲大陆的情报强国之一。在克伦威尔执政期间，英国没有针对情报活动进行立法，对于情报的获取手段可以称得上是无所不用其极，只要能够获得有效用的情报，克伦威尔认可瑟罗的一切活动。在当时的年代，大多通过人力的手段获取情报，瑟罗利用威逼利诱等手段对情报进行采集，并通过这种方式组建了严密的情报网络。除此以外，密码技术和邮递也是瑟罗获取情报的重要途径，瑟罗在伦敦设立了专门破译密码的机构，并发明了“猪圈式密码系统”，这种密码技术在美国内战时期也仍在使用。在这段时期内，英国于 1657 年通过了用于规范情报获取手段的《邮务章程》，该章程中明确指出并赋予了政府拥有拆阅公民私人信件的权力，这也是英国历史上可考的第一部有关于情报的法律。在克伦威尔于 1658 年去世后，查理二世复辟成功，但查理二世对情报工作没有引起足够的重视，对情报工作的经费投入大幅度缩水，因此，查理二世执政期间，英国的情报工作再次走向衰落，这段时期的情报工作只是国王用于巩固自己统治地位的工具，却没有将情报工作的力量拓展至域外。不仅如此，在克伦威尔当政时期形成的密码技术和邮检技术也在王朝复辟时期没有任何发展。当威廉三世即位后，英国一直处于国内政治内乱，因此在这段期间，英国情报部门的主要任务都是与保王党的情报机构进行斗争，虽然在这段时期内英国的情报工作取得了一定的成效，然而这些成绩都是针对国内的政治斗争，忽略了对其他国家的情报收集工作。此外，这段时期的英国情报工作相对比较混乱，各个情报机构之间沟通机制不顺畅，对情报工作的思路也是一头雾水，大部分情报都是靠金钱收买，效率极其低下。

英国是一个世界霸权国家，从 17 世纪末到 18 世纪中期，英国与法国进行了多次斗争，在英国击败法国称霸世界的五次战争中，英国情报工作发挥了重要作用，同时得到了相当大的发展，自此，英国的情报工作走向成熟。18 世纪中期，英国首相皮特对情报工作尤其重视，亲自指导情报工作的开展，同时赋予外交部门截获外交信件的权力，以此来获取情报。而说到截获信件则不得不提到英国第一部有关信件截收的成文法律——《1985 年信号截收法》。

通信截收最早于英国女王伊丽莎白一世统治时期才开始被用于打击犯罪。

不过在很长的一段时期内，英国的通信截收工作一直处于无法可依的状态。对英国通信截收工作的规范最早始于1663年5月23日在英国内政部发出的公告。此公告首次提及可以依据国务大臣发出的截收令状对信件实施扣押、拆阅。1762年英国制定了规制通信截收的四条标准：第一，通信截收必须在普通法和法律的授权下才具有合法性。第二，通信截收的权力不可随意扩张。第三，通信截收的实施必须有时间限制，超过时限则不合法。第四，仅仅是为了国家利益而实施的官方行为不一定具有合法性。英国制定的规范通信截收的四条准则在缺乏成文法的背景下对通信截收的工作起到了重要的规范作用①。在当时，实施通信截收具有严格的限制，须具备下列条件方可进行申请：一是必须针对法律规定的重大犯罪。例如，警察、海关、税务局只有在对走私案件进行侦查时才被允许进行通信截收，而安全部门只有在侦查间谍和反政府活动过程中才可以被授权进行通信截收。二是只有在其他常规手段都不起作用时才可以考虑采取通信截收的方式获取情报。三是通过通信截收所要收集的情报必须是十分重要的。

后来，随着通信技术的发展，电话等新型通信方式相继出现，1937年英国政府颁布政策决定对与犯罪有关的电话通信实施监听。但这里所谓的“政策”显然不具有法律的效力，也就是说英国的通信截收工作缺少明确的法律依据。在1957年到1981年间，英国政府向公众公布了三份有关通信截收的报告，即The Berkett Report（1957年）、The Interception of Communication in Great Britain（白皮书，1980年）、The Diplock Report（1981年）。这三份报告书的内容涉及通信截收的程序保障措施及其相关监督措施等诸多方面，这三份报告没有提出针对通信截收进行立法。而在1984年，欧洲人权法院就Malone V. the United Kingdom一案所作的判决推进了英国通信截收的立法进程，促使英国出台了《1985年通信截收法》。此举也因为彻底改变了英国通信截收无法可依的状态而在英国情报法历史上具有里程碑式的意义。而随着时间的推移，《1985年通信截收法》在实践中证明存在诸多弊端，英国民众呼吁对此法进行改革和调整。为适应时代发展的需要，2000年7月28日，由英国议会通过并经女王批准颁布了《2000年侦查权规制法》，同时宣布废除《1985年通信截收法》。较之《1985年通信截收法》，《2000年侦查权规制法》是一部较为全面的情报法律，这部法律不仅规定了秘密侦查行为的实施，还将秘密监视、秘密人工情报源行为等秘密侦查行为纳入了规制的范畴。

① 邓立军. 英国《1985年通信截收法》：立法背景、制度架构及当代命运. 四川警察学院学报，2013（5）：21－30.

情报立法通常与一个国家所面临的现实威胁有关，近年来，反恐斗争逐渐成为英国的首要威胁，因此，英国针对反恐方面的情报立法下了很大的功夫。英国在 20 世纪 60 年代就开始了反恐斗争，在反恐斗争的进程中，英国的反恐立法取得了一定的进展，并且在反恐立法中也涉及许多有关情报立法的内容。在恐怖主义的侵扰下，英国针对国内的恐怖主义势力先后出台了一系列法案，包括《1922 年北爱特别权利法》《1929 年预防暴力活动（暂行规定）法》《1973 年北爱紧急权利法》《1974 年防止恐怖主义法》《2000 年反恐怖主义法》《2006 年反恐怖主义法》。这些法律中均对反恐活动中相关的情报活动进行了明确的规定，包括对于开展反恐活动情报工作中的取证问题①。

（二）英国情报立法模式

英国属于英美法系，罗马法曾经深刻影响欧洲各国的法律建设，英国就是其中之一，而英国的情报立法也不例外。然而从 12 世纪开始，英国的法律包括刑法等逐渐开始形成自己的特色而选择了与罗马法不同的发展方向——普通法或判例法（Common Law or Case Law）。虽然 19 世纪以后，英美法系国家的法律更加注重法律的成文化，议会在其制定的一系列法律中对法律条文已作出明确规定，但是在英格兰和威尔士，由法官在漫长历史岁月中积累起来的法律原则或判例法仍然是其主要渊源。

1. 普通法

普通法（Common Law）亦译为“习惯法”，它是早期与衡平法法庭相对应的英国习惯法庭所适用的法律。英国《1873 年司法权法例》（The Criminal Jurisdiction Act 1873）颁布施行之后，所有法庭都对普通法与衡平法兼施并用。根据《布莱克法律词典》（Black’s Law Dictionary）的解释，普通法是指有别于通过立法程序颁布的制定法而世代相传沿袭下来的不成文法律制度。②普通法的根据是习惯。在早期的情报立法过程中，大多在用普通法的形式对情报活动进行立法，这种立法活动一般都是针对情报组织机构人员及日常事务的管理和监督，通过这种形式的情报立法使得英国各情报组织内部可以有效运行，同时，也使其内部情报人员的行为得到监督，使情报工作开展得更有效率。

2. 制定法

制定法（Statute Law）最初是指君主的敕令，如今亦可称为成文法。就英国而言，是指依据立法程序提出立法议案，经国会上、下两院讨论通过后，

① 刘美珍. 英国反恐立法初探. 湘潭大学，2004.

② 韩杰. 论刑法渊源. 山东大学，2008.

再由女王陛下批准并颁布施行的成文法律（令）。英国情报制定法主要有以下形式：

（1）由相关部门制定的专门情报法律。例如，英国《1985 年通信截收法》和《1994 年情报机构法》。

（2）法律修正案。英国在对情报立法的过程中会随时对已经制定的法律条文及规定进行补充和修改使其能够符合国家现阶段发展状况，更好地应用于情报活动过程中。

（3）分散在各个法律中。在刑法、反恐法等法律中经常会提到有关情报工作的内容，这也是情报立法的一种重要表现形式。例如，与泄露官方秘密有关的刑事制定法，此为对国家机密的刑法保护规定，同时这也属于国家对情报有关内容所制定的法律。

（三）英国情报立法的特点

情报立法分为普通法和制定法两种形式，这两种形式的情报立法有着不同的特点。

1. 普通法情报立法最显著的特点就是遵循先例

所谓先例，就是“已经经过审判的案件”，即在后来的案件中作为法律渊源的先前规范。作为普通法上情报重要内容的先例，则是指各情报部门之前的先例。尽管参考先例判案长期以来为英美法系国家所遵循，但是在英国，极为严格的遵循先例原则只是从 1800 年（特别是 19 世纪后半叶）以来的事情。

2. 制定法情报立法特点

（1）结构的复杂性。英国等英美法系的大多数国家并无统一情报法典，其制定法的内容与形式极为复杂。一是单行性。所谓单行性，是指制定法绝大多数是单行（特别）法，或者涉及某一类行为的成文性规定。前者如英国《1985 年通信截收法》和《1994 年情报机构法》等。二是附属性。英美制定法中的情报制定法有相当数量的附属规范。这些附属规范散见于各种非情报法律、法规中。例如，英国的刑法、反恐法等法律中，则会包括关于保障公民隐私权利的内容，这些属于情报立法的范畴。三是久远性。法律无疑应当具有连续性和稳定性。英美制定法的久远性正好充分体现了法律的连续性与稳定性。例如，英国的《2000 年侦查权规制法》一直沿用至今。四是实体与程序混合性。在《1994 年情报机构法》中，不仅规定了各机构之间在进行情报活动过程中的实施规范，同时明确规定了进行情报活动的审批程序，与大陆法系国家刑事制定法一样体现了实体与程序混合的特性。

（2）效力的最高性。情报制定法显然不同于普通法，也不同于法官通过对具体争议或诉求的判决而发展和阐明的法律原则或规则。从理论上说，在英美法系国家，制定法是法律的更高级形式。它由立法机关经过法定程序制定，并以权威而严谨的语言系统地阐述了一般法律原则。因此，其效力应当高于普通法。当普通法与制定法发生矛盾和冲突时，应当优先考虑适用制定法。当情报制定法与普通法相冲突时，应以制定法规定的内容来执行。因为制定法具有更高的权威。在英国情报机构执行日常业务过程中，首先要按照制定法的规定来实施，在制定法没有规定的方面才按照普通法的规定来实施。

（3）与普通法的关联性。尽管情报制定法与普通法无论在内容上还是形式上均具有原则性区别，但是英美法系国家的情报制定法与普通法仍然具有不可忽视的关联性。事实上，如果离开了普通法，情报制定法有时候就无法正确适用。因为情报法大部分都针对情报机构进行立法，而在制定情报法律的过程中，大部分的情报活动都没有进行立法和定义，仍然要依靠普通法的定义和原则来认定。立法部门必然要考虑到情报普通法的内容和原则，从而使得两种形式的法律能够相互补充、相互协调，最终构成完整的情报法律体系。

（四）英国情报立法原则

英国的情报立法原则不仅遵守宪法所规定的立法原则，还遵循其独有的原则。

1．维护国家安全利益原则

一个国家的利益是一个国家存在且强大的象征。英国在对国家的情报活动进行立法的过程，最根本的出发点就是为了维护国家的安全和利益。在对情报活动的立法活动未形成法律条文之前，英国都是针对国家对敌斗争或是为了维护统治阶级的政权而制定有关情报活动的各种规定和措施。在2008年英国国家安全战略中，如《1994年情报机构法》明确规定，此法律条文主要负责维护英国的国家安全利益，并特别提到英国政府是针对英国的国防、外交政策、经济利益、对严重犯罪的预防或检测等方面来设立此法的。同时，《2006年反恐怖主义法》的立法出发点也是由于英国本土内一直以来都受到恐怖主义势力的侵害，英国政府在恐怖主义的侵扰下，进行了一系列相关的反恐立法活动，而在反恐立法中，有关情报活动的规定占了相当大的比重，这也体现了英国情报立法活动的根本出发点都是为了维护国家的安全和利益。

2．保障公民合法权益原则

情报进行立法的原则不仅是要维护国家的安全与利益，同时也要遵循保障公民合法利益的原则。一个国家公民的合法权利，尤其是公民隐私权的保障，在情报立法活动中得到了集中的体现。在《1985 年通信截收法》中，为了保护公民的隐私权，第 1 条规定了禁止通信截收。内容包括：任何人故意截收经由邮政或公共电信系统传输的通信，其行为构成犯罪，并将依照不同情形承担相应的法律责任。在之后的法律条文中严格规定了通信截收的条件和程序，对于加强公民隐私权的保障力度，消弭英国政府当局通信截收无法可依的危机与困局具有重要意义。[①] 而在《2000 年侦查权规制法》中也规定了情报机构在进行执法活动的过程中，要受到来自行政、议会和司法等方面的监督，使其行动限制在法律规定的范围内，从而保护公民合法财产及隐私权。

二、英国情报执法

（一）英国情报执法机构

1. 保安局（Security Service）

保安局，又被称为军情五局，主要担负着英国对内情报的任务。保安局成立于 1909 年，经过了多年的发展，保安局的名称与隶属关系发生过多次改变。直到 1931 年，确立为保安局，并一直沿用至今。目前，保安局大约有 3500 名员工，近一半为女性。保安局的工作由局长负责领导，局长有四个职责：一是负责整个保安局工作的行动，提升保安局的工作效率；二是向首相提交年度工作报告；三是不参与国家的内政；四是严格依照法律实施情报活动。近年来，随着英国国家威胁、形势的变化，保安局的人员数量和构成也发生了一些调整。

自 1909 年以来，保安局就从事着英国本土的反情报和反恐活动。而按照 1989 年颁布的《保安局法》的相关规定，保安局的任务主要是：打击恐怖主义势力；对外国间谍的活动进行反情报工作；阻止大规模杀伤性武器的扩散；保护政府敏感信息、资金及基础设施；与其他部门共同打击重大犯罪；与秘密情报局和政府通讯总部交流协作。

保安局的工作方式有四种，分别为：

秘密人力情报。英国的特工是秘密人力情报的主要来源，特工一般都接受过专业的训练，专门用来负责保护国家利益或侦查重大犯罪活动。英国特工有着极其严格的管理规定，保安局通过相关法律严格限制特工行为和权限，必要时，保安局可直接指导特工的工作来完成相关任务。

---

① 邓立军. 英国通信截收制度的变迁与改革. 中国人民公安大学学报（社会科学版），2007（3）：53－63.

守候监视。保安局的监视活动都严格遵循《2000 年调查权利规制法》第二篇要求的内部授权系统和秘密监视操作守则来开展情报活动。保安局的监视任务包括监视目标的行动、通话和其他行为。不仅如此，保安局在监视过程中还经常与其他部门进行合作，共同执行监视活动。

通信截收。保安局在开展通信截收工作的过程中有着极其严格的程序，必须要由内阁大臣签署监视状授权后才可以行动。而监视状的签署需要遵守《2000 年调查权利规制法》第一篇的规定，要符合通信截收操作的守则。按照法律规定，通信截收得到的证据不可以在法庭上作为证据使用。

侵入式监视。侵入式监视是指保安局的工作人员将窃听设备接入窃听对象的住所进行相关监视活动。虽然这种方法听起来可以高效准确地取得对象的谈话内容，但是需要极其苛刻的审批条件和程序，在多数情况下，保安局要遵循《1994 年情报机构法》的规定申请"财产监视状"才可以在目标场所安置相关设备。侵入式监听不同于通信截收，其结果可以作为证据在法庭上使用。

2. 秘密情报局（Secret Intelligence Service）

秘密情报局又称军情六局，主要负责英国对外情报工作的开展。秘密情报局成立于 1909 年 10 月，最初名为秘密勤务局国外部，隶属于陆军部，在一年后转为海军部。一战爆发后，国外部与陆军情报机构合并，秘密情报局又重新隶属于陆军部，成为特种作战局的一个部门，在这之后，其名称又经历了多次变化，直到 1920 年，才正式确定为秘密情报局，《1994 年情报机构法》将其名称正式写入法律条文。在二战中，为了便利与军情五局进行通信，军情六局这个名字流传开来。在秘密情报局的员工中，局长负责秘密情报局所有工作的行动及效率，其职位由外交与联邦事务大臣任命，并对其负责。局长有义务确保秘密情报局的所有行动均处于法律许可的范围之内，并将工作向外交与联邦事务大臣汇报。

《1994 年情报机构法》规定了秘密情报局的工作任务与责任，秘密情报局在收集国外情报时主要从以下几个方面入手：与英国国家安全相关的情报；与英国经济相关的情报；预防侦破英国重大犯罪的相关情报。

《1994 年情报机构法》还规定了秘密情报局为完成政府及国家的目标和任务可以在国外开展秘密情报活动。然而秘密情报局在进行情报收集的过程中，必须要优先收集政府和内阁大臣所指定的相关情报需求。同时，秘密情报局在某些行动过程中，也可以与政府通讯总部等机构进行情报行动的合作共享。

秘密情报局的工作方式比较特殊，因为秘密情报局是英国唯一一个可以在国外通过使用非法手段进行情报活动的机构，这些非法手段包括秘密收集情报、开展秘密行动及支持秘密通讯联络等。在其工作方式中，最主要的工作方式就是在海外的情报站应用秘密手段收集情报，支持秘密通讯联络等。情报站是英国驻外使馆中的一个最隐蔽的单位，其内部有着严格的管理规定，并有着严密的防范保密措施。情报站的核心是机要通讯室，一些重要的文件都是在这个房间进行接发的，同时，情报人员也在这个房间内与保安局等重要机构进行联络。情报站的工作人员分为两种，一种是情报官员，另一种是情报员，即间谍。前一种人员的身份是合法的正式雇员，后一种人员的身份不是合法的，是非正式雇员。这两种人员都在情报站工作为英国的对外情报工作服务。秘密情报局的情报官员在被派往国外执行任务之前，相关情报单位会提供有关资料，提供可以利用的人员名单。

在反情报方面，秘密情报局设有反间与安全部，其任务是负责英国的反情报工作。此外，秘密情报局还经常与保安局进行合作和交流，对国外势力对国家的情报渗透工作进行处置。

在 1996 年，秘密情报局在组织机构上进行了调整。现今，秘密情报局总部下辖有 4 个机关部门，包括人事行政部、反间与安全部、支持服务部和情报需求与生产部，此外还有 8 个业务部门，这些部门都分别行使着不同的职责。此外，秘密情报局还在国外设置了 50 多个情报站用来开展情报活动。

3. 政府通讯总部（Government Communications Headquarters）

政府通讯总部起源于英国一战历史中著名的海军 40 号房间和陆军军情一局 B 处，在 1919 年，这两个机构合并，成为政府密码学校，于 1943 年正式改名为政府通讯总部，在二战中，政府通讯总部发挥了重要作用，其出色的表现，使其在英国情报界有着极其重要的地位。

在冷战末期，政府通讯总部人员包括外语人才、社会学家、数学家、密码专家、电讯专家、军事学家和地理学家等。其总人数大约有 6000 人，而 1997 年缩减至 4500 人。近年来，随着反恐形势的严峻，政府通讯总部的人数在逐渐增加。根据《1994 年情报机构法》的相关规定，政府通讯总部主任要保证政府通讯总部的工作和活动在法律许可的范围之内，同时，在有助于刑事侦查工作的开展时才可以对相关情报进行公开。此外，主任要保证政府通讯总部的中立性，不参与任何党派活动。主任也要随时对首相和外交与联邦事务大臣就重点问题进行汇报。

《1994 年情报机构法》和《2000 年调查权利规制法》都对政府通讯总部的活动及职责进行了相关的规范：一是对电磁发射信号进行监听或截收，同时从这些信号及密码材料中分析有价值的情报并提交；二是为专业术语、密码技术和其他信息保护提供支持和帮助。但是政府通讯总部在履行上述职责时要在法律规定的范围内进行。作为一个对技术与设备要求非常高的机构，政府通讯总部的主要设备包括以下几个方面：一是计算机系统。在计算机系统方面，政府通讯总部与多家企业及公司联手共同开发计算机系统资源，使其能够达到政府通讯总部实际工作中的标准和要求。二是通讯。在通讯方面，政府通讯总部涉及多层次、多领域，在通讯方面，其技术一直处于顶尖水平。三是网络。政府通讯总部建立了强大的局域网来使其工作正常运转，而在发展的过程中，政府通讯总部也对其网络存在的问题进行修复和改进。四是电子工程。政府通讯总部在电子工程方面，已经处于系统发展阶段，在多种工作中得到了广泛的应用。

政府通讯总部的工作手段主要有两种方式，一种是信号情报工作，另一种则是进行信息保障，这两项工作均为政府通讯总部的任务。信号情报是最原始的技术情报。从一战期间的海军 40 号房间开始，英国的信号情报为世人所知，其在一战、二战等战争中为英国的胜利作出了卓越贡献，在二战以后，英美两国根据《联合王国美国协定》进行信号情报的合作，但在此之后，政府通讯总部则变为美国国家安全局的合作者。英国的情报部门认为信号情报工作作为情报工作中的一项重要内容，其为国家安全领域的政策制定、军事活动、执法行动等都起到了极大的作用。不仅如此，近年来，政府通讯总部提供的情报在反恐活动及重大犯罪案件的侦查过程中也是至关重要的。政府通讯总部的另一种工作手段——信息保障工作是其另一个比较重要的工作领域。在当今时代，国与国之间的对抗领域已扩展至信息对抗的范围，而在这个过程中，信息保障工作就成为信息战的防御利器。信息保障工作是指对信息和资料进行保护，防止其受到黑客等其他来源的攻击，从而保证信息的准确性和完整性。目前，政府通讯总部的信息保障部门为通讯电子安全组，它是英国信息保障工作的技术权威，在信息安全及网络维护领域有着丰富的经验，能够为英国的信息保障工作提供支援，通过技术手段来应对出现的信息安全威胁，从而保护英国信息系统及信号情报工作的安全。

政府通讯总部在机构上分为总部和分支机构。总部下辖有 6 个处，分别为信号情报规划处、混合信号组织处、联合技术语言处、组织与管理处、信号情报行动与需求处和通讯安全处。政府通讯总部在国内外设有大量的监听站。这些监听站在进行监听活动过程中，必须严格按照法律范围内的规定进行活动。

4. 国防情报参谋部（Defense Intelligence Staff）

国防情报参谋部最初起源于 1946 年成立的联合情报局，而在 1964 年，为了创立统一的国防部，英国政府将分散在各军种中的情报机构整合在一起，命名为国防情报参谋部。其名称一直沿用至今，在此过程中，国防情报参谋部也进行了数次改革。

国防情报参谋部人数规模在4500人以上，主要负责人是国防情报参谋长，国防情报参谋长直接领导国防情报参谋部的各项工作，其同时担任联合情报委员会副主席和首相的军事情报顾问，并通过总参谋长和国防部常务官对国防大臣负责。军职人员占据了国防情报参谋部职员的大部分，是情报收集工作的主体。

国防情报参谋部的主要任务有七个方面：一是为国防部、军队等机构提供准确的情报产品，以及与国家安全有关的政治经济情报；二是为北约和欧盟提供情报决策；三是为英国的盟国等进行情报支援；四是国防参谋部可直接参与支援作战；五是参与作战行动方案的制定；六是为国家安全提供早期的情报预警，七是对英国存在的潜在威胁做出预测及分析。

国防情报参谋部的主要工作方式是以情报工作的指导为起点，在此基础上，对情报进行收集，然后进行情报的分析研判，得出决策意见后再将情报产品传递给情报用户。在进行情报收集活动之前，国防情报参谋部会接收到来自两个方面的情报指导，一是来自军方的总参谋长；二是来自内阁办公室的联合情报委员会，在接受这两个渠道的指导后，国防情报参谋部会根据其需求确定情报收集内容，并制定相关情报收集计划。在落实情报指导后，国防情报参谋部就开始根据制定的计划，利用自身的条件和渠道对相关情报进行收集。在收集到相关情报以后，国防情报参谋部会有专门的情报人员对收集到的情报进行识别、分析和研判，并得出相关的研判意见，从而辅助决策并将情报产品发送给情报用户。除了要参与情报产品的完成工作以外，国防情报参谋部还要对情报人员进行培训，国防情报参谋部有专门的情报学院用来对情报人员进行国防安全、情报和技术等方面的培训，从而强化国防情报参谋部情报人员的综合素质。

国防情报参谋部是英国国家安全情报系统中的一个重要组成部分，其向联合情报委员会提供人员和资源支持，在国防部系统中，国防情报参谋部与陆、海、空军参谋部并列，都直属于国防部。

5. 都市警察局

都市警察局随着1829年《都市警察法》的出台而成立，由于其地址是苏格兰大使的住所，因此又被称为苏格兰场。经过了几次迁址，都市警察局最终将总部地址定位于百老汇大街。都市警察局并不是专职的情报部门，它在进行情报活动的过程中，还具有执法权，由此可以看出，都市警察局不仅是一个情报部门，其更重要的身份是英国的公安部门，但是都市警察局在维稳、处突和反恐活动中的情报支援工作发挥着极其重要的作用，因此，都市警察局在英国情报界占有重要的地位。

都市警察局的主要任务是保卫英国的王室人员和重要人物的安全，同时对进出英国的外来人员进行监视等，对申请加入英国国籍的人员进行审查，除此以外，都市警察局的另一项重要任务是对特大犯罪案件进行侦查、进行反恐行动。都市警察局的级别与其他警察部门不同，都市警察局局长可直接对内政大臣负责。

都市警察局由众多职能分工不同的部门构成，由于都市警察局情报处的情报支援作用越来越突出，都市警察局正在向情报机构的趋势发展。情报处针对监视、密拍密录等方面培养了600名左右的官员，不仅如此，都市警察局情报处还对于刑事情报技术进行了深入研究，其下辖的科学情报组所掌握的DNA测试技术在反恐活动中发挥了重要作用，不仅如此，都市警察局在毒品情报方面也取得了相当大的成就。特勤处是都市警察局的另一个比较重要的部门，特勤处的主要任务是对有组织犯罪进行侦查，组织力量打击恐怖主义，尤其是在“9·11”恐怖事件后，都市警察局特勤处与保安局在情报方面开展了密切的合作，在情报支援方面，特勤处发挥了其巨大的作用。

6. 联合恐怖主义分析中心（Joint Terrorism Analysis Centre）

联合恐怖主义分析中心在2003年成立于保安局总部内，主要用于对反恐情报进行分析和评估，其主要负责对英国国内外与国际恐怖主义相关的情报进行分析，对其进行级别的评定，为政府和相关机构提供情报支持与预警，并对恐怖主义活动的趋势进行预测，从而为决策者服务。

联合恐怖主义分析中心共有6个部门和一个专家组，专家组成员均为来自其他机构部门的分析专家，虽然这些专家在为联合恐怖主义分析中心进行分析和研判工作，但是这些专家在职务和身份上仍隶属于原单位，这种做法十分有利于各机构之间的交流及协作。除此之外，联合恐怖主义分析中心还与保安局国际反恐处进行合作来进行反恐行动。自成立以来，联合恐怖主义分析中心在对涉恐情报的分析过程中起着至关重要的作用，在反恐行动决策过程中也扮演着极其重要的角色。

（二）英国情报执法队伍建设

二战后，随着英国国家形势及其情报工作任务的变化，英国对其情报体制及情报执法队伍的建设进行了新的调整，在不断调整的过程中，形成了较为完善的情报队伍及情报体制。在《1994年情报机构法》中对情报人员队伍的建设、情报机构组织的建设以及情报体制等都进行了明确的规定。

英国通过制定专门的法律对英国情报界的各个情报机构的活动进行规范，确立了情报机构的职责，明确了各情报机构的任务。英国针对其情报机构出台了《1994年情报机构法》，在该法中，明确规定了保安局、秘密情报局、政府通讯总部、国防情报参谋部和都市警察局等情报机构的职责。1989年《保安局法》和《1994年情报机构法》规定了保安局的职责为打击恐怖主义势力、阻止外国间谍活动、防止大规模杀伤性武器的扩散、关注新型威胁的出现、保护政府敏感信息、打击国内重大犯罪、对秘密情报局和保安局进行情报支援等。《1994年情报机构法》还规定了秘密情报局的职责为收集有关英国国家安全、经济利益和预防重大犯罪的情报，为政府开展隐蔽活动并与其他情报机构进行情报交流与协作。1829年《都市警察法》及《1994年情报机构法》都规定了都市警察局的职责为保卫英国的王室人员和重要人物的安全，同时对进出英国的外来人员进行监视等工作，对申请加入英国国籍的人员进行审查，对特大犯罪案件进行侦查、进行反恐行动。各部门根据规定，会定期对情报官员和人员进行招募与培训，提高其业务素质以适应新形势下英国的情报任务。

（三）英国情报执法监督

情报机构与国家的其他政府职能部门一样均需要受到相关部门的监督。英国在对其情报机构进行监督的过程中，则以制度与规则来约束各情报机构的有关行为，从而防止情报机构出现权力滥用、违反法律等情况，保证情报机构能够正常运行，履行其应有的职责。

1. 行政监督

英国主要通过颁布行政指令、制定部门行政规章来规范情报机构的运行并对其采取的活动进行约束和控制，使其各情报机构能够依法行政。情报界是英国政府职能部门的组成部门之一，以首相为首的行政部门在情报机构运行时不仅要处理好各部门之间的协调关系及其运行的效率，还要对其情报活动实施监督。英国对其情报执法活动的行政监督主要有上级监督、机构间监督及内部监督。

（1）上级监督。上级监督是情报机构的上级部门对其施行的监督，其主要通过两种手段来实现：一是英国首相和内阁大臣通过相关的命令及指令等实现对情报机构工作的监督和指导，使情报机构的行动处于法律规定的范围，对其情报工作的计划、审批和执行情况进行规范，例如《2000年侦查权规制法》中规定了内阁大臣有权向保安局核发监视状，对其通讯内容、隐蔽行动等行为进行侵入式监视及监督。二是内阁内部建立相关委员会，这些委员会不仅负责管理与协调情报界机构之间的关系，还要对情报机构进行监督，包括对其情报活动的开支、结果等进行审查。

（2）机构间监督。英国情报机构众多，各情报机构的职能与任务都不尽相同，如秘密情报局主要负责海外情报收集及相关隐秘活动；保安局负责英国国内情报活动；政府通讯总部负责信号情报，对信号情报进行截收，并为其他系统提供支援。这些情报机构担负着不同的情报任务，这种做法与英国法律体系中三权分立的思想一致，避免了某一情报机构由于权力过大导致权力滥用的情况发生，同时，各机构通过权力的分散达到相互制约、相互监督的作用。

（3）内部监督。情报机构内部都存在一定的监督机制，例如《保安局法》中规定了保安局内部对于相关情报工作的规范和约束，从而保证其工作效率保持在一个较高的水平。同时，对于机构内部成员滥用权力、违法违纪等不正当现象，情报机构可以针对其行为进行上报和处理。

2. 议会监督

英国议会通过对情报机构的经费审核、法案审查、计划报告和审阅相关文件等方式对情报机构的活动进行监督，从而保证情报机构能够按照议会的意图来依法实施相关情报活动，确保情报机构的行动符合民众的需求，防止情报机构权力的滥用。议会的监督使得各情报机构得以正常高效的运转。

在 20 世纪 80 年代以前，英国议会对于情报执法活动的监督作用并不明显，直到后来陆续出台了相关法律使得议会有权力对情报机构实行监督，如《1985 年通讯监听法》、《1998 年数据保护法》和《2000 年信息自由法》等都对相关监督问题进行了说明，从而保证议会可以依法对情报机构的工作实施监督。在对保安局进行监督的过程中，《保安局法》规定了保安局由内政大臣负责管理，并确定了保安局局长的职责；《1994 年情报机构法》第 10 条中设立了情报和安全委员会，其职责是负责监督保安局、秘密情报局等情报机构的开支、执法情况及制定的相关政策；《2000 年调查权利规制法》和《1994 年情报机构法》这两项法律规定了情报部门在进行执法活动的过程中，如监视居住、截收通信等，都必须通过相关国务大臣签发相关许可才可以实施行动。《2000 年调查权利规制法》还规定了监听等执法活动中的具体要求事项以及秘密力量的使用。

目前，英国对情报执法活动的监督主要是通过设立的情报和安全委员会对其所提交的报告进行审查与核对来对其日常的执法行动进行间接监督，没有直接参与到其执法活动中去。情报和安全委员会主要负责对保安局、秘密情报局和政府通讯总部等的日常经费、运行情况以及制定的相关政策进行监督。

情报和安全委员会由 9 名议会议员组成，其成员由首相提名，经过议会确认后才可任命，议会只有确认的权力，没有主动对候选人进行提名的权力。在确认成员身份后，情报和安全委员会成员对其身份应当终身保密，并履行其应有的职责，该委员会不向议会负责，只向英国首相负责。安全和情报委员会每周举行一次会议，会议主要对情报机构的执法活动安排、各情报机构之间的协调关系以及情报机构的任务进行明确和规划。《1994 年情报机构法》规定，委员会可以定期对情报机构的数据和信息进行提取，在提取的过程中，情报机构有权拒绝向其提供有可能泄露机密的敏感信息。敏感信息主要指可能暴露数据来源或特殊方法的信息和数据、有特殊隐蔽行动的信息以及能够泄露国家秘密的信息等，这些敏感信息即使是议会也不能掌握。而决定信息和数据是否敏感的权力则由情报机构的局长进行把握，只有当各情报机构的领导人认为共享信息符合法律要求并保证公民合法权益的情况下才能够将信息向相关委员会进行提交和公布。

3. 司法监督

司法监督主要是指法院对情报执法活动起到的监督作用。法院是英国宪法规定的第三权力部门，其在情报执法活动过程中的监督机制起着重要的作用，虽然其地位重要，但司法监督的范围也存在一定的局限性。由于情报执法活动通常是在保密的情况下进行的，通过司法途径很难起到事前监督的作用，司法监督通常是在提起诉讼后才由司法部门介入相关事件中，从而起到对相关情报机构的间接监督作用。

英国司法体系由特定的人员来对保安局、秘密情报局和政府通讯总部等进行司法监督。《2000 年调查权利规制法》取代《1985 年通信截收法》后，任命这些特定的人员对英国的情报机构实施司法监督。《2000 年调查权利规制法》将《保安局法》和《1994 年情报机构法》中规定的特定人员的职责进行了整合，并用情报专员这个身份来取代。根据《2000 年调查权利规制法》第 57 条和第 59 条的规定，首相有权力直接对监督人员进行任免。情报专员需要向首相提交年度工作报告，报告中对该情报机构进行汇报，国家首相可针对报告中有可能影响英国国家安全和发展的内容进行一定的增减。此外，英国司法体系还为情报执法活动中的司法问题专门设立了调查权利法庭，从而使司法部门有效地处理针对情报机构执法活动的投诉，实现对其的监督作用。

4. 社会监督

社会监督不同于前三种监督方式。在英国，公民社会组织在社会治理的过程中起着重要的作用。社会监督就是通过新闻媒体等公开渠道的报道，对不合法的情报执法活动加以批驳，引起相关部门的注意，从而使相关部门及国家采取相关措施来应对情报执法活动过程中出现的问题。然而由于大多数的情报活动都是保密的，公众的知密范围很小，公民对于情报组织的情况并不十分了解，这也使得社会监督针对情报机构执法活动的收效不大。

英国的社会监督方式可分为两种，第一种是大众媒体，这种监督方式通过广播、电视和报纸等媒体对英国情报机构执法活动中存在的问题进行报道，从而实现对情报机构的执法活动进行监督。由于大众媒体在英国社会中贯穿于各个层面，能在很大程度上引导公民的舆论导向。大众传媒主要通过媒体公开报道等引起相关部门和政府的注意力，使其对情报机构实施监督。大众媒体通常会采取调查式报道或揭露式报道等方式对情报机构发生的非法事件或渎职事件进行揭露，引起公民的情感互动，形成舆论压力，从而使得政府出面对相关活动进行监督。第二种社会监督的方式就是公众舆论监督。它是指公众对国家情报机构的问题所产生的态度及舆论。公民舆论是英国进行决策的重要因素之一。因此，当公众对于情报机构的行为表示不满时，会促使国家及相关部门采取措施，保证对情报机构的监督作用能够充分发挥出来。

第二节　英国情报法制建设评价及启示

一、英国情报法制建设评价

从《1985 年通信截收法》至今，英国的情报法制建设不断发展和完善，在发展的过程中既有出彩的一面，也有一定的不足。

（一）英国情报法制建设优点

1．立法程序规范

英国在进行情报立法活动时与其他英美法系国家一样，具有严格规范的立法程序。（1）起草议案。立法由议员提出立法提案开始，提案主要是以法案（Bills）和联合决议案（Joint Resolution）的形式为主。（2）委员会审议。议案提出后，委员会将在听取提案后对其进行审议，审议完成后，再由委员会成员进行表决，这是提案是否能够通过的最重要的关口之一。（3）辩论和协商。议员对经委员会表决后通过的议案进行辩论，提出提案的修正案，并再次进行审核，审核通过后，将交由首相进行确认。（4）首相签署。经首相审核并签署后的提案将成为法律。

情报法律的制定也同样经过上述程序。在进行情报立法前，首先由情报官员对国家当前的形势和情报工作主要任务进行调研和考察，并提出针对性意见和建议，形成报告提交给议会。英国《1994 年情报机构法》就是采取此种方式对其法律条文进行制定和修改的。在英国对其情报法律制定的过程中，重点结合了其国家实际的形势和情报工作的现实进行修改和制定，情报法律对英国的情报工作具有十分科学和重要的指导与规范作用。

2. 情报法律内容贴合国家实际

英国情报机构众多，业务十分细化，为了保证情报工作运转的高效和工作的正常开展，英国在进行情报立法的过程中紧贴工作实际，使情报法律成为一个开展情报工作真正实用的依据。无论是情报职权的设立、情报活动的权限审批还是情报活动的管理与协调均在情报法律中涉及。

为情报机构赋予法定权限。英国的情报活动主要由其各个情报机构进行具体的实施，因此，英国的情报法律主要针对情报机构的职权进行立法，这样就能具体指导英国情报工作实践，同时能够强有力地保障隐私权等公民的基本权利。

最能集中体现这一特点的法律是《1994 年情报机构法》，该法对英国各个情报机构的权力和任务有着具体的分工和明确，这使得英国各情报机构在一定程度上明确分工，有效地提高了工作效率。英国情报法律对其情报机构的人员招募与培训、职责分工、工作目标与工作方式等均有明确的规定。在《1994 年情报机构法》中，对英国情报机构的各项任务都有明确规定。由此可见，英国情报法律为情报机构职权赋予法定权限，保证情报工作能够有法可依，按规定执行。

为情报活动的权限审批提供法律依据。英国的《1994 年情报机构法》和《2000 年侦查权规制法》均对情报机构和各情报部门的情报活动审批权限进行了明确的规定。例如，在两部法律中均提到联合情报委员会，其职责是对英国各情报机构的情报活动进行审查，并将其审查结果直接报给首相进行审批与管理。此外，《2000 年侦查权规制法》中专门设立了保障公民隐私权利的审批机构，包括议会下辖的部门等，保证英国情报活动既能保证工作的完成也保护了公民的基本权利。

为情报活动的管理与协调提供依据。由于英国情报机构众多，为了保证各个机构能够分工明确，英国依法设立了管理协调和监督的委员会。如英国设立了由内阁秘书长和外交、国防、财政、贸易等主管情报的情报官员组成的情报管理委员会，以及由外交部代表、秘密情报局局长、国防情报局局长、保安局局长、政府通讯总部主任、情报评估室主任组成的进行各机构之间协调的联合情报委员会；还有海外经济情报委员会、信号情报委员会等专门性的情报委员会。另外，英国议会还有安全与情报委员会来对国外情报工作进行监督。我国未来在情报立法时可参照英国成立相应的委员会对情报工作进行审查①。

（二）英国情报法制建设不足

虽然英国的情报法制建设趋于成熟，并取得了各种卓越的成绩，但是在其实施过程中仍然存在各种各样的问题。比如，《1994 年情报机构法》规定了各机构的职责与分工，但英国是一个情报机构众多的国家，各个情报机构工作任务错综复杂，并涉及很多层面，情报机构之间的工作难免会有法律规定不到位的重叠之处，这就导致了情报机构之间相互推诿责任。不仅如此，各个情报机构的隶属领导部门不一样导致各情报机构难免会染上政治色彩，国家的政治格局会对情报机构的工作产生很大的影响，这也导致情报法律有时会发挥不了其指导情报工作的作用。因此，英国若想继续加强其情报法制建设，则应当从其机构间的协调管理以及隶属关系角度进行补充和加强。

二、对我国情报法制建设的启示

目前我国并没有一部成文的针对情报的法律（《国家情报法（草案）》于 2016 年 12 月提交全国人大常委会审议，正处于征求意见中），有关于情报的法律条文仅分散存在于各个法律之中，没有一部系统完整的情报法。2015 年通过的《中华人民共和国国家安全法》，只是根据国家的形势和任务对情报的方向和大致的政策进行了规定和说明，没有给出情报机关的具体程序和情报工作实施规范。因此，我国可以将英国的情报法制建设作为参考，制定并完善属于我们国家特有的情报法律，保障情报工作的正常开展。

（一）构建一个完整的情报法律体系

我国在当前急需一个完整的情报法律体系来保障各项情报工作的顺利开展，英国的情报法律体系中有很多值得中国在建设情报法律体系过程中借鉴的地方，一是对各个情报部门的管理法律建设，二是针对各项情报活动的法律建设。

1. 以《中华人民共和国国家安全法》为指导，构建我国情报法律体系

英国《1994 年情报机构法》是英国针对本国各个情报机构的一部相对比较完备的法律。它不仅规定了各个情报机构的工作目标、工作方式，还规定了各个情报机构如何相互协作，在共同开展情报活动过程中的职能分工也有着具体明确的规定。因此，我国也应根据国情借鉴英国《1994 年情报机构法》，以《中华人民共和国国家安全法》为基础，通过立法明确国家情报体制，各情报机构的职责分工以及各情报机构之间的配合、法律责任。我国虽然没有英国那么多的情报机构，但是相关的情报部门也已经成立，因此非常

① 张卫. 战后外国情报体制模式及共性. 江南社会学院学报，2000（1）：13－16，21.

有必要借鉴英国情报法制建设，明确各情报部门的职责和任务，使情报部门履职时有法可依。

2. 针对各项情报活动进行法律建设

英国在其进行情报法制建设的过程中，制定了一系列针对各项情报活动的法律，这使得各情报机构在进行相关情报活动的过程中可以有一个明确的参照，在保证工作效率提升的同时保障公民的基本权利。例如，英国先后出台了《1985年通讯监听法》、《1998年数据保护法》、《2000年侦查权规制法》、《2000年信息自由法》和《2006年反恐怖主义法》等，这些法律都对英国各项情报活动进行了法律规制，中国在构建情报法律体系的过程中，可以将对各情报部门的情报立法与情报活动的立法结合起来，使情报法律体系更加完善。

（二）结合国家的形势进行情报立法

英国在进行情报立法的过程中，首先由情报官员起草提案，再经过层层筛选，最终决定是否出台，由此不仅可以看出英国对于情报立法的重视程度，同时从其选择了解情报业务的情报官员起草提案也可以反映出英国在情报立法过程中对于国家实际面临的情报任务特别重视。因此，我国在对情报进行立法时，不仅要按照法定程序进行严格把关，同时还要提前调研我国面临的国内外形势，根据实际情况进行情报立法活动，从而做到有的放矢。此外，我国提出了“一带一路”倡议和总体国家安全观战略，这些倡议与国家战略对于情报工作又有了新的要求，因此，我国应结合国家的安全形势和面临的任务来制定有针对性的情报法律制度。

目前《国家情报法（草案）》以总体国家安全观为指导，明确提出了“国家情报”的概念，确立了国家总体情报目标和情报工作原则，同时还应在此基础上针对各情报部门进行情报立法。以英国《1994年情报机构法》为参考，明确各情报部门的职责分工与协作方式等。其次，我国应结合国家的情报任务，制定有针对性的情报法律，具体可参照英国的《2006年反恐怖主义法》、《1985年通讯监听法》和《调查权利规制法》等，从而使情报活动能够有法可依。最后，为了保护公民的基本权利，我国还应当针对情报监督进行立法，英国的《1998年数据保护法》和《2000年信息自由法》都集中体现了法律对公民隐私权的保护。

（三）实现情报工作顺利开展与公民权利保障的有机统一

情报部门在实施情报活动的过程中，极易侵害公民合法的权利，因此，在情报立法过程中，既要提升情报工作的工作效率，也要依法对情报工作进行有效监督以保障公民的合法权益。英国对于情报活动的监督机制包括行政监督、议会监督、司法监督和社会监督。由于我国与英国的政治体制不同，因此在进行情报监督体制的建设时，可以采用行政监督、司法监督和社会监督。在对情报立法时，应当针对情报活动设置监督条款，规范其情报活动的权力范围和权限，在此基础上，通过司法监督以法律的形式参照英国《调查权利规制法》等对具体的情报活动进行立法，保证专项情报活动的合法性。

第四章

加拿大情报法律制度

第一节　加拿大情报法制建设研究

一、加拿大情报立法

（一）加拿大情报立法溯源

加拿大情报立法较为滞后，由于其之前是属于英联邦国家，所以其情报立法无一不透露着英国元素。最初，加拿大只有《公务员保密法》等关乎情报的法律，这些并不能满足政府的要求。在二战期间，加拿大加快了情报立法制定的进程，以保证情报工作的顺利开展，从而维护加拿大的国家安全与稳定。

1. 加拿大情报立法的初创

加拿大政府效仿英国在1911年制定的《公务员保密法》制定了加拿大《公务员保密法》。而且英国在1920年对上述法律曾经作了修订，但加拿大因议会的顽固和保守却仍然沿用旧法。自1911年起的28年期间，加拿大政府从未对《公务员保密法》进行过修订。1939年，迫于各方压力，加拿大议会在原法的基础上对个别条款进行了修改，但其修改的程度却仍没有超出1920年英国修订的范围。

1969年加拿大议会在民主派势力的强烈要求下，终于对政府情报及行政文书的公开问题开始展开正面讨论。在这一年，皇家专门调查委员会公布了一份“关于安全保密问题”（Royal commission on security）的报告书。在这份报告书中，该调查委员会首次公开了加拿大政府对情报的秘密标准所作的规定。

1969年，被称为加拿大情报公开运动“知情权之父”的进步保守党议员杰莱尔特·鲍德温（Gerald Baldwin）向国会下院正式提出了一份草拟的情报公开法案。

2. 加拿大情报立法的发展

1971 年，加拿大政府又制定了政令规制法（Statutory Instruments Act）。该法进一步就除因涉及国家安全的理由而有部分情报不得公开以外，其余部分的情报在原则上均应予以公开的问题做出了规定。1973 年，鲍德温议员又一次向国会法令审查委员会（Standing Joint Committee on Regulations and Other Statutory Instruments）提交了关于制定《情报公开法》的议案。当时亦正值联邦政府制定了一系列有关旨在推动情报公开的政策和举措以后，首次开始考虑制定情报公开法的重要时机。1981 年，加拿大制定了“加拿大权利和自由宪章”，意在保护个人隐私。

加拿大《情报公开法》制定于 1982 年，该法在同年 7 月 7 日正式颁布实施。在当时世界上 187 个独立国家中，加拿大是赋予市民有对政府的情报具有知情权利的 12 个国家之一，并同时在法律上对知情权予以保障。随着《情报公开法》以及此后的《隐私法》（1983 年）的相继制定，使得加拿大成为世界上少数几个法律体系完备和完善的先进国家之一。综观加拿大《情报公开法》的制定历程，其实际上经历的是一个相当漫长的时期。在此之前，加拿大首先尝试在地方制定一些情报公开条例，如在新斯科舍（Nova Scotia，1977 年）、新布伦瑞克（New Brunswick，1978 年）、纽芬兰（New found land，1981 年）和魁北克（Quebec，1982 年）等。这样一种由地方先行立法，在取得经验后再逐渐推广并进而形成为国家法律的做法，则是源于英国的影响并与该国承继英国的传统不无关系。

此后《隐私法》（1983 年）的相继制定，亦使得加拿大成为世界上少数几个法律体系趋于完备和完善的先进国家之一。

经过三年的争论后，1984 年 7 月 16 日在安全局的授权下，加拿大制定了《加拿大安全情报法案》，是加拿大有史以来第一个在情报领域的授权立法，并且此法案给予加拿大安全情报局广泛的权力。该法案明确了安全情报局的性质、职责、组织结构等。

1993 年 8 月 1 日加拿大制定了 C－109 法案，此法案主要是针对电子监视。该法案为警察和执法人员的窃听、监视和其他侦察手段提供了基础，同时也对移动电话的窃听做了规定。新法案规定了警察必要时可以使用电子侦察手段，另一方面又保护了个人的隐私权。

3. 加拿大情报立法的完善

2001 年 9 月 11 日美国遭遇恐怖主义袭击，作为邻国，加拿大政府认识到了情报的重要性，对其情报立法开始转向以打击恐怖主义为目的的进程，进入情报立法的完善时期。

2001 年“9·11”恐怖事件发生不久，加拿大政府对 1939 年《公务员保密法》做出较大的修改，并将该法改名为《信息安全法》，作为新通过的《反恐怖主义法》的第二部分收录其中。新的《信息安全法》确认了“新形势与新威胁”，对于现在是或曾经是安全情报部门的雇员的人来说，他们对情报的保密义务及其相应的法律责任也有了更为清晰的规定。

2001 年 12 月 18 日，加拿大国会通过了“反恐怖主义法”，并于同年 12 月 24 日生效。该法分为七个部分，其中第二部分则是对 1939 年《官方保密法》的修改，并将其改名为《信息安全法》，这些都是依据《加拿大权利与自由宪章》来起草的。

2010 年 6 月 22 日，加拿大交通部部长向国会提交了“公共安全法案”，此法案属于反恐法的一部分。此法案是针对恐怖主义的新形式而制定的。

2011 年，加拿大国会通过了《加拿大移民和难民保护法》，该法建立了加拿大有关移民的目标和路线，致力于维护加拿大的社会稳定。此法涉及国家安全，与加拿大安全情报局一同起着举足轻重的作用。它取代了之前的 1976 年《加拿大移民法》，成为加拿大现行的移民法规。这部法律加强了加拿大打击试图通过移民或申请难民方式进入加拿大的恐怖分子。

2015 年 1 月 30 日，加拿大国会制定了新的《反恐怖主义法》。

（二）加拿大情报立法模式

加拿大由安全情报局提供立法基础，并授权进行立法。加拿大刑法和民法均以英国普通法和成文法为基础。加拿大的行政权实际上是控制在内阁总理和各省省长手中。“内阁制定并执行一切行政措施，负责政府各部的工作，拟订大部分的立法草案。”

1. 政府的立法提案权

政府有权向议会提出法案，这是加拿大行政机关在立法方面的主要职权。政府提出法案的基本程序是：先由主管部长向内阁提出政策建议报告，提交有关的议题委员会研究批准，经内阁确认或者修改后，由司法部按该政策建议的意图起草法案，然后提交立法和议会统筹委员会从法律角度加以审议，同意后提交内阁批准并由总理草签，最后向议会正式提出。加拿大政府（内阁）的立法提案权受到质疑。“内阁不仅在执行现行法律中行使行政权力方面对众议院负责而且在提出立法提案方面也起着关键作用。”加拿大内阁的权力在不断扩大，并且它在众议院中又往往能得到多数人的支持。

2. 行使授权立法权

和英联邦管辖的其他地区一样，在授权立法方面，议会可以授予普遍宽泛的立法权给行政机关，但是授权不得是永久性的，议会在理论上也能够撤销授权。在授权方式上，议会通常用制定法的形式向政府或者内阁授权，它们根据授权法的精神和性质进行立法。加拿大众议院将部分立法权授予内阁。因此，执法者在将法律用于具体情况时就可以采取自己认为可行的办法。在这种情况下制定的规定就是所谓的“授权立法”或“从属立法”。在20世纪90年代的后几年，加拿大的授权立法差不多每年要发布2000件（有6卷，2~3英寸厚）。加拿大1970年的《法令文件法》规定，议会可以监控授权立法。该法规定的一个共同委员可以对法规和其他法令文件进行监控。监控的标准包括：授权立法必须符合《加拿大宪法》；不得滥用被授予的立法权力；不得侵占所掌管的政府经费等。

加拿大的地方政府分为省级政府和市级政府，它们均设有议会，行使地方立法权。过去加拿大一些省议会曾经实行的是两院制，自从1968年魁北克省最后一个撤销其两院制议会后，各省的立法机关都改为一院制，成为一个由普选产生的议会。加拿大联邦和地方立法权限的划分基本上是采取传统的联邦制国家的划分方法，即划分联邦的专属立法权限、地方的立法权限、联邦和地方共有的立法权限以及剩余立法权的归属。加拿大地方议会（主要是省议会）享有较大的立法权，可以独自制定一定的法律。

（三）加拿大情报立法特点

1. 效仿英国

加拿大作为之前的英国殖民地，其在立法方面大多借鉴或者沿袭英国的特点，情报立法也不例外。除了魁北克民法基于法国拿破仑法典之外，加拿大刑法和民法均以英国普通法和成文法为基础。并且，加拿大是英联邦国家，建国后加拿大的行政立法体制在很长一段时期内都受到英国的影响。例如，在《情报公开法》的制定中，采取地方先行立法，在取得经验后再逐渐推广并进而形成为国家法律的做法，就是源于英国的影响。

2. 来自不同的法律传统

加拿大在法系分类中属于混合法系（Mixed legal system）。加拿大的法律体系展现出了英国和法国的法律传统，是由17、18世纪的殖民者带来的，这一特点突出表现在英国普通法传统的重要性以及魁北克的民法典。魁北克省的民法则属于大陆法系，是以法兰西制度为基础。

3. 公开化

加拿大颁布了《情报公开法》，使其成为世界范围内少数的赋予公民对政府的情报具有知情权，并同时在法律上制定有情报公开法的国家之一。

（四）加拿大情报立法原则

1．保护公民隐私和自由

加拿大情报立法的首要原则是保护公民的隐私和自由，各个有关情报方面的立法，都经过几次修改，其中涉及最多的就是保护公民的隐私和自由不受侵犯。例如在《加拿大安全情报法》中，就明确规定出：情报部门收集情报的措施和范围，不能随意侵害公民的隐私权。并且，在《情报公开法》中维护了公民的合法权利，使情报工作透明化，保障了公民的监督权力。

2．保卫国家安全原则

从情报立法的溯源可以看出，加拿大情报立法都是为了维护国家安全而制定的，尤其是在“9·11”恐怖事件之后，《反恐怖主义法》经过多次修正，以保护国家安全。同时，各种有关情报的法律中更是将维护国家安全作为主要内容，例如在《移民和难民保护法》中提到的，防止恐怖分子以移民或申请难民形式进入加拿大，以危害国家安全。并且尤为强调安全情报局的反恐职能。《加拿大安全情报法》规定，加拿大安全情报局的任务是“为政府提供威胁国家安全的情报”，“调查间谍或破坏活动、外国损害加拿大国家利益的活动、政治暴力、恐怖主义和破坏政府的颠覆性企图”，都充分表明了加拿大情报立法是为保卫国家安全服务。

（五）加拿大情报立法内容

加拿大情报立法的内容涉及各个方面，从情报工作的内容、职能部门到情报的监督机制都有所覆盖。

1．《加拿大安全情报法》

《加拿大安全情报法》规定了情报部门可以调查的活动类型，以及收集情报的方式和情报的保密原则，对危及加拿大安全、间谍破坏、政治暴力、恐怖主义活动及秘密活动等可以使用情报措施。

（1）情报收集和分析。《加拿大安全情报法》规定，加拿大安全情报局的工作人员将收集的可能威胁加拿大安全的情报信息汇总后以政府情报报告的方式提交给政府。对收集的这些情报可能的来源做了详解，例如公共渠道、外国政府部门、人力情报、技术拦截、期刊、发表的官方文件等。要求加拿大安全情报局将收集的情报通过分析研判，转化为可以保护加拿大政府及社会安全的力量。

（2）情报共享。《加拿大安全情报法》规定，情报应当及时共享，并且要积极寻求各个部门之间的合作。在国家层面，加拿大安全情报局应该加强与执法部门、政府机关和各级政府、公众等的合作和交流。在国际层面，应当与盟友就涉及国家安全的事项开展密切合作，保护国家安全，并积极从国外的机构获取情报。

同时，《加拿大安全情报法》规定，安全检查是加拿大安全情报局的一项主要职责，目的是保护国内安全与稳定，以及及时获得敏感信息，并且要求加拿大安全情报局提供安全评估，作为政法安全策略的一部分。加强与海外联络处的交流，着重检查具有安全隐患的人员。要积极通过网络筛选敏感信息、难民申请信息和游客信息。

2. 加拿大反恐提案 C－51

该提案的主要内容包括以下几个方面：

（1）制定加拿大安全信息共享法。授权政府有关部门交流有关国家安全的信息。交流信息针对破坏加拿大安全的活动，这些活动包括破坏加拿大主权安全、领土完整或者加拿大人民的生命及安全。

（2）制定安全空中旅行法。任何人涉嫌破坏交通安全，或者为了从事恐怖活动而乘坐飞机，运输危险物质，可以被列入禁飞名单。

（3）修正刑法。①降低逮捕或拘留的门槛。现行法律规定，嫌疑人“将要”进行恐怖主义活动，才能被逮捕。修正后，如果警察怀疑嫌疑人“可能”，即可以向法庭申请拘留嫌疑人。②执法人员（Peace Officer）如果有合理基础（Reasonable Ground）认为，拘留某人“可能”防止恐怖活动，可以逮捕那人，不需要逮捕证。③降低煽动恐怖活动罪的门槛，现行法律规定，出谋划策或直接鼓励某人进行特定的恐怖活动是非法。修正后，宣传鼓动恐怖主义就是犯罪，刑期最高5年。美化恐怖主义不是犯罪。④去除恐怖主义材料。法官有权力下令没收恐怖分子的宣传材料，命令互联网网站删掉这类材料。⑤增加拘留时间及刑期。⑥增强对证人的保护。

（4）修正加拿大安全情报法（Canadian Security Intelligence Service Act）。①授予加拿大安全情报局（Canadian Security Intelligence Service）权力，在加拿大国内外干扰恐怖嫌疑犯的活动。目前CSIS只有收集分析信息情报的权力。干扰包括：制止转钱，制止危险物质到达目的地，阻止嫌疑人的旅行计划。干扰嫌疑人通过电话、网络交流信息。可以进行反信息活动。如果干扰对象是加拿大公民或永久居民，干扰活动有可能侵犯其法律权利，需要法院授权。国外的非加拿大人，需要对情况作法律分析。“干扰”（disrupt），没有明确的法律定义。②CSIS必须随时通报公共安全及应急部长。③安全情报审查委员会（Security Intelligence Review Committee）将审查CSIS的表现。

（5）修正移民难民保护法。①授权法官可以豁免部长提供若干信息。

②法院过程可以保密。如果部长认为公开若干信息可能损害国家安全，或危及任何人的生命，可以申请或上诉，收回公开信息证据的要求。

二、加拿大情报执法

（一）加拿大情报执法简史

与加拿大情报立法相同，其情报执法工作也经历了一个长期发展的过程，使得情报执法工作不断完善。尤其是在美国“9·11”恐怖袭击之后，加拿大的情报部门也致力于对恐怖主义的打击。

1. 加拿大情报执法形成

二战结束后，加拿大有关人士就在争论是否应该建立一家类似于美国中央情报局、英国军情六处的情报机构，以强化加拿大的人力情报收集能力。但从 1945 年至今，仍未实现。皇家骑警队安全处是加拿大最初的情报部门，该处一直从事反情报、反颠覆工作，并负责国家内部安全。它同加拿大间谍处一同收集有关加拿大安全稳定的各种情报，以维护加拿大国家安全稳定。在 20 世纪 60 年代，美国与古巴断交后，加拿大驻古巴使馆成为美国对古巴情报的重要来源之一，也是加拿大开展情报工作的重要部门，在古巴导弹危机期间发挥了重要作用。

2. 加拿大情报执法完善

加拿大通信安全局成立于二战期间，直到“棱镜门”事件后才得到全世界的广泛关注，其主要是在通信方面获取有关加拿大安全方面的情报，例如监听私人通信、审阅邮件等。1984 年，加拿大安全情报局成立，它是从加拿大皇家骑警队分离出来的，专门负责情报工作。自 1991 年以来，加拿大安全情报局的工作主要集中在打击“恐怖主义、经济间谍活动”等方面。此外在其他领域也扮演了重要角色。自其成立以来，对加拿大公民进行了广泛的监控，收集了大量有关加拿大国家安全的情报。并且，加拿大为了强化对边境地区的管理，同时为了加强对非法人员进入加国的监控，2003 年，由加拿大海关、公民与移民事务部及食品检疫局等三个执法机构合并成立了加拿大边境服务局。其具有广泛的监控权，在进行服务以及执法过程中，加拿大边境服务局在边境线及海关出入口进行监控，以及时发现非法人员或恐怖分子进入加国。

加拿大政府通过成立安全情报局以及对个别情报部门的整合，使得情报执法不断完善，涉及加拿大的各个领域，并且部门之间的合作也逐渐加强。

3. 加拿大情报执法发展

“9·11”恐怖事件爆发后，加拿大作为美国的铁杆盟友，也卷入了美国发动的战争，此后不断加大情报部门资金投入，使该国情报界从规模到任务范围都迅速“膨胀”。报道称，“9·11”恐怖事件发生后仅一个月，加拿大皇家骑警便增加了5900万美元预算以打击恐怖主义；12月又获得了额外的5.76亿美元资金。国家安全情报局的预算则从1999财年至2000财年的1.79亿美元增加到2008财年至2009财年的4.3亿美元，到了2013财年至2014财年，这一数字已超过5亿美元。

在充足的资金支持下，加拿大各情报单位的规模得以迅速扩大。通信安全局的规模扩大了将近一倍，不得不从原址搬迁到情报局附近的一处设施，以容纳“膨胀的人员和技术装备”。加拿大国防部也扩大了规模，不断提高情报收集和评估能力，以广泛了解恐怖及激进组织的领导人、资源、计划和行动方式，获取支援军事行动的战术情报。

在情报收集范围方面，加国情报部门也进行了“扩张”。报道称，加拿大情报局和通信安全局在恐怖袭击发生后不久即得到“提高对外情报收集能力”的授权，将许多原本不在其情报收集范围之内的渠道纳入囊中。通信安全局奉命“监听进出加国通信信号以收集对外情报”；情报局则得到了更多、更频繁的海外行动授权。对此，该局前局长埃尔考克称：“在海外的秘密活动已成为我局不可分割的工作内容之一。招募海外情报人员并与他们在第三国接头、派遣本国情报人员赴海外秘密活动等，也已被纳入情报局的工作范围。”

加拿大情报界迅速膨胀的另一诱因是在阿富汗进行的反恐战争。为获取更多支援，加拿大国防部于2008年增设了一个专门收集阿富汗作战情报的人力情报部门；5年后，加拿大武装部队情报大队也得以成立，该大队将原先几个独立的情报部门置于同一司令部指挥之下，负责向国防部提供综合情报；与此同时，加拿大情报局也在阿富汗设立分支机构，通过审讯战俘等方式收集与国家安全相关的情报。

（二）加拿大情报执法机构

“9·11”恐怖事件爆发后，加拿大不断加大情报部门的资金投入，使得情报部门从规模到任务都迅速膨胀。

1. 加拿大安全情报局

加拿大安全情报局，总部设立于渥太华，于1984年成立，是加拿大的主要情报机构，主要是从事安全、情报、反间谍、反颠覆、反恐怖、电子监听、外线跟踪、窃听、情报人员的招募与派遣等工作的机构，隶属于加拿大公共安全部。加拿大安全情报局的主要任务是：负责收集对加拿大安全构成威胁的情报，侦察威胁国家安全的各种活动，并向政法有关部门提供安全评估报告。加拿大安全情报局有1名局长（由总督委员会任命），1名分管业务工作的局长和六名局长助理。6名局长助理分管6个处级单位工作：行动处（下设安全检查科、情报分析科、人力支援科、技术科、综合威胁评估中心）、情报处（下设国际恐怖主义科、亚洲/欧洲/美洲事务科、中东和非洲事务科、国际区域科）、人力资源处（下设人事科、卫生服务科、培训及发展科、职业管理科、内保科）、秘书处（下设秘书科、通信科、外部审查与联络科、内部审计科）、行政及财务处（下设财务科、物资管理科、设施管理科、信息管理科）、法律事务处。除上述部门，加拿大安全情报局还在国内的大西洋地区、魁北克地区、渥太华地区、多伦多地区、不列颠哥伦比亚地区设立地区办公室。加拿大安全情报局现共有各类工作人员2400人左右。

2. 加拿大皇家骑警

加拿大皇家骑警是负责收集国家安全的情报机构，加拿大皇家骑警负责执行国家安全任务，是一个关于平民安全与情报的工作机构。与美国联邦调查局建立有“已经请求便能共享情报”的紧密合作。随着“反恐法案”给出恐怖主义活动的明确定义，加拿大皇家骑警在起诉恐怖主义犯罪方面发挥了重要作用。

3. 加拿大国防部

加拿大国防部是加拿大军事系统的情报机构，其职能较为单一，主要是获取与军事有关的情报信息，但其获取的情报却颇为广泛，主要依赖于加拿大各情报部门的合作。

4. 加拿大通讯安全局

加拿大通讯安全局是加拿大最主要的信号情报收集单位，是加拿大情报体系的重要组成部分。加拿大通讯安全局在冷战期间曾凭借加拿大有利的地理位置负责拦截、分析并窃听苏联军用信号，美国、英国及其他北约成员国都是其情报用户。该局拥有多样化的情报收集手段，利用驻外使领馆收集所在国通信信号是最常用的方式之一，同时加拿大通讯安全局不仅重视与盟国情报部门的合作，还注重与国内情报系统的合作，正是这些合作，使得加拿大通讯安全局在加拿大情报体系中具有重要地位。

5. 加拿大情报委员会

加拿大情报委员会，是效仿英国建立的，该委员会强调通过高级情报工作领导人例会来审查和批准情报评估。但是参加该委员会的情报机构代表级别越来越小，以至于该委员会在情报系统中发挥的作用非常小。

6. 加拿大综合威胁评估中心

加拿大综合威胁评估中心，是依照英国的联合恐怖主义评估中心的形式而设立的，该中心给加拿大情报系统带来了使用“融合中心”这一模式的宝贵经验，盟国的情报系统在某些方面都在使用这种模式。该中心向加拿大警方提供源源不断的情报，利用联邦政府各个机构的反恐专业技能，为情报系统评估恐怖主义和激进主义做出了重要贡献。加拿大综合威胁评估中心是从盟友的情报融合中心获取情报产品。

7. 加拿大金融交易和报告分析中心

加拿大金融交易和报告分析中心，是加拿大财政情报机构，其工作内容是加拿大情报系统工作的一部分。

8. 加拿大枢密院办公室

加拿大枢密院办公室负责与加拿大安全情报有关的特别项目，下设安全情报秘书处和国际评估秘书处。国际评估秘书处是对国外情报进行深度研判的重要部门。

9. 加拿大国家安全顾问

加拿大国家安全顾问由国家总理任命，主要负责加拿大各个情报部门之间在安全与情报工作方面的合作，并对情报进行分析评估，向总理提供意见和建议。

因为没有专门的负责国外人工情报的机构，加拿大情报系统长期以来饱受批评和争议。

（三）加拿大情报执法流程

加拿大公共安全部部长对加拿大安全情报局和加拿大皇家骑警负责，并协调其工作。

根据加拿大安全情报局的工作情况，向情报委员会提供安全评估等资料。如果有足够的材料可以证明案件的刑事性，应移交给皇家骑警。并且，公共安全部部长可以在法律条件下对安全情报局的工作进行司法复审。安全情报局必须随时通报公共安全及应急部长，安全情报审查委员会将审查安全情报局的工作。

（四）加拿大情报执法队伍建设

情报执法队伍建设是保证情报部门高效运转的基础，加拿大情报部门十分重视队伍建设。

1. 严格的人才招募和培养制度

加拿大情报部门在招募情报工作人员时要经过严格的筛选和审查。在成为情报人员之前必须要成功通过初步的情报人员入职培训，对入职人员的必要技能尤为重视，如持有有效和永久的加拿大驾驶执照等。同时还要求其要有强大的口头和书面沟通能力、强大的人际关系和团队协作能力以及强大的分析和判断能力，只有这样才能保证更好地从事情报工作，以及更好地担任重要职务。还会对情报人员是否有不良记录、情报人员的语言能力等方面进行严格审查。

在日常工作中会采取定期培训和考核的方式，确保情报人员具备优秀的能力和素质。对情报人员的业务能力等方面进行考核，采取优胜劣汰的方法，对情报人员进行选择淘汰，以确保情报工作的高效开展。同时，加拿大的情报人员必须根据工作的需要随时进行岗位调整，并且会对其进行专业培训。

2．分工明确、各司其职

加拿大情报部门众多，主要有加拿大安全情报局、通讯安全局、国防情报局等，队伍十分壮大。这些部门之间有明确的分工，安全情报局主要负责从事反情报、反颠覆工作并负责国家内部安全；通讯安全局主要从事秘密情报信号的收集等。并且各部门之间注重协作发展，收集的情报会相互共享。

同时，加拿大情报部门对情报人员的职责进行明确的规定，确保情报人员各司其职，提高工作效率。其中，以安全情报局为例，加拿大安全情报局要求其下属情报人员要有明确分工，在情报收集、情报分析识别及信息技术操作和管理等方面，要求情报人员根据自己的专业特长及能力进行分工合作。

3．注重保密工作

加拿大情报立法明确规定情报人员的身份必须进行保密，而且对收集的情报进行专员管理。《加拿大安全情报法》中规定，对正在工作的情报人员身份必须进行保密，如果非法透露其身份信息，将会受到法律制裁。同时，需对收集的情报进行保密，要由专人进行保管，经安全部部长批准后才能查看。《国防法》规定，通讯安全局必须对收集的情报进行保密，由其局长任命专人保管情报，要将各类情报按照等级保管。并且要求其部门中的所有工作人员必须是公职人员。

（五）加拿大情报执法监督

加拿大的情报活动受加拿大法律制约和监督。在加拿大，公共安全情报局、通讯安全局和皇家骑警由不同的机构来负责监督。同时，加拿大联邦法院也可以对情报部门的行为进行审查。目前，加拿大还没有有效的机构将加拿大的安全和情报系统视为一个整体。加拿大上议院国家安全和防务委员会的管辖范围广泛，包括情报和安全，但是该委员会在各方面发挥的效力却不尽相同。加拿大没有可以持续监督情报系统的国会监督机制，并且官僚机构的监督是通过按部门划分的机制建立起来的。

加拿大公共安全情报局建立了一系列的问责机制，包括部长直接对议会负责，审批程序需要经过安全情报局主任批准。

为了保证《情报公开法》中各项措施得以实施，在议会内还特别设置了监察委员会以履行对该法正常运行的监督职责。监督委员会每年要向情报专门委员会提交该法实施状况的年度报告。

公共安全情报局的工作必须随时通报公共安全及应急部长。并且，安全情报审查委员会将审查公共安全情报局的工作。

第二节　加拿大情报法制建设评价及启示

一、加拿大情报法制建设评价

（一）加拿大情报法制建设优点

加拿大的情报法制建设较为健全，涉及领域广泛，其中包括《公务员保密法》《情报公开法》《隐私法》《加拿大安全情报法》《反恐怖主义法》《加拿大移民和难民保护法》《公共安全法》等相关法律，包含情报工作的各个领域。而且在“9·11”恐怖事件之后，根据反恐和保护国家安全稳定的实际需求，对相关法律进行修改，以适应当前加拿大社会发展的需要，并且加拿大政府加强了情报部门之间的连通，使得加拿大情报部门能够进行联动作业，这些对加拿大情报工作的开展和社会稳定起到了重要作用。

从《隐私法》中可以看出，加拿大的情报法制建设注重保护公民的隐私和自由，要求情报部门必须在法律框架内进行合法的情报收集，避免类似美国“斯诺登”事件的发生，不能忽视民众的合法权利，这也是加拿大情报部门所获取的情报信息得以利用的一个重要准则。并且，还涉及了情报的保密原则，设定保密权限，由专人对特殊情报进行管理。这些通过情报立法规定的相关措施，保证了情报工作的顺利开展。但是，在2010年的一项民意调查中显示，64%的加拿大公民认为保护公共安全比保障公民自由更加重要，而32%的公民认为应该更加重视保障公民的自由，致使加拿大的情报工作面临改革，以适应公民的要求。

《情报公开法》规定了相关的监督、制定标准，并且请求行政情报的公开、透明，而且设立情报专门委员会受理对情报公开感到不满或者不服者的投诉，保证了公民的知情权。这些都对加拿大的情报工作起到推动作用。自《情报公开法》制定和实施以来，对加拿大公民和社会产生了极其深远的影响。从情报专门委员会在该法实施三年后向政府提出的第一份报告书《公开和闭锁：知情权和隐私权的扩大》中即可看出，委员会对这一法律的实施给予了高度评价。比如报告书中认为，该法的实施加强了加拿大的民主化进程，它不仅保护了公民的知情权，而且也对削弱加拿大遗留的官僚政治和官僚作风起到了推动作用。《情报公开法》首先以“公开”为一般原则，辅之以“除外使用条款”为特例，这就很好地解决了长期以来希望解决而一直未能解决的两难问题，既保护涉及国家安全及个人隐私的秘密不被暴露，又使公民正当行使知情权得到切实保障。

《加拿大安全情报法》从立法角度规定了加拿大安全情报局的职能和任务，是加拿大有史以来第一个在情报领域的授权立法，并且经受了联邦法院和民众的考验，标志着加拿大的情报法制建设有了重要的改进。这部法案涉及情报工作的各个方面，从情报收集的方法和内容、安全情报局调查案件的领域和内容及职能分工等方面对情报工作做出详细的规定，使得安全情报局的工作效率极高，保证加拿大安全情报局在保护国内公共安全方面的工作和反恐工作的顺利开展，更好地为加拿大安全服务。

《加拿大移民和难民保护法》包含涉及国家安全的重要内容，为维护加拿大边境安全及社会稳定起到重要作用。它规定了永久居民或外国人不得入境的理由，包括从事间谍活动或者颠覆活动的人、具有煽动颠覆政权行为的人、从事恐怖主义活动的人、以暴力行为可能威胁加拿大公民安全的人等，这部法律加强了加拿大情报部门打击和防范恐怖主义活动的能力，有效地阻止了任何可能对加拿大社会安全或公民安全起到威胁的人入境。同时，也规定了难民申请的权限，这些内容对维护加拿大社会公共安全，尤其是在当今恐怖主义极其猖狂的形势下保证国内稳定方面都有极为重要的意义。

《反恐怖主义法》规定了确认、打击和防范恐怖主义的方法，为加拿大的情报部门开展反恐工作提供法律保障，并且明确了情报部门在反恐工作中的职能和地位。经过两次修改，使得其更加适应加国反恐形势的需要。《反恐怖主义法》的制定，为打击威胁加拿大安全与稳定的各个因素提供了理论支持，尤其是在保护公民安全方面做出了重要贡献，符合加拿大政府的执政理念，并为其盟国或其他国家提供立法支持和经验。

《公共安全法》有效地增强了加拿大政府在保护国家安全、维护社会稳定、为公民提供安全生活环境的能力，保证政府的职能部门有效地开展工作，提高了工作效率。并且要求政府相关职能部门加强对爆炸物和危险物品的管理力度，与《反恐怖主义法》一同构成维护加拿大公共安全的联邦立法框架，为情报部门开展工作提供了有力保障。

由以上法律可以看出，加拿大的情报立法是其情报工作实施和发展的法律基础，是保证情报工作得以顺利实施的法律依据。通过情报立法，使情报工作的各个方面都有章可循，并且充分保护了公民的权利和自由，受到加拿大公民的普遍认可。同时，为其他国家建设情报立法体制提供了借鉴意义。

（二）加拿大情报法制建设不足

加拿大情报法制建设不断完善，但其中也有弊端，情报部门作为政府部门的服务部门，其发展受加拿大政府影响较大。

1. 缺乏独立的情报立法

加拿大关于情报工作的法律十分复杂，缺乏一个能够覆盖整个情报界的立法。加拿大的法律中涉及情报工作的立法众多，其中《情报公开法》《隐私法》《反恐怖主义法》《加拿大安全情报法》等法律及相关法案中都涉及情报工作，但是分布相对分散而且不能很好地表现出情报特有的特点。缺乏一部仅针对情报工作的立法，在一定程度上不利于加拿大情报工作的发展。

2. 存在侵犯公民隐私的现象

在加拿大《隐私法》中，规定了情报部门必须注重保护公民的隐私和自由，不能忽视公民的合法权利。但是，安全情报局在维护国家安全稳定的前提下，经部门领导批准，可以采取涉及公民隐私的情报收集手段，其目的就是使得情报更好地为决策服务，这在一定程度上损害了公民的合法权益。而且，对相关的批准手续没有进行明确的规定。同时，相关情报立法中没有涉及侵犯公民隐私权后如何进行追责等问题。

3. 情报法制建设相对落后

随着加拿大经济的不断发展，其在全球的影响力也不断扩大，情报部门在维护加拿大安全与稳定方面的任务也变得越来越重。但是，情报法制建设相对滞后，不能很好地保证情报工作的有效开展。例如，加拿大合法访问法律没有跟上情报发展的步伐，使得犯罪分子和恐怖主义可以利用传统的访问方法以协助其进行非法活动，威胁加拿大公民的安全和社会的稳定。而且，由于加拿大在此方面法律的不健全，使得情报执法部门和国家安全机构往往需要研究和开发新的方法来获得合法访问，这一不足阻碍了调查严重犯罪或者威胁国家安全的非法行为。

二、对我国情报法制建设的启示

立法是法制建设之本。依法治国、依法办事，是我国宪法规定的一个根本原则。在我国全面走向社会主义法治建设的同时，情报法制建设显得尤为重要，只有通过加强情报法制建设，才能使得情报部门有效地开展工作。2017 年 6 月 27 日第十二届全国人民代表大会常务委员会第二十八次会议通过了《中华人民共和国情报法》。从我国社会主义国家的性质来看，国家的一切权力属于人民，人民可以依法通过各种途径和形式管理国家事务，人民也拥有一定的批评、建议等权利。尽管如此，我国还尚未对情报公开的立法问题做出明确规定，我国应当适当地借鉴和参考加拿大有关情报立法的经验，进一步提高我们在这一领域的认识水平，这对提高我国情报法制建设水平及维护我国的国家安全具有重要意义。

1. 构建以《中华人民共和国国家安全法》为基础框架的情报法律体系

当前，我国的国家安全体制不够健全，有关情报的相关法律较少，不能满足当前情报工作的需要，留有许多空白，因此需要加强情报立法，完善情报法制建设。例如，我国目前为止还没有一部真正意义上的情报法，只有《中华人民共和国反恐怖主义法》和《中华人民共和国国家安全法》中涉及一些有关情报工作的事宜。虽然《中华人民共和国国家安全法》是一部针对我国情报体系的相对系统、完整的首部立法，但是该法对于我国情报工作的规定只是框架性的，较为笼统。加拿大则不同，有关情报方面的立法涉及各个方面，能够保证加拿大情报部门有效地开展国内外情报工作，对维护国家安全，打击违法犯罪具有指导意义。为此，建议我国要贴合情报工作的实际，建立相对完善的情报立法体系，保证情报工作有法可依，保证情报工作顺利展开，满足当前工作的要求。例如，通过建立“情报专项法”，规范各情报部门之间的关系和职能，促进情报的交流协作，防止情报部门之间形成壁垒；规范情报部门在法律允许的范围内开展情报收集、研判等工作，不能侵害公民的合法权益，并且保证收集的犯罪情报可以有效地转化为刑事证据，填补情报立法方面的空白。

2. 通过立法促使情报工作由隐性向显性转化

加拿大的《情报公开法》使其成为世界上为数不多的将情报工作公开化的国家，不仅维护公民自由权，而且标志着加拿大情报工作上升到一个新的阶段，提高了加拿大情报工作的影响力。在我国，由于保密等各种原因，情报工作相对隐蔽，某种程度上弱化了人们的情报意识，不利于情报工作的开展。我国应借鉴国外情报立法经验，将情报工作法制化，摒弃以内部规定为依据开展情报工作的做法，使情报工作由隐性逐渐向显性转化。同时，建立“以公开为原则，以保密为例外”或者“以保密为原则，以公开为例外”的保密模式，促进情报工作的发展，提高民众的情报意识，维护国家安全利益，有效打击刑事犯罪。

3. 以立法形式加强对情报工作的监督

美国的“斯诺登”事件，对美国情报工作的开展甚至美国社会产生了严重的消极影响，暴露出情报工作可能会侵犯公民隐私权等弊端，加拿大的情报工作是在保证公民合法权利的基础上开展的。其通过立法，规范情报部门情报收集的范围和权限，明确规定禁止在情报收集过程中侵犯公民的隐私权，得到公民的广泛认同，而且为侦查活动提供了有效的证据。并且通过立法，设立情报委员会，加强对情报部门的监督。我国应借鉴加拿大的情报管理、监督模式，通过情报立法，设立相关监督、审查职能部门，对情报收集等工作做出明确规定，避免损害公民的合法权益，且定期对情报部门开展的各项工作进行审查。可以设立专门的审查委员会，对情报部门的工作进行监督，并提出相应的意见，以保证情报工作有效地开展。

4. 通过情报立法加强情报部门的职能

根据加拿大新的《反恐怖主义法》规定，加拿大安全情报局将可阻止可疑的金融交易、禁止可疑分子登机、没收武器或是侵入可疑分子的网络户头。该法案还将允许警方不需指控就可以把任何涉嫌卷入恐怖阴谋的人拘捕，拘捕时间可达7日，并授权加拿大的特工机构直接挫败袭击企图，极大地扩充了其职权，对打击恐怖主义起到了直接有效的作用。当前，我国情报部门开展工作时，由于部门繁多、领导体制不同，受到较多的局限，而且情报部门没有执法权，在侦查过程中负责收集、研判情报，最后还需移交给其他职能部门，在一定程度上阻断了工作的连续性，可能导致工作效率低等问题。近年来，恐怖分子猖獗，加之社会环境的复杂，如果情报部门在获取情报后不能迅速有效地制止犯罪行为的发生，那就会给民众带来极大威胁。为此，建议我国应当通过立法的形式明确并增强情报部门的职能，这不仅可以扩大情报部门的职能范围以便于更好地打击犯罪，而且可以加强我国的情报立法建设。一方面，通过情报立法明确情报部门的职能，使情报部门工作不再“迷茫”，提高工作效率。另一方面，通过情报立法扩大情报部门的职能范围，使其不仅成为侦查情报的主力军，在办案、执法尤其是直接处置方面更应该发挥其重要作用。情报部门在掌握第一手情报后，可以立即进行行动，并有权对侵犯我国社会安全稳定的各种因素采取措施，这不仅有利于打击恐怖主义，对维护社会安定和谐也发挥着至关重要的作用。

5. 通过立法明确不同情报机构之间的制度化协作

2014 年，加拿大安全情报局与加拿大边境服务局达成合作协议，该“秘密协议”使得两个机构之间可以互相分享情报、资源、人力以及采取共同的行动，甚至在未来可以不经过主管的内阁部长事先审批，就可以进行进一步的合作。在这一协议下，两部门的合作可以不需要公安部部长的批准。加拿大安全情报局一向被允许与其他部门，甚至国际同类组织建立合作协议，不同以往的做法，此协议打破了制定协议都要经过公安部部长的明确批准这一惯例。当前，情报部门之间的交流协作已经成为打击犯罪、维护国家安全稳定的一个重要因素。尽管《中华人民共和国国家情报法》第 4 条、第 5 条规定了国家情报工作坚持“分工负责与协作配合相结合的原则”，“国家安全机关和公安机关情报机构、军队情报机构（以下统称国家情报工作机构）按照职责分工，相互配合，做好情报工作、开展情报行动。”但是，上述规定过于原则，无法满足不同情报机构之间制度化协作的需要。

情报工作的特质之一是“隐蔽性”。“隐蔽”使得各个情报机构之间以及本情报机构内部各单位之间保持必要的“距离”。甚至在某些情况下，互不通气、互相隔绝已成常态。即便有情报合作的需要，也多或以重大任务为牵引，或以专项行动为载体，尚未形成常态化、规范化、体系化的制度模式。我国现行法律未明确各个情报机构之间的纵向和横向关系，“条条块块”存在诸多弊病。由此，理念上应有改观：不能因为保密的需要，阻断情报功能的发挥。事实上，情报功能是动态存在的，只有在情报传递和交流合作以及决策支持时才能发挥功用。那么，情报机构之间的合作是必然的。即便在合作中出现泄密的情形，也是发挥情报功能所不可避免的副作用。况且，即便泄密，也可以充分运用“反情报”的战略战术，完成泄密中的保密。不能因噎废食，静态地保证情报的绝对安全。遵循这一逻辑，我国应立法规定不同情报部门的情报权限以及相互之间的交流合作制度。尤其是通过立法确定军事情报安全部门、经济安全情报机构、社会安全情报机构等之间必要的协调机制、沟通机制、汇报机制以及保障机制等，并为各个机制配置相应的权力和对应的责任，以使情报效用最大化。比如，在情报判断上有可能出现军事安全部门和国家安全部门不一致的情形。如何协调沟通，避免效率低下，立法必须为之安排相应的规则，以确保正确或相对正确的情报判断传递至国家安全决策层面。情报机构的多寡并不代表国家安全情报能力的强弱。松散的、相对多的“多头马车式”的情报机构要劣于集中高效的、相对少的情报机构。国家安全面广事多，不得不涉及微观领域的情报分工，情报机构必然是多分支的。那么，就需要通过制度化的途径实现它们之间的有机合作、有力配合、有效工作。《中华人民共和国国家情报法》是确立不同情报机构权限等级和科层架设的刚性需要，它是避免分制度化的、不稳定的非常设机制之反作用的必然选择。对此，该法总责部分作出了“各情报机构应分工配合”的原则性规定。但是，该法并没有设定相应的责任条款，使得该法刚性不足。事实上，各情报机构往往出于保密需要或部门利益，不会轻易地共享情报。为此，立法应该解决这一问题。如果各情报机构没有做好分工配合工作，必须承担相应的法律责任。只有这样，才能最大程度形成情报合力，服务于国家战略布局和利益维护。为此，建议在《中华人民共和国国家情报法》第四章“法律责任”部分，设定各个情报机构的职责权限，并明确相应的法律责任，确定各个情报机构在特定重大事项上不配合、不交流、不协同或者工作不力所要承担的法律责任。

第五章

日本情报法律制度

第一节　日本情报法制建设研究

一、日本情报立法

（一）日本情报立法溯源

1. 二战前的日本情报立法

日本在明治维新改革之前，没有情报方面的立法。改革之后，有关情报的法律开始被设立。19世纪70年代起，由于日本打开国门，实施对外开放，为控制逐渐加大的军事机密泄露和间谍渗透的危险，1871年日本政府制定了《海陆军刑法》，该法第70条在日本历史上首次规定了军事泄密罪，但适用范围仅限于军事人员。1899年，日本又制定了专门的《军机保护法》，不仅将泄密罪的适用对象扩大到全体日本国民，还规定了间谍罪。这两部法律虽然只针对军事情报，但是却创造性地提出了“泄密”“间谍犯罪”的概念，在一定程度上起到了情报保护的作用，并从侧面“宣告”了情报工作的重要性，为后来的情报立法发展奠定了基础。随着时代发展，间谍活动往往不再单纯具有军事意味，而是与各国内部的反政府运动相关联。从19世纪70年代起，日本发生了自由民权运动。该运动的积极分子通过递交请愿书、建议书向明治政府提出开设议会、减免地租、修改不平等条约及保障言论与集会自由等一系列要求，一些地方甚至发展为暴动。为镇压自由民权运动，1900年，日本政府颁布实施《治安警察法》。该法设立的目的在于取缔禁止一种否定日本旧有国体（天皇制）或私有财产制的运动。同时，该法的主要针对对象为集会、结社、公众运动等集体活动，并对这些活动进行了严格的限制。例如该法规定，进行关于政治的结社、集会、示威等活动，必须提出申请，军人、警察、神职官员、僧侣、学校教师、学生、女子、未成年人不得加入政治团体。同时，该法给予了警察进行情报工作的权限。警察有权以安宁秩序为理由限制、禁止、解散政治集会，内务大臣有权禁止结社、禁止讨论、宣讲预审中的事项、禁止煽动犯罪或者救护犯罪人，警察可以监视集会、禁止秘密结社，对于关于加入工会、参加争议行为、进行团体交涉的相关的暴行、胁迫或者公然诽谤，以及诱惑、煽动行为，通过严刑予以禁止。特高课作为《治安警察法》的执行者，被赋予了宽泛的询问、调查权，在日本共产主义活动高潮时期产生了很强的抑制作用。随后，为了限制1917年俄国“十月革命”后开始蔓延滋长的共产主义思潮，日本当局废除了《治安警察法》，制定颁布了《治安维持法》，以此法对日本共产党、部分激进的社会主义民主主义者、自由主义知识分子、部分宗教团体等进行残酷镇压。《治安警察法》和《治安维持法》属军国主义法令，甚至具有超宪法的效力，日本人民丧失了最起码的基本人权，就更谈不上任何民主权利了。该法放宽了情报部门的工作权限，规定过于模糊，加之又没有设定相关的限制法律，在当时的背景下，特高课的权力迅速膨胀，人权在没有节制的法律框架下变得微不足道。随着《治安维持法》的颁布及其不断地扩大适用，昭和政府为强化军国主义的统治，1936年颁布了《思想犯保护观察法》，所谓的保护观察即为监视、调查。该法明确了保护观察的对象、手段、程序、期限等内容，通过这一系列法律的制定，日本当局将国民的一举一动都置于监控之下。

二战期间，各国为收集战争情报，掌握战争主动权，纷纷培养并向对象国派出大量的间谍，日本为加强自身的反间谍工作，制定并完善了一系列相关法律。1937年制定《改正军机保护法》、1939年制定《军用资源秘密保护法》、1941年制定《国防保安法》，通过这些法律的设定，日本当局进一步明确并扩大了秘密保护的内容，完善了保密制度，加大了对泄密人员的惩罚力度。由于二战这一特殊时期，日本举全国之力服务于战争，情报法律的设立也都是专门服务于战争，针对性强，因此除了上述法律外，日本在其他方面的情报立法并无更多建树。

2. 日本二战后情报立法的重建

(1) 情报立法的形成与发展。二战后，日本作为战败国接受国际制裁，所有的法律都被废止，所有的情报组织也被全部解散。在这种背景下，日本的战后改革在美国的主导下开始进行，法律从这时开始进入重建阶段。

在刚刚结束二战后的一段时间里，日本国内治安混乱，社会矛盾尖锐，犯罪活动猖獗，尤其是毒品犯罪、枪械犯罪异常突出。并且这类犯罪呈现出组织化、隐蔽化等特点。为有效打击犯罪行为，侦查机关在侦查实践中使用了卧底侦查的方式以对抗这类犯罪。为了更好地使用卧底侦查这一手段，日本于1948年制定颁布了《麻药药品法》，该法第53条明确规定："麻醉药品管理官，在侦缉与麻醉药品有关的犯罪过程中，经厚生大臣许可，可不受本法规定之限，从任何人那里接受麻醉药品。"后来，1954年4月，日本颁布的《鸦片法》第45条以及1958年3月颁布的《不法枪炮刀剑类取缔法》第27条之三也对侦缉不法鸦片、武器交易时卧底侦查的运用，做出了大致类似的规定，从而确定了卧底侦查在侦缉毒品犯罪、不法武器交易等隐蔽且无被害人犯罪中的合法地位。

除此之外，日本情报执法部门也都设立了相应的部门法律。例如，1954年制定、2004年修订的《警察法》和1948年制定的《警察官职务执行法》，并分别于2004年、2006年进行了修订，这两部法律是日本警察执法的主要依据，明确了警察机构各部门的职责和权限，以及部门之间的隶属和工作方式等，并对执法措施的选择进行了规范。该法在第一章就规定了公安委员会的任务，其中包括收集有关犯罪的情报，并进行整理和分析，可提供给相关部门。警察官在面对现行犯时，可以当场对其进行逮捕。《警察法》第2条第1款规定，警察的责任在于保护个人生命、身体及财产、预防犯罪、镇压及搜查、逮捕嫌犯、控制交通与负责维持其他公共安全及秩序。该条内容即为警察进行情报收集的依据。此外，为防止破坏，维护国家安全，日本于1952年制定《破坏活动防止法》，法务省公安调查厅依据该法而被建立，该法明确规定了公安调查厅的主要任务、流程、权限等内容，是公安调查厅执行职权的主要法律依据。依据该法第30条，公安调查厅调查官仅能行使任意调查权，并无行使搜查、逮捕等权力。该部门的主要任务是对各种团体进行情报收集。

（2）情报立法的完善。冷战结束之后，世界格局发生变化，日本的国内形势也变得复杂，随着其政治、经济形势的需要，情报工作也开始发生转变。

2000年，为加大情报收集能力，扩大情报收集范围，打击违法犯罪，技术侦察作为情报重要的收集手段急需法律上的认可，日本正式实施《关于犯罪侦查中监听通信的法律》（通称《通信监听法》，1999年8月12日由日本国会通过）。该法赋予了侦查部门监听权。法律规定监听对象为组织犯罪、药物或枪械犯罪等四项，并明确了监听的实施流程。《通信监听法》第3条规定，检察官或者司法警察员认为有充分理由足以怀疑将实行犯罪的通信时，依法官签订的令状对与犯罪相关联的通信进行监听。该法的实施，为情报部门的监听提供了法律依据，为其情报收集行为提供了一个保护层，并触发了日本当局对《刑事诉讼法》的修改，使得监听得到了《刑事诉讼法》层面的许可，同时在第222条第2项中规定，如果有必要，可以对相关人员进行监听。另外《刑事诉讼法》对司法警察的搜查、逮捕、通信信息截取等工作手段的权限、流程进行了规定。在此基础上，日本政府不断推进《通信监听法》的修改，进一步扩大窃听范围至人身伤害、诈骗等一般犯罪的侦查。

2006年12月，在1997年日美两国签订《新日美防卫合作方针》（该法明确指出了两国可以在情报方面进行合作，但双方并未明确情报交换机制）的基础上，日美两国政府签署“地理空间情报合作官方文件”，意味着两国的情报合作开始向制度化方向发展。根据文件规定，日美双方就所掌握的各国地理信息的详细数据进行交换。2007年，两国签署《军事情报保密协定》，继续深化两国的情报合作。2013年，时任美国国防部长哈格尔与日本防卫大臣小野寺五典会晤后宣布成立一个情报侦察工作组，深化日美两国在情报、监控与侦察方面的合作。

2013年11月，为提升首相官邸主导安全保障政策的权力，构建情报、战略一体化的安全保障机制，结合内阁府与国家安全保障局以强化情报侦察能力，日本众议院通过了《国家安全保障会议设置法》法案。根据法案，设立“国家安全保障会议”，该会议是在借鉴美国国家安全委员会的基础上产生的，职能与其相当，对日本国家安全事务统筹管理，包括情报工作，这部法律的诞生使国安会成为日本的国家情报中枢。同时与“国家安全保障会议”法案进一步绑定的还有《特定秘密保护法案》，通过制定《特定秘密保护法案》，可以轻易地将安倍晋三所主导的“国家安全保障会议”所制定的安全保障政策定为机密情报。假若没有《特定秘密保护法案》的通过，设立“国家安全保障会议”的目的与成效，便将大打折扣。随着《特定秘密保护法案》的颁布，日本国家安全保障会议所制定的政策都有可能化身变成特定机密情报，国会将无法对其进行实质审议，日本国民对于国家的安保政策方针，也将会逐渐丧失知情权。

（二）日本情报立法模式

日本法律的现代化以欧洲法律体系为基础。在明治时代初期，欧洲法系特别是德国与法国的民法，是日本法律体系的模板。然而在二战后，日本法律体系经历了一次司法改革，对保障人权的最重要的宪法性质的法律和刑事诉讼法依照美国模式进行了大规模修改。可以说，日本法律体系是大陆法系和英美法系的混合体。日本国会是日本最高权力机构与立法机构，现今依《日本国宪法》而设置，由众议院与参议院构成。另外，在日本，宪法允许国会对其内阁进行授权立法，经过授权，内阁有权制定政令，政令原则上是为了实施法律规定，只能以必要的细则规定为其内容。除此之外，日本法律的制定还有“地方特例”，宪法赋予地方较大的自治权，自治单位可以在法律法定范围内行使条例制定权，意味着它们在法律的范围内拥有某种立法权，这是对宪法规定的国会是国家唯一立法机关的例外。

在上述法律背景下，日本采取综合立法的模式进行情报立法。日本没有一部像美国《1947 年国家安全法》那样专门的情报法律来规范统一全国的情报工作，日本的情报法律全部体现在综合性的法律当中。首先，在日本的《刑事诉讼法》中体现了相关情报法律内容，不管是在哪一个国家，刑事诉讼法都是该国执法的主要法律依据，任何有关情报执法的法律制定都应该遵从该国刑事诉讼法的法律原则，不可与其相违背。日本《刑事诉讼法》虽没有系统地谈及情报工作，但是该法对搜查、逮捕、通信信息截取等工作手段的权限、流程进行了规定。其中第 100 条规定，裁判认为有必要，可以对被告人的邮件、信件等进行扣押。第 197 条规定，检察官或者司法警察官认为必要时，可以通过运营商对嫌疑人的电话通信信息进行提取。除此之外，该法还规定，“如果有必要，可以对相关人员进行监听”，尽管只是笼统地许以认可，有隐蔽法的嫌疑，但却给了情报部门更大的监听权限，使其在监听的使用上有所依据，也为之后监听法的制定奠定了基础。其次，在有关设立情报机构、划分情报机构职能的法律中，对相关机构情报工作进行了规定。情报部门根据这类法律赋予的权力和方法进行情报执法。如针对警察部门的《警察法》《警察官职务执行法》，针对公安调查厅的《团体规制法》等，这类法律只适用于特定的情报部门，或者说，某部门是根据特定的法律而成立。法律当中对部门的性质、任务、职权、执法程序等进行明确的规定，其中包括部门的情报工作。例如，《警察法》在第一章就规定了公安委员会的任务，其中包括收集有关犯罪的情报，并进行整理和分析，可提供给相关部门；《团体规制法》是公安调查厅执行职权的主要法律依据。法律赋予了该部门调查权，该部门的主要任务是对各种团体进行情报收集。另外，日本制定的有关情报方法的法律，也是对情报立法的一种丰富，以《通信监听法》《特定秘密保护法案》为代表。这里的情报方法主要指获取情报的方式、手段，包括监听、卧底侦查、情报保密等。随着社会形势、执法环境的变化，情报执法方式也不断变化。犯罪的组织化、智能化使得监听、卧底侦查等手段越来越重要，相关的法律建设也成为当务之急。在这种环境下，专门规定监听、卧底侦查的法律应运而生，对某一情报方法的适用范围、使用主体、适用对象、程序等进行细致、明确的规定，规范情报部门在收集情报时对这类情报方法的使用。

（三）日本情报立法特点

1. 日本情报立法服务于国家政治

日本是一个由保守党长期执政的国家，保守派军国主义思想较为顽固，行为较为激进。由在野党（保守派）实施的代表国家意志的政治主张与其对立党派、众多民众和民间团体的思想相违背。在这种背景下，日本的情报立法多服务于国家政治，甚至可以说，日本当局通过情报立法来实现其政治目的。

日本通过情报立法来赋予相关情报部门一定的权力，扩大情报范围、增设情报手段、简化情报流程等，以此来扩大政府的权力运行空间，控制情报对象，掌控其活动。自二战结束之后，由于美国等西方国家对日本的现实需求，开始逐渐放松了对日本的监管，甚至默许其国家武装力量的增长。1952年，当局为了镇压国内共产党组织，日本实施《破坏活动防止法》，该法赋予公安调查厅调查共产党等团体的权力，并可依法进行处分决定。企图利用这个法案作为将来宣布日本共产党为非法和镇压一切和平民主运动的根据，是日本政权在美国指挥下进一步实施独裁统治的具体表现。

其后，由于日本保守派自民党长时间掌权，日本逐渐摆脱美国的控制，努力实现“普通国家化”。近些年，日本军国主义思想逐渐抬头。2014 年，主要用于国防、外交、防止间谍行为及反恐四个领域的《特定秘密保护法案》正式启动实施。从表面上看，该法加大了对泄密等行为的打击力度，实质上是安倍当局为扩大首相府的权力运作空间而服务的。该法赋予了日本政府界定秘密的权限，可将政府的一些敏感信息界定为“特定秘密”，因而不需公开，在该法的保护下，政府工作在“黑箱”中运行，这使得安倍政府更加肆无忌惮地进行其军国主义战略，无视民意。日本民众指责该法损害国民知情权等权益，日本记者会议抗议安倍当局此举旨在“堵住国民的双眼、耳朵和嘴巴，剥夺言论自由”。

2. 日本情报立法针对性较强

日本是在二战后的废墟上建立起来的国家，情报法律的建设可以说是从零开始，除了一些基本法（如宪法、刑事诉讼法等），日本情报法律的设立，多是由于情报工作所面临的形势需要而制定的。也正是如此，日本情报法律是在某些事件的触发下，经过当局的反思与讨论而后再制定。因此，具有针对性强的特点。例如，日本在战后的四五十年代，社会治安混乱，毒品贩卖、武器贩卖等犯罪呈上升之势，且犯罪活动多是由庞大的犯罪组织共同实施，犯罪手段极为高明，用传统的侦破方式很难对其进行侦破，无法根除犯罪团伙。针对这种情况，日本随即制定了《麻药药品法》《鸦片法》《不法枪炮刀剑类取缔法》，针对以上犯罪，赋予相关部门进行卧底侦查的权力。到了90年代，日本高科技犯罪层出不穷，特别是随着互联网的发展，利用网络犯罪的事件不断增多。1999年5月，爱知县警察署逮捕一名诈骗犯，就是利用互联网布告栏发布名牌钓鱼竿的假消息，从而骗取了许多钓鱼爱好者的钱款。除网上诈骗案之外，日本销售违法商品的网站也为数不少，其中最具代表性的是毒品、麻药以及各种黄色录像带等网站。还有许多犯罪团伙利用手机移动方便、不易监听的特点作为他们互相联系的工具，给警方追查案件增添了难度。正是在此背景下，日本国会通过了《通信监听法》，以加强对高科技犯罪的调查，同时对犯罪分子也有威慑作用。另外，由于日本的失泄密事件频发，给日本的情报工作带来不可估量的损失，2013年，开始实施《特定秘密保护法》，加大对情报秘密的保护力度。

3. 日本情报立法体系较为完整，涉及面广

二战之后，日本主张情报立国，日本政府相继制定了许多有关情报工作的法律法规，目前已经形成了较为完整的法律体系。在完整的情报法律体系框架下，情报制度得到进一步完善，情报工作流程更加顺畅，情报交流与合作进一步发展。日本情报立法包括众多的法律内容：（1）国家基本法，其中包括《刑法》《刑事诉讼法》等。（2）设立情报机构、划分情报机构职能的立法，包括《警察法》《警察官职务执行法》《团体规制法》《关于规制实施无差别大量杀人行为的团体的法律》等。（3）有关秘密侦查的法律，如以《麻药药品法》为代表的对卧底侦查进行规定的法律。（4）有关技术侦察的法律，如《通信监听法》。（5）针对情报保密的法律，如《特定秘密保护法案》。除了制定颁布的法律之外，在日本情报工作发展的过程中，还发表了许多政策文件和研究报告，如《强化内阁首相官邸情报机能的方针》《日本情报体制改革路线图》。虽然这类文件没有法律效力，但是在一定程度上也促进了日本情报工作的完善，并为之后的法律制定提供支持。

日本情报立法涉及面广，从情报工作主体来讲，涉及有军事情报、政府情报还有民间情报；从情报工作范围来讲，涉及国内情报、国际情报，包括日本与其他国家签订的情报合作条约；从情报方法上讲，涉及技术侦察、卧底侦查等情报立法。全面的情报立法，为日本情报工作的开展提供了良好的法律支撑。

（四）日本情报立法原则

1. 攻防兼备的原则

日本在情报立法的过程中始终坚持攻防兼备的原则。既要赋予情报部门足够的权力，又要防止其权力的滥用；既要准确、全面地收集对方的情报，

又要防止对手用同样的手段对付自己。为实现情报的攻防兼备，日本的情报立法十分重视以下两方面的内容：

（1）保证权利与权力相协调。情报机关是一把“双刃剑”，权力太小，难以发挥应有功效，情报工作难以完成；权力太大，又易大权独揽，权力滥用。在情报工作过程中，很容易触及公众的权力，包括隐私权、知情权等。可以说，在一定程度上，情报工作的开展不利于保障公民的宪法权利和基本人权，还可能会导致权力的滥用，甚至会出现侵犯公民权利和基本人权的现象。相反，如果一味地追求人权保障，势必会影响情报机构的权力发挥。因此，日本在情报法律的设定中，最大限度地兼顾情报部门的权力与情报对象的权利，在情报工作的顺利开展与保障人权不受到侵犯这两者间取得平衡，即在不侵犯人权的情况下开展情报工作。日本在情报立法过程中，既赋予情报机构相应的权力，又对其权力的使用进行规范和约束。例如1999年通过的《通信监听法》，该法对监听相关问题进行了明确的规定。根据该法，警察机关可以在特定情况下对犯罪嫌疑人的电话、传真和电子邮件等一切通信进行监听或拦截。监听作为一种特殊的技术侦察手段，在获取情报方面起到很好的作用。但是监听手段极易侵犯《日本国宪法》中赋予民众的隐私权、通信自由权等。为避免有侵犯个人隐私之嫌，《通信监听法》中做了许多具体的规定。包括限定监听对象，只能对有组织犯罪嫌疑人进行监听；严格控制流程，事先必须由法官签署命令后由警方执行；监听时必须有通信机构的工作人员在场作证；对监听内容全部笔录；监听只能进行10天，最多不超过一个月，等等。这样既保证了情报工作的开展，也最大限度地防止侵权现象的发生。

（2）情报与反情报并重。“情报”与“反情报”是一组对向概念，情报工作是正确决策和行动的依据，要求必须用高明的手段、超前的思维来获得准确、可靠的资料。反情报内涵丰富，包含识别、抓获对方人员与间谍、阻止背叛、联络盟友、防御颠覆和恐怖袭击等内容。同时，反情报工作又给情报工作提供安全保障，防止信息情报的泄露。日本自二战后，始终把情报立法放在十分重要的位置上，根据形势的变化制定相应的情报法律，也不断地总结情报工作的缺点、漏洞所在，及时通过立法来完善情报工作。情报部门以合法、灰色甚至不合法的手段收集情报对象的情报，甚至在对方内部安排“第五纵队”，实施破坏活动或扶持代理人，又要防止情报对象用同样手段对付自己，包括间谍行为、犯罪团伙的反侦查等。近些年，日本通过设立情报法律，丰富了情报部门的收集手段，细化了技术侦察、卧底侦查等侦查措施，明确了各部门的分工与合作；在反情报工作方面，日本当局始终没有掉以轻心，在防止间谍、情报保密等方面一直在加强建设，并逐步通过法律的制定来形成成熟、固定的反情报制度以及通过法律成立反间谍机构。例如，日本的《警察法》在规定警察职权，赋予其情报职能的同时，还规定设置警察厅警备局、东京警视厅公安部、东京警视厅警备局三个治安反间谍机构，并对其反情报职能进行明确规定。除此之外，为了遏制频发的泄密事件，增强情报保护力度，日本还制定了《特定秘密保护法案》，完善保密制度，扩大保密范围，增强政府对秘密的设定权限，为反情报工作提供支持。尽管在日本的发展过程中，出现了许多间谍事件、失泄密事件，使得日本一度被称为“间谍的天堂”。但是也正因为如此，日本对反情报立法的重视程度有增无减，并不断通过立法加强对反情报工作的建设。日本始终没有轻视对情报保密、间谍防止等方面的立法。从 1899 年《军机保护法》到 2014 年的《特定秘密保护法案》，其间日本出台了多部防护法律，来保证国家情报安全。日本始终在根据国家的形势调整情报安全政策，并迅速反映到法律文件当中，以法律的形式来予以固定。

2. 政治性原则

日本的情报立法坚持政治性原则。日本情报立法以政治为导向，更多地是将情报视为治国的常用工具。政治因素既是情报立法的原因，也是情报立法的目的。日本不同于其他国家，是一个有着法西斯历史，军国主义思想根深蒂固的国家。二战之后，军国主义势力被严重打压，国内政治势力分为保守派和改革派。保守派是日本军国主义的忠实拥护者，思想激进，主张建设军事强国，有对外扩张的思想趋势，而改革派则与其恰恰相反。但是，随着保守派自由党和民主党的合并，保守派开始了长达半个世纪之久的掌权，在此期间，其军国主义思想快速膨胀，一切决定以政治为先，一切活动都要为政治让路。在这种环境下，日本的情报立法也深受其影响。在日本，立法权掌握在多数党自民党手中，立法带有很强的政治性。从战后开始，由于以美国为首的西方国家的纵容甚至是暗中支持，加之国内保守派势力的不断扩张，日本政府逐渐开始集权，反映在情报立法方面就是当局通过逐渐加强情报部门的权力，挤压民众的权利，通过这种方式加强政府的集权，缩小民众舆论的影响力。例如 1951 年设立的《团体规制法》，被称为是《治安维持法》的翻版，为打击执政党的政敌日本共产党团体而服务。又如 2014 年制定的《特定秘密保护法案》，赋予日本政府指定特定秘密的权力，使得日本政府在隐匿外交和军事信息方面为所欲为，开启了日本通往“秘密国家”和“军事国家”的道路。

二、日本情报执法

（一）日本情报执法简史

“明治维新”之前，日本的情报活动主要服务于国内激烈的政治斗争。活动的方式大多是统治者派遣情报人员执行破坏、暗杀、收集等任务，完全是为了满足统治者的个人需求，这一时期的情报活动更是没有法律支撑，而是凭借统治者的许可来开展活动。明治维新之后，日本国家体制发生变革，情报系统进入现代化时代，日本情报执法活动也从这时开始，日本当局根据国内外形势的需要不断设立并完善有关情报的法律，在监听监视、卧底侦查、搜查、逮捕等情报获取手段方面予以法律层面的规定，为情报执法提供依据。

20 世纪初期，“明治维新”之后，由于税制改革等方面的原因，日本统治阶级与农民等被统治阶级之间产生了直接的矛盾，并逐步激化。同时，在世界范围内蓬勃发展的共产主义运动也给明治政府的国内统治带来了压力。为了维护天皇权威，明治政府很快就走上了对内实施高压、对外进行侵略的军国主义道路。[①] 因此，一向重视情报的日本民族给了情报一个快速发展的“好机会”。日本通过制定法律赋予情报部门权力，通过情报执法对社会民众进行全面的控制，掌握民众的思想。这期间，警察部门是日本维护国内稳定的重要武装力量，因此，警察部门也成为日本的主要情报执法力量。1900 年 4 月，日本颁布了明治后期镇压劳动大众的代表性治安立法《治安警察法》，该法规定：警察可以监视集会禁止秘密结社。1936 年颁布了《思想犯保护观察法》，该法赋予了警察监视的权力。该法第 1 条规定，对于被诉以《治安维持法》规定的犯罪，被处以起诉犹豫、执行犹豫或者刑满出狱者，以“保护、观察”的名义，将之作为思想犯置于警察的监视之下。第 2 条规定，在保护观察期间，为了保护本人，保证其不再犯罪，必须对其思想、言行进行观察。第 4 条规定，对于被保护观察者，可以限制其居住、交友、通信，或者命令其遵守其他适当的条件。第 5 条规定，保护观察的期限为 2 年，如果有继续观察必要，可以根据保护观察审查会的决议，进行更新。而且，应该指出的是，第 5 条并没有规定进行更新的次数限制，如此，政府其实就可以借保护观察为名，对具有危险思想者进行无限制的强行羁押。[②] 二战之后，日本各项建设逐渐恢复，情报执法活动也日趋完善。情报部门的执法手段越来越丰富，卧底侦查、监听等情报手段开始为执法部门所应用。

---

① 周振杰. 日本近代刑法与刑法思想史研究. 刑法论丛，2011（3）.

② 王良鹏，周振杰. 日本二十世纪初的治安立法与治安体制研究. 刑法丛论，2014（2）.

由于受到战争的影响，日本社会在战后初期非常不稳定，社会矛盾尖锐，犯罪活动频发，毒品犯罪尤其泛滥，为了打击毒品犯罪，日本在20世纪五六十年代先后颁布了日本《麻药药品法》《鸦片法》《不法枪炮刀剑类取谛法》，三部法律分别赋予侦查机关在侦缉不法鸦片、武器交易犯罪中使用卧底侦查的合法性。鉴于隐蔽且无被害人犯罪的难以侦破，日本警方在实务中也广泛使用“线人侦查”这一手段。虽然“线人”在侦办案件过程中，不可避免地参与犯罪，被告人往往就是因“线人”诱惑而走上犯罪道路，但是从日本司法界的判决来看，只要“线人”不是使用犯意诱发型的诱惑手段，而仅仅是为被告人提供一个犯罪机会的话，那么对“线人”不仅不追究其刑事责任，反而表现出巨大的宽容和忍耐。[①] 随后，日本经济高速发展、科技不断更新，日本的高科技犯罪活动持续增加，传统的侦查手段难以获取打击犯罪所需情报，为加强对高科技犯罪的调查，震慑犯罪分子，日本当局开始着手准备将“监听”纳入法律当中，使得情报部门有关监听的执法发生转变。

1999年日本国会通过了《通信监听法》。该法所遵循的原则为：（1）重罪原则，即监听手段只适用于重大犯罪案件。该法将日本监听手段的范围限定在重罪侦查范围之内正是基于这样一种认识，即对付犯罪的手段必须同犯罪的严重程度以及涉及的宪法利益相适应。该法规定侦查机关只有在侦查该法附表明确列举的四类对象犯罪以及法定的与之相关的犯罪时才可以使用监听手段。（2）必要性原则，即在重罪侦查过程中只有出于必要才能使用监听手段。即便在侦查重大犯罪案件过程中，侦查机关也只有在使用传统的侦查手段不能或难以取得实效，或者对案件侦办人员而言存在极大风险的情况下，才可以使用监听手段。（3）特定原则，即针对特定对象使用特定监听手段应当限定在特定期间内。这里的特定是指：一是对象要特定，即监听手段只能针对特定犯罪行为中的特定犯罪嫌疑人。二是监听手段要特定，即要明确针对特定对象采用的是何种监听方式，要明确监听的是有线通信、电子通信还是口头对话。三是监听期限要特定，即侦查机关使用监听手段的期限应当严格限定。（4）书面许可原则，即只有获得了法官签发的监听令才能使用监听手段。书面许可原则包含着两层意思：一是侦查机关使用监听手段必须事先获得法官的批准。法官在审批时要全面考察侦查机关使用监听手段是否符合法定要件以及使用的必要性等。将监听手段的审批权赋予法官，体现着法官对侦查机关使用监听手段的一种事先审查和干预。二是必须严格依照监听令载明的内容使用监听手段。

---

① 张保平，尹承军. 边防案件秘密侦察理论与实践. 群众出版社.

《通信监听法》在具体规定中基本上明确了监听令的法定内容，通常包括监听手段的适用对象、地点、持续的期限、使用的根据等。由于监听活动的敏感性，其很容易侵犯监听对象的权利，因此，该法在监听的适用范围、审批程序、监听期限、对监听内容的使用和管理等方面进行了细致的规定。（1）监听手段的适用范围。该法对监听手段的适用罪行范围的规定独具特色，以众多条文对适用范围进行具体规定，内容翔实，逻辑严密。首先，从概念上确定了可以监听的通信和不得监听的通信。其次，通过附表，列举出了可以实施监听的四类对象犯罪，即毒品犯罪、涉枪犯罪、有组织杀人罪、集团非法越境罪，同时要满足“足以怀疑此犯罪是由数人共谋”这一条件。另外，规定了三类能够监听的非对象犯罪，主要指对象犯罪的预备犯、牵连犯等。最后，规定了三类可以对非监听令载明的通信实施监听的例外情形，主要指为判断某通讯是否属于应该监听的通讯的情形。（2）监听的审批程序。有权提出监听申请的为检察官、司法警察员、厚生大臣指定的麻药监督官及海上保安厅长官指定的海上保安官。有权批准申请并签发监听令的是地方法院的法官。监听令应当注明法定事项，主要包括被监听人的姓名、事件要点、应受监听的通信、监听的具体方法和场所等。该法在具体规定中突出强调了批准监听的实质要件。该法规定收到申请的法官如认为符合以下四项实质要件，即可签发监听令：一是认为足以怀疑法定可以监听的犯罪对象将进行通信；二是该通信的内容与上述规定之犯罪的实行、准备或隐灭证据等事后措施有关；三是对被怀疑人使用的或者足以怀疑被行为人用于与实施犯罪有关的通信，依据电话号码或其他方法能够加以确定；四是采取其他方法确定特定行为人、查明案件事实真相有显著困难的。（3）监听期限。该法规定，法官在签发监听令时，一次最长只能授权监听 10 天。根据检察官或司法警察员的请求，地方法院的法官认为必要时，可以延长 10 天以内的期限，累计可以监听的期限不得超过 30 天。（4）监听获取通信内容的使用与管理该法的有关规定。该法将监听过程中获取的通信内容以及形成的证据材料区分为原始记录、监听记录和书面记录三种情况，分别规定了不同的使用与管理办法。一是关于原始记录。该法规定，实施监听时应以录音或其他适当的方法将监听到的通信全部记录于媒体（此即为原始记录）。监听中断或终止时，见证人应当迅速对原始记录加封印，并不迟延地提交给法官。自提交之日起，原始记录至少应当保管 5 年。除该法明文规定的情形外，任何人不得听取、阅览或复制原始记录。该法同时以较长的篇幅一一列举了可以听取、阅览或复制原始记录的情形。二是关于监听记录。每次中断或结束监听后，检察官或司法警察应当迅速将监听到的通信内容制作成在刑事程序中使用的记录（即监听记录)。制作监听记录的过程如下：在见证人对原始记录加封印前复制原始记录，删除原始记录中依法应予监听的通信及该法明确可以记录内容以外的其他内容。在诉讼过程中，通信当事人可以听取、阅览或复制监听记录中的有关内容。三是关于书面记录。该法规定，监听结束后，检察官或司法警察员应当将记载法定事项的书面材料（即书面记录）不迟延地提交给法官。该法同时列举了书面记录应当记载的法定事项，主要包括监听开始、中断、结束的具体时间，见证人的姓名、职业及陈述的意见，通信当事人的姓名或其他特定当事人的事项，等等。①

（二）日本情报执法机构

1. 日本情报执法机构的建立

1954年7月，日本当局根据《防卫厅设置法》，成立国防会议。1956年颁布《日本国防会议构成》等相关法律，内阁达成了在首相官邸支持下设立国防会议与相关事务局的共识。1957年，日本当局准备修订《内阁法》等议案，欲在国防会议下组建执行机构直属事务局，以扩展其职能范围。国防会议作为内阁审议国防方针、军备计划等重要事宜的机关，是日本最早通过国家安全保障的高层机制。但是因为国防会议职责不明，权限相对弱化，缺乏对危机事态的管理应对功能，情报能力也未得到相应的重视，难以适应日本政客的高位诉求，而被1986年根据《国家安全保障会议设置法》成立的“安全保障会议”所取代，成为日本国家安全保障机制的中心。日本国会于1999年和2003年先后两次通过对《国家安全保障会议设置法》的修正案，在此期间，安全保障会议在政治地位、审议事项和人员构成等方面都得到较大提升或改变，由9名官僚组成的内阁级会议作为商讨国家重要防务事宜的主要组织形式，跃升为有关国家安全问题的最高审议机关。尽管内阁会议才是日本安保事项的决策机构，但因安全保障会议在成员上与其有着高度重合性，故而凡经安全保障会议审议后提交内阁的方案，几乎被原样采纳。可见，安全保障会议也扮演着影子决策机构的角色。但由于其横跨部门较多，却没有强有力的能起到核心统筹作用的组织架构，面对棘手突发事件常常表现出效率低下、决策延迟，从而备受诟病，改革刻不容缓。2013年6月，日本政府通过了关于新设“国家安全保障会议”的相关法案，提交国会后，先后在众议院和参议院顺利投票通过。至此，日本国家安全保障体制机制发生蜕变——国安会以“司令塔”的角色，发挥其在处理日本国防、外务、情报、危机过程中的中枢作用。国安会主席由首相担任，总理会务，确定议事事项，其下

① 谢芳. 世界主要法治国家监听法综述. 山东警察学院学报，2006（1）.

设由首相、外务大臣、内阁官房长官、防卫大臣组成的四大臣会议并定期进行会晤，商定日本中长期的国家安全保障战略、外交安保问题基本方向，如有需要，四大臣会议将召开吸纳财务大臣、总务大臣、国土交通大臣、通商产业大臣、国家公安委员长等内阁要人参加的九大臣会议，对国防基本方针、防卫大纲、武力攻击等国防相关重要事项进行审议。为克服上述大臣会议固定审议模式的僵化，强化对重大紧急事态的变通以及迅速应对需要高级别政治判断的事项，国安会同时增设一种新审议形式——紧急事务大臣会议，出于更具针对性处理事态的考虑，其与会成员并无定数，随事态不同可以调整，首相根据情势裁量定夺。

日本国安会的运作规则深受其内部结构设计的影响，《国家安全保障会议设置法》对国安会的业务职能范围和日常运作给予了明确的说明。国安会采取闭门会议的形式，磋商内容对外不详细公开，外界不得而知，更谈不上第三方监督。

国安会之后，国家安全保障局于2014年成立，并作为国安会事务性机构开始运转。它以首相官邸为中心，负责谋划、起草、协调涉及日本外交、安保与内政问题的基本方针和关键事项，整合归拢相关情报信息材料供国家安全保障会议使用，具体承担四项基本职能：一是负责制定中长期国家安全战略；二是及时处理危机管理工作，第一时间应对重大事件和大规模灾害；三是统筹管理各省厅部门（外务省、防卫省、警察厅等）汇总的情报并给予对策咨询；四是主管与相关国家的日常性协作事务。国家安全保障局大大强化了首相官邸的指挥功能，被视为国安会的执行核心。在权力分配和部门设置上，各个部门在任务分工上有所不同，其中“情报信息部门”的工作重心放在对政府部门在国内外收集到的涉日外交与防卫领域的相关信息上，进行整体管理和分析研判，以期在发生战事或不测事态时，保证将汇总信息迅速提供给国安会作应对处置的参考。国家安全保障局内阁危机管理监和情报机构也将存在密切联系，在情报信息上实现共享。[①]《国家安全保障会议设置法》奠定了国安会的框架基础，并确定了情报信息汇报机制，即为协助国安会达成决策，各相关成员机构的首脑有义务向国安会提供与国家安全有关的素材与信息。反之，国安会可以要求各成员机构首脑提交相关材料。在工作方式方面，发派情报联络官（局长级干事）到各个主要省厅，在举行国安会部长级会议的同时，定期召开干事会议，以综合各部门独立收集的情报信息，由国家安全保障局向上与首相官邸串联，打破以往日本层层领导式的官僚行政

① 李志鹏，张若龙. 日本国家安全保障会议探析. 江南社会学院学报，2015（6）.

体制和决策机制的局限，消除派系主义文化，打破情报壁垒，打造联动机制合作平台，配合以内阁官房长官为议长的副部级内阁情报会议与以官房副长官为组长的局长级联合情报会议体制，起到为首相日常化、制度化供给情报的作用，拱卫以首相为圆心的四人权力圈成为日本内外政策无可争辩的风向标①。

2. 日本情报执法机构的组成

在国安会这一国家安全机构的框架下，日本在政府、军队以及民间还设有很多情报机构，这些情报组织构成了日本的国家情报系统，为领导决策提供必要的依据。这其中有执法权限的情报机构有以下几个：

（1）内阁情报调查室。内阁情报调查室是日本最高的情报机构，简称“内调”，成立于1952年，被称为日本的“中央情报局”。内调直属内阁官房，受官房长官直接指挥和监督。内调是日本主要情报机构中唯一一个每周向首相直接汇报情报的责任机关。内调的主要任务是收集和综合国内外的政治、经济、文化和治安情报，然后加以分析、整理，并将重要情报向内阁长官汇报。如有重大情报，内阁长官直接向首相汇报。日本防卫省情报系统、警察情报系统及外务省情报系统都将获得的情报汇总到内阁情报调查室，再由它将各种情报综合以后，供日本内阁作为决策的依据。为了综合各情报系统收集到的情报，日本政府规定，以内阁情报调查室为中心，每周召开一次联合情报会议，即内阁情报会议。②

内阁情报资料的来源多为国内外的公开资料、其他情报机构的成果或受委托民间团体提供的情报。③

内阁情报调查室不具备逮捕和强制搜查的权力。另外，内调虽有着协调全国情报的重任，但这方面职能表现不明显，可以说是其软肋，尽管内调的情报分析是以外务省、警察厅、防卫省收集的情报为基础，但是这些机构往往出于保护自身利益的目的，在情报上有所保留，情报封锁情况严重。对于一些重要的情报，他们常常直接上报给首相，这使得内调的协调职能大打折扣，导致日本情报机构互相屏蔽，各自为政，情报交流不充足。只是各自开展各自的情报工作，没有综合分析和提高。

其次，由于受委托的机构大都以公开身份进行情报工作，他们游走于

---

① 薛澜，彭龙，陶鹏. 国家安全委员会制度的国际比较及其对我国的启示.［2015－01－15］. 人民网—理论频道.

② 肖传国. 冷战后日本情报体制改革探析. 日本学刊，2012（4）.

③ “委托调查”是日本情报收集的一大特色，体现了情报方面的官民结合，日本几乎动员了社会各行各业的国民从事情报收集、整理甚至分析工作，具有极强的全民性和平民性。

“合法”的边缘，所以权限不足，触角受限。再者情报工作对保密的要求极高，委托机构虽然有“爱国忠诚”的传统，但这种传统不具有法律约束力，一旦思想出现问题，就会导致泄密事件的发生。因此，借助“委托调查”还是很难进行高级情报的布建工作。

（2）法务省公安调查厅。公安调查厅成立于 1952 年 7 月 21 日，其表面上是根据《破坏活动防止法》，以调查应受到限制的某些群体的名义成立的，实质上却是法务省下属的一个地地道道的反间谍侦查机构，被誉为日本“联邦调查局”。

公安调查厅的权限为：对列为破坏性团体进行调查；对破坏性团体的处分请求交由公安审查委员会审议决定；对所掌握的相关事务进行统计、调查并颁布施行。依据《破坏活动防止法》第 30 条，公安调查厅调查官仅能行使任意调查权，并无行使搜查、逮捕的司法权，所以必须会同司法警察进行搜查、逮捕。[①]

一旦公安调查厅根据调查结果认为某些团体具有主张暴力等破坏活动的危险性，便会请求公安审查委员会对该团体活动进行限制或采取行动加以取缔。1999 年 12 月 27 日，日本国会又通过了《关于规制实施无差别大量杀人行为的团体的法律》，该法案的主要执行机构同样是公安调查厅。公安调查厅的外勤工作多为情报、资料的收集。他会随时将调查获得的有关“无差别大量杀人行为的团体”的情报提供给相关机构作为参考，并与警察厅、都道府县警察进行情报交换。此外，公安调查厅还于每年年终就国际形势及国内安全动向发表有关报告。

公安调查厅的情报工作方式多数情况下是采取布建的方式，很少采取打入方式，即一般不派出该厅工作人员直接潜入被调查团体进行情报收集工作。该厅主要使用拉出的方式：首先选择合适的发展对象，对他进行基础性调查；其次通过接触建立联系，说服其为公安调查厅进行情报工作，在此基础上以该对象为核心，由他进一步发展新的人员，布建情报网络；最后由公安调查厅监督管理整个情报网络的运营情况。

公安调查厅在组织上与警察厅类似，都包含中央机关和地方部门，但是也存在明显的区别，公安调查厅成立的目的是为保卫国家宪法制度提供反侦查保障。在工作对象方面，该厅的对象是以违宪方式来实现自己目的的极端主义组织、政治急进党和运动。在工作手段方面，该厅工作人员是利用日本驻外代表机构和其他手段开展工作的。

---

① 梁文婕. 日本式“图书馆自由”精神的体现. 图书馆界，2011（1）.

（3）警察厅公安警察。公安警察是指警察厅和都道府县警察的俗称。更精确地说，公安警察是警备警察的一部分。其职责主要是对国际恐怖主义、国内暴力团体、日本共产党、社会活动等进行监视和情报收集。警察厅警备部是公安警察的最高领导机构，下设警视厅公安部、各都道府县警察本部警备部、所辖警察署警备课。

日本警察组织分为国家警察机关和都道府县警察机关。日本首府于 1954 年 7 月设置了国家公安委员会，然后在国家公安委员会的管理下（制定大纲方针，履行监督职能），设立警察厅。日本警察厅是全国警察系统的最高领导机构，警察厅长官直接对首相负责。在警察厅本部长官、次长之下，设立有长官官房、生活安全局、刑事局、交通局、警备局、情报通信局 6 个部门，并在全国设置 7 个管区警察局，管理各个都道府县警察机构的活动，都道府县的警察机构，有作为管理机构的都道府县公安委员会和作为实施机构的都道府县警察。[①]

日本警察组织法的基本原则是，保证个人人权和维护公共安全。同时，日本的警察也负有反间谍工作的责任。日本警察系统设有三个主要治安反间谍机构，分别是警察厅警备局、东京警视厅公安部、东京警视厅警备部。

日本警察厅警备局是日本警备警察的最高权力机构，隶属于国家安全委员会，拥有一个由 2 万名警备警察组成的治安情报网络。该局拥有强行搜查和逮捕权，在维护公安秩序的同时，也作为主要的反间谍机构开展工作。该局主要负责对政府、政党要人的警卫和重大集会的警备；对本国一些政治团体进行情报和侦防工作；收集国内外反间谍和保安方面的情报；监视、侦破在日本的外国人的违法行为等。

警视厅特指管辖日本东京都治安的警察本部。因为东京是首都，因此警视厅除了保护东京都市民之外，也有保卫国家的责任。其他地区的警察本部只接受警察厅的间接监视，唯有警视厅是直接受警察厅监督，本部长为警视总监。警视厅下设 9 个部：总务部、警务部、交通部、警备部、地域部、公安部、刑事部、生活安全部以及组织犯罪对策部。其中公安部是警视厅的重要部门，它的主要任务是对共产党、极左派、极右派、工会、文化团体以及在日本的外国人进行侦查和监视。

日本警察系统三个治安反间谍机构主要通过窃听、监视、盯梢的方法收集情报。目前警察厅警备局和警视厅公安部已经认识到，上述三种收集情报的方法存在严重问题，长时间的盯梢容易放松警惕，往往会在跟踪的关键时

---

① 龚驷所．国外警察管理体制概述．公安研究，2002（1）．

刻被人甩掉。为解决这一问题，警察系统的几个治安反间谍机构也开始采用公安调查厅采取的“内线”的做法。从事这类工作的大多是警备警察中的中坚力量或内线工作专职人员。

公安警察的执法行动过程，基本游离在法律之外，比如1999年针对日共干部住宅的监听就引起了非常大的争议，并最终闹上法庭。公安警察带有秘密警察的性质，本质上和盖世太保差别不大。在搜查阶段会进行电话窃听和密拍密录，因此以侵害人权被起诉的情况经常发生。直到1999年《通信监听法》制定之前，这些搜查方法都处在一个暧昧的位置。①

（三）日本情报执法监督

日本对政府情报活动的监督机制并不完善，要了解政府情报活动有无侵犯公民的权利与自由，国会监督政府情报活动机制是不可欠缺的一环。但是日本国会并没有设置情报委员会，来监督情报组织机构执法活动。日本情报执法监督主要包括检察官的监督以及情报部门内部的监督。1947年日本制定了《监察厅法》，赋予了检察官对情报侦察的监督权，对情报活动进行审查。

而对于情报执法机构的内部监督，主要是上级对下级的纵向监督，以警察厅为例：

1．国家公安委员会的监督

根据《内阁政府设置法》以及《警察法》，日本设立国家公安委员会，属内阁府，由国务大臣担任委员长，另与其他5名委员构成。该委员会的任务是维护警察部门的运营来保证国家安全、警察培训、警察通信、情报技术的解析、犯罪鉴定等。② 委员会不对个别的案件进行指挥监督，因此，对具体的事件，不能进行指示命令、搜查等行为。但是，该部门对警察事务有监督的职责，如果警察事务的执行违反法令，或者违反国家安全委员会制定的大纲方针，就可以针对具体的情况，来指示下一步的工作，甚至制定具体的措施。另外，如果国家公安委员会认为确实有必要，可以对个别案件进行跟进，能够对警察厅进行领导和调查。警察厅有向国家公安委员会汇报工作的职责，如果国家安全委员会有任何报告要求，警察厅应尽快上报。

2．警察厅的监督

警察厅是全国警察系统的最高领导机关，类似于我国的公安部，负责日本公共安全与警察的运营，职掌日本警察装备、犯罪认定、犯罪统计等事务

① 梁陶．日本情报组织解密．时事出版社，2012．

② 赵旭辉．日本警察管理体制及其事权划分之启示．北京警察学院学报，2015（2）．

指挥，对各都道府县警察机关进行指挥和监督。[①] 警察厅长官直接对首相负责。

3．都道府县公安委员会的监督

都道府县警察设立公安委员会，该公安委员会有权对地方警察进行管理和监督。警察事务的开展需要该委员会的许可，并对其负责。[②]

第二节　日本情报法制建设评价及启示

一、日本情报法制建设的优点

（一）立法体系完整，内容丰富

自二战之后，日本经过多年的发展，在情报法制建设方面取得了很好的成绩，形成了比较完善的情报法律制度，法律内容涵盖面广，体系完整。

日本的情报法律体系比较完备。一方面，日本会通过众多的法律对某一情报法律进行支撑，丰富其有关内容，保证其有效运转。日本设立了《国家安全保障会议设置法》，依据该法，日本设立了国安会，为完善该机构的机构设置、人事安排和议事规则，除《国家安全保障会议设置法》外，还有许多配套法律来作为支撑，为国安会的设立运作、内容规则、维护保障等确立起基本的遵循。包括《应对武力攻击保障国家独立及国家安全的法案》《周边事态及保障国家和平安全措施的相关法律》《自卫队法》《内阁法》《国家公务员法》《特别职位公务员相关法律》等，严密的法律体系给予了国安会强大的支撑，使得刚刚建立的机构运转流畅、有法可依，未留下任何的诟病。另一方面，日本法律体系的完备体现在其法律结构上，日本从国家层面到各情报机构层面都有相关的情报立法。在国家层面，《国家安全保障会议设置法》从国家安全角度出发，对整个日本的安全系统（包括情报系统）进行了组织与梳理，使得日本形成了以该法为中心的情报法律体系。

日本的情报法律内容丰富。日本情报法律包含众多方面的内容，经过多年的发展，日本情报法律覆盖方方面面，包括技术侦察、卧底侦查、情报保密等内容都进行相关的立法，通过立法对这些内容进行了细致的规定，明确情报部门的权限，对技术侦察、卧底侦查的实施范围、流程等予以限定，丰富的情报法律内容在一定程度上消除了法律盲点，最大限度地减少了模糊性

① 陆强．公安机关事权与支出责任划分改革探索．中国财政，2015（5）．

② 马亚雄编．英日警察条块结合管理体制中的权限划分．公安研究，2002（11）．

法律内容以防止情报部门权力的滥用，同时有力保证了情报工作的顺利实施。

（二）紧跟形势进行情报立法

日本情报法律的一大特点就是能够根据国内外的形势进行自我审视，并及时立法以顺应形势所需。

日本情报法制建设紧跟形势首先表现在立法方面。日本自二战后经历了恢复期、发展期，在不同的时期，其所面临的国际国内环境不同，这对情报工作提出了不同的要求。在这种环境下，日本当局能够快速反应，迅速进行相关情报立法，完善当局的情报工作，以便应对国内外形势的变化。在情报立法的恢复期，即二战后初期，由于日本社会体制混乱，毒品、枪支犯罪频发，为了有效遏制犯罪活动的扩散，日本先后制定了《麻药药品法》、《鸦片法》和《不法枪炮刀剑类取缔法》，这些法律赋予了侦查部门进行卧底侦查的权力，扩大了情报部门的权限，由于卧底侦查得到了法律层面的“肯定”，侦查部门在侦办案件的过程中广泛使用卧底侦查这一情报手段，使得破案率大大上升，并在一定程度上遏制了犯罪活动的继续蔓延，控制犯罪率的增加。之后，随着日本经济的发展、科技的进步，高科技犯罪问题越发凸显，为了弥补传统侦查手段的不足，日本开始把监听立法提上议程，并于1999年颁布了《通信监听法》。自此，监听这一情报手段得以应用，情报部门通过监听能够快速准确地收集情报，锁定犯罪嫌疑人，有效打击高科技犯罪活动。

另外，日本情报法制建设紧跟形势还表现在能够及时对法律进行修改。一部成熟的法律都要经过漫长的发展过程，需要在实践当中不断地对其进行检验，并修改完善其中缺乏或需要改良的地方。日本当局始终奉行这一原则，随着日本的国内外形势的变化查找情报法律的不足之处，并及时对其进行修改，通过修正案、实施细则等形式对法律进行完善。1999年，日本颁布了《通信监听法》，但是由于《日本国宪法》中规定，民众的通信自由权不受侵犯，因此日本民众对通信监听权产生了强烈的质疑。在这种形势下，日本随即对《刑事诉讼法》进行了修改，在第222条中规定：如果有必要，可以实施监听这一手段。因此，监听得到了《刑事诉讼法》层面的肯定，大大增强了监听的合法性，为情报执法提供法律依据。

二、日本情报法制建设的不足

（一）情报保密法律制度不健全

日本在战前由于战争的需要制定了《军机保护法》和《国防保安法》，以此来维护军事机密、防止间谍及保护情报不被泄露。并由军国体制下的宪兵及特高警察等情报组织强制执行保护情报及防谍任务。战后自1952年内阁情报调查室成立伊始，各情报组织内部对建立严密的情报保密制度均极为重视。1985 年，中曾根内阁时期自民党曾提出出台《国家秘密法》的提案，限定国家秘密为防卫及外交方面，明确国家机密的具体内容，并提出，泄露国家机密的人员最高可判处死刑或无期徒刑。但是，由于日本的民众刚刚遭受战争的迫害，极其恐惧人权再度被侵害，而国家秘密法一旦实施，必然会扩大情报组织的权力，进而可能会带来侵犯人权的可能。因此，该提案在在野党、劳工党及律师联盟等团体的反对下夭折。虽然日本在情报改革的过程中也在试图加强情报保密制度的建设，但是有关情报保密的法律依然不完备，至今还没有出台一部完整的保密防谍方面的法律。日本有关国家安全和保密的法律法规只零星地分布在其他综合性法律中。涉及情报保密的法律条款有：《国家公务员法》第 100 条，国家公务员违反一般性的保守秘密义务，处罚一年以下的刑责；2002 年，日本在修改《自卫队法》时强化了相关的惩罚措施，规定凡是泄露防卫秘密的人员将被判处 5 年以下徒刑；《日美互相防卫援助秘密保护法》规定，凡是泄露有关美方提供的“特别防卫机密”的人员将被判处 10 年以下徒刑，而这已经是日本关于确保失泄密案件最严厉的法律处罚措施。[①] 除此之外，《日本刑法修正案》《美军机密保护刑事特别法》《自卫队法》《出入境管理条例》《电波管理法》《日美相互防卫援助秘密保护法》《地方公务员法》等法律法规中对情报保密也规定有相应的条款[②]。日本刑法中没有惩治间谍的条文，对捕获的间谍只能以盗窃罪或泄密罪进行处罚。例如，日本战后破获的最大间谍案件——宫永幸久间谍案，日本前陆军少将宫永幸久，在苏联被俘期间被策反，后返回日本，利用自身的少将身份作掩护，为苏联提供大量情报，此案被侦破后，轰动了整个日本。但是由于没有法律依据，日本政府仅以违反《自卫队法》判处宫永幸久 1 年有期徒刑。综上所述，日本在情报保密立法方面存在诸多缺陷：（1）对于失泄密案件的惩处力度还不够大。（2）涉密内容及对密级的判定不明确。（3）失泄密的管理主体混乱。保密法律制度的不健全导致日本的失泄密事件频发，给国家安全造成了严重损失，且在一定程度上影响了日本国内各个情报机构的情报交流，也阻碍了同其他国家情报合作的进一步深化。

（二）日本情报立法受美国影响严重

日本是美国在亚太地区的战略根据地，美国十分重视日本政治、军事及情报工作的发展，并依靠强大的国力来对其加以控制，加之日本依赖于美国

---

① 日本政府将严惩泄露国家机密行为.［2013－10－25］. 新华网.

② 潘妮妮.《特定秘密保护法》与日本国民权利浅析. 日本学刊，2014（5）.

的保护，对美国“言听计从”，因此，美国对日本的态度，影响着日本各方面的发展，包括情报立法。

日本自战败后被美国接管，美国开始成为日本的控制国，不管在军事、经济、政治等各个方面，日本都在美国的操控之下。为了避免日本再度成为美国在太平洋地区的挑战者，美国在日本施行非军事化政策，解散日本所有的武装力量、情报机构，这个时期的情报立法工作几近为零。1951 年，日美签订了《日美安全保障条约》，日美安保体制正式形成，两国成为盟友关系。根据该条约的规定，日本被动接受了美国的保护，在很多方面的发展都要受到美国的牵制。[①] 但是，选择与美国结盟，可以说日本得到的比失去的更多，一部分主权的丧失换来更为宽松的发展环境和强大的保护。随着条约的签订，加之朝鲜战争的爆发，日本成为美国在亚洲的战略基地及战争后勤补给地，此时期，美国需要日本快速强大起来，不管在经济上还是军事上能给予美国支持，以期有能力履行同盟义务。因此，美国对日本的政策从“非军事化”逐渐向“自主防卫”的方向转化。在此过程中，美国大力扶植日本军事、经济包括情报机构的建设。随着环境的允许，日本的情报立法工作也正常开展，情报机构的建设也越趋完善。随后的美苏争霸时期，日本以其地理优势，进一步得到美国的青睐，美国开始利用日本对中国、苏联进行情报收集，作为交换条件，美国更加放宽了对日本的政策。因此，日本的情报发展环境更加宽松，情报法律逐步完善，情报机构经改革也得到优化。越南战争时期，美国深陷其中不能自拔，加之美国随后的战略收缩，使美国急需盟友的情报支援，于是，在美国的倡导下，两国于 1978 年出台了《日美防卫合作指针》，标志着日美情报合作进入崭新的时代。随着日美军事一体化的发展，军事技术、情报交流不断深化。然而，日本近几年却是泄密事件频发，这无形当中使美国开始担心情报外泄的危险，对日本的保密工作不信任，这也成为了两国情报交流的隔阂。为此，2007 年两国签订了《军事情报保护协定》，扩大了保密范围，增添了保密对象，加大了保密力度，从而加强了两国的情报合作。“9·11”恐怖事件发生之后，世界的反恐形势异常严峻，各国的安全工作重心转向反恐，美国认定藏匿在阿富汗并受到塔利班庇护的本·拉登是“9·11”恐怖事件的主谋，便悍然向阿富汗出兵。同时，美国希望盟友日本能够提供必要的支持，为其提供后勤保障及军事力量。随后，日本在 2001 年通过《反恐对策特别法》，根据该法案，日本自卫队可出兵印度洋，对美方进行情报支持，为美军提供油料、水等补给。由于该法案的直接受益者——美

① 何英莺. 论战后日美军事同盟中的摩擦关系. 复旦大学，2003.

国的需要，该法案被多次延长期限。

日本情报立法受美国影响的另一个方面的表现是，学习借鉴美国的情报法律、制度。美国是世界上唯一的超级大国，在法律、制度、文化等各个方面都保持其先进性。因此，美国成为很多国家争相学习的对象。另外，第二次世界大战后，日本被美国完全接管，日本很多方面的建设都是以美国为范本进行的。1986 年，日本仿效美国国家安全会议，依据《安全保障会议设置法》设立安全保障会议，该法第 2 条规定该会议的职责为：负责审议国防基本方针、防卫计划大纲、有关武力攻击的基本方针、周边事态等重要事项及国防重要事项等。日本成立安全保障会议旨在建立一个国家层面的安全机构，统一领导国家各个安全部门，协调各部门之间的工作，增强情报收集、分析能力。然而，由于法律上并没有给予该会议机构足够的权力，因此，并没有形成稳定有效的制度来保证该机构的运行，而使得该会议功能空洞化。随着时间的推移，日本政府越来越需要一个有效的国家级机构来组织全国的安全工作。自 2003 年起，日本即考虑在首相官邸建立一个有关安保政策的常设机构。经过对美国的国家安全委员会以及英、法、德等国的类似机构进行考察，日本政府最终决定建立类似美国国家安全会议的机构，并通过相应的体制改革来保证该会议的有效运行。2007 年，安倍政权向众议院提出《安全保障会议设置法部分条文修正法案》，法律名称由《安全保障会议设置法》变更为《国家安全保障会议设置法》。另外，要扩大现行安全保障会议审议内容，明确会议成员，要求相关机关首长向会议提供资料或者情报，并对会议长官进行相关授权。但是，该法案最终没有得到通过。经过多年的磕磕绊绊，2013 年，国家安全保障会议在日本众议院获得通过，同年，日本国家安全保障会议正式启动，自此，美式的国安会开始运行。

（三）缺乏专门的情报法律

日本迄今为止并没有制定专门的情报法律，来规范日本情报机构的执法活动，明确情报机构秘密情报收集的权限、要件及监督机制，使得执法活动有法可依，免于质疑。情报工作很容易触及人民的隐私，完成情报工作与不侵害人民基本权之间的尺度很难拿捏。因此，世界民主国家多通过立法来规范情报工作，例如美国的《国家安全法》《史密斯法》《爱国者法案》及总统颁布的多条政令等；德国的《联邦宪法保护法》《联邦情报局法》；英国的 1994 年《秘密情报局法》等。日本恰恰缺乏这样一部完善的情报作用法，无法强化情报机构机能。内阁情报调查室、外务省国际情报统括官、防卫省情报本部等情报机构，仅仅在相应的组织法中明确规范了对应机构的情报收集任务。例如，公安调查厅虽依据《破坏活动防止法》与《关于规制实施无差别大量杀人行为的团体的法律》成立及运作，但这两部法律更多地涉及公安调查厅的团体规制内容，对情报的规定少之又少，致使该机构在运作上束手束脚，陷入两难。因此，该厅始终无法由团体规制机关转向情报机关。另外，虽然《刑事诉讼法》与《警察官职务执行法》是警察执法的基本法，赋予警察行使职权之法源，但至于公安警察部分，上述两法并未规定与犯罪或国民安全无直接关系的国民一般情报收集条款。目前公安警察的情报收集均以《警察法》第 2 条中规定的“警察的责任在于保护个人生命、身体及财产、预防犯罪、镇压及搜查、逮捕嫌犯、控制交通与负责维持其他公共安全及秩序”为依据。正因如此，日本公安警察的情报活动为日本学者所诟病。认为公安警察从事的警备情报收集没有得到警察法的明确授权。而思想自由、表现自由、集会结社自由等均为日本国宪法保障的基本人权，因此公安警察对于民众的情报活动已经属侵犯人权而且违宪。警察情报活动是事实行为，但是这并不是不需要个别作用法作为依据，以事实行为为理由而认为不需要个别作用法为根据，从宪法、《警察法》或《警察官职务执行法》等来看是不能被认可的。这种困境并不仅仅存在于警察厅等个别机构，而是日本情报机构的普遍问题。日本需要制定专门的情报法律来突破如今的格局。

三、对我国情报法制建设的启示

（一）完善情报法律内容

日本经过多年的情报法制建设，情报立法涵盖方方面面，并且不断对情报法律内容进行细化，情报法律全面而充实。在法制建设上，日本当局努力消除情报法律上的盲点，使得情报执法活动有法可依、有法必依。例如，日本在技术侦察、人力侦查方面的法律建设，通过《鸦片法》《通信监听法》等法律对这两方面内容进行了详细的规定，对技术侦查、人力侦查的适用范围、手续流程等予以细致说明，削弱了执法人员的裁量权，降低人为因素对情报执法活动的影响，使得情报执法更加规范化。

然而，目前我国对人力侦查、技术侦察的规范还不够完善，更多的是授权性规定，并没有对它的种类、适用范围、适用程序等作详细的规定。其中，有关人力侦查的规范主要以“隐形法”为主，主要是以公安部提出的工作方针、工作细则为主要内容，并没有上升到法律层面；在技术侦察方面，1993 年通过的《中华人民共和国国家安全法》第 10 条规定：“国家安全机关因侦察危害国家安全行为的需要，根据国家的有关规定，经过严格的批准手续，可以采取技术侦察措施。”1995 年通过的《中华人民共和国人民警察法》第 16 条规定：“公安机关因侦查犯罪的需要，根据国家有关规定，经过严格的批准手续，可以采取技术侦察措施。”但是，我国法律并没有对技术侦察活动进行操作程序层面的细化。这也就导致我国侦查部门在进行人力侦查、技术侦察时无法可依，难以保证侦查活动的顺利实施。因此，只有将我国的相关法律内容进行细化完善，明确人力侦查权的配置，解决人力侦查的适用，划分人力侦查行为的种类、名称等，才能推进情报工作进一步发展。

（二）情报权力与情报监督并重

情报部门的权力能够保障情报活动正常实施，情报法律的监督能够防止权力的滥用。二者相互协调，确保情报工作的顺利开展。从日本的情报法律中可以看出，日本是一个重权力、轻监督的法律模式。日本当局通过一系列的情报立法赋予情报机构充分的权力，来收集所需的情报，但是却没有对其权力进行必要的监督，甚至是有意纵容权力的扩大，以满足日本的情报需求，为其政治服务。2013年日本颁布《国家安全保障会议设置法》，同时配套实施了《特定秘密保护法案》，把国安会的会议内容“依法”变为了不可公开的秘密，使得国安会的一切都在暗箱中操作，不为外界所知，更加谈不上监督了。这导致日本情报部门权力过分膨胀，政府的权力过于集中，严重侵犯民众的隐私等基本权利，违反其一直鼓吹宣扬的“民主”。也正因为如此，日本的民众、学者不断对情报权力的滥用进行声讨，抵制政府的“险恶用心”。在我国，由于情报监督法律的缺位，情报执法活动的决定权、审批权主要掌握在情报机构自己手中，很难得到有效的制约和监督。虽然在实践过程中，对各种情报侦查手段的使用，其内部控制非常严格，但是这种内部控制不为外界所知，违反程序法定和程序公开的原则，因此这种监督方式的效果是十分有限的。我国需要通过情报立法，设立更为科学合理的情报工作程序和情报监督体系，保障情报工作运转的同时，对其进行有效的监督。通过监督立法，建设立体的监督体系，在横向上，不仅要在情报部门内部进行监督，更要把监督权给予其他部门，如检察部门、法院等，在纵向上，国家安全委员会等国家层面的安全情报机构要对情报工作进行整体的把握，对其人员设置、经费使用等情况进行监督管理，防止其权力膨胀。

第六章

澳大利亚情报法律制度

第一节　澳大利亚情报法制建设研究

澳大利亚是一个联邦制国家，由于其早期受英国殖民，所以其法制理念大多来源于英国法律，但随着法律制度的不断完善，澳大利亚在联邦与州权力分配上吸收借鉴美国法律模式，同时采用英国的责任政府体系，因此澳大利亚的法律可以看作英美法的结合产物。而在情报领域的立法理念，则秉承传统的行政立法宗旨，即情报立法权力在联邦与州之间进行分配，同时在联邦（或州）一级采取立法、行政、司法三权分立的形式，因此联邦与各州依据本区的宪法行使不同的立法权限。①

一、澳大利亚情报立法

（一）澳大利亚情报立法渊源

1. 澳大利亚情报立法空白阶段

澳大利亚情报立法的空白阶段主要指从20世纪初澳大利亚联邦成立到20世纪七八十年代，该阶段的主要表现为澳大利亚联邦争取立法独立以及对本国法律体系自我完善。

众所周知，在1901年澳大利亚联邦成立之前，澳大利亚一直是英国在大洋洲的殖民地之一。即便是澳大利亚取得独立之初，其法律条款仍在一段时间内沿用英国法律制度，虽然在1931年英国议会制定出台了《威斯敏斯特条例》，但仍然没有改变澳大利亚在立法权限上受制于英国议会的局面。这也正是澳大利亚近现代成文法、习惯法中仍能看到英国法身影的原因。因此，澳

① 陈建福．澳大利亚立法概述．行政法学研究，1995（2）：71－72．

大利亚的情报立法摸索阶段实际也是澳大利亚的立法摸索阶段，在情报领域的立法也是在此阶段经历了从无到有的确认。

在澳大利亚情报立法内容方面，由于早期澳大利亚联邦并没有独立立法权，立法也大多参照英国立法模式，所以在这一阶段并没有出台专门情报法案来规范和约束情报部门，而在机构设置上则是照搬英国秘密情报局的工作流程。在1949年3月才设立澳大利亚安全情报局，并将管辖权限归附于司法部，主要负责澳大利亚国内安全保卫、情报收集和反间谍活动，同时监视国内反政府团体和驻澳人员，业务上则接受澳秘密情报局协调。

在澳大利亚情报立法权责方面，在早期的澳大利亚联邦宪法中并没有对情报执法以及情报机构进行过多立法说明，只是在联邦宪法中对提及军事的职能进行解释，而州立法则秉承维护“和平、秩序及良好政府”理念制定区域性法律，即联邦宪法主导情报工作的方向和方针，而州情报立法目的则逐渐演化为维护本区域的社会治安和稳定。例如，在联邦宪法第52条、90条、114条、115条及122条中赋予联邦议会对海关、军队、货币、联邦政府部门事项及联邦区域政府专项立法权限。从理论上讲，这些权力均为联邦与州共同享有。但联邦宪法第109条规定：“当州法律与联邦法律不一致时，后者优先适用，前者不一致处无效。”同时，联邦宪法第106条和108条还规定，除非与联邦宪法相违背，州宪法及州法律继续有效。换言之，在情报领域的相关立法进程中，除非联邦宪法另有规定，各州依其原有的宪法行使立法权力。而澳大利亚政府作为联邦制政府，在国家成立之初为推进本土化法制进程，在每个州设立自己的议会和两院制议会下的下院，并颁布六部州宪法和一部联邦宪法，每个州和地区拥有相对独立的立法权限与法院体系。

在该阶段，澳大利亚立法过程经历着从照搬英国立法模式到逐步摆脱英国立法制约，再到法制本土化摸索。虽然该阶段在情报领域的立法处于空白阶段，但为今后澳大利亚情报法律体系的形成奠定了立法基础。

2. 澳大利亚情报立法形成阶段

澳大利亚情报立法的形成阶段主要指从20世纪七八十年代到2001年美国“9·11”恐怖事件之前，该阶段主要表现为澳大利亚联邦在完善本国立法基础上，迅速铺开在情报领域的立法，所涉及的情报立法也基本涵盖情报活动的方方面面。

澳大利亚情报立法时间也大多集中于20世纪七八十年代，而在此时期情报立法活动大量展开的主要原因梳理如下：一是1972年后的情报立法尝试。1972年工党在大选之际许诺推进“情报自由法”立法，在取得政权后于1973年1月设置研讨委员会，研究该立法问题。随后该委员会1974年9月写出报告提交国会，但未获结果即政权更替。1975 年末，自由党、国民党联合政府成立，次年设置第二次研讨委员会，提交报告。政府于 1976 年 6 月向国会提交法案，经国会宪法及法律委员会修改，但未统一。1980 年 10 月经大选再度组成联合政权，1981 年政府再度向国会提出法案，1982 年 2 月通过，3 月公布《情报自由法》。该法的主要特色是：国防、安全保障、国际关系、联邦与州关系及政府审议、政策形成过程中的文书的公开最终决定权在各部部长，内阁会议文书最终决定权在总理，决定以认定书的形式发出。此外，该国还于 1987 年 5 月制定了关于联邦行政机关情报公开的法律，规定联邦政府各部门在不违反保密义务的限度内，把行政情报公开作为义务。[①] 虽然此后经过 1983 年、1986 年、1991 年、1994 年四次修改，但 1972 年作为情报立法的开端年具有里程碑式的意义。随后澳大利亚也尝试从多方面对情报活动进行法律保护和约束，如在 1977 年为约束国家行政机关行政行为制定出台的国家评估部门法。为更好地规范情报部门协调，于 1979 年制定出台的澳大利亚安全情报组织法，该法案制定的目的主要是对情报部门的设置进行纲领性解释，其中规范了组织领导形式、机构职能、员工任免晋升条件等，较为全面系统地对机构架设的相关情况进行说明，同时该法案还在实际操作过程中根据实际工作需求进行适时调整，针对近年来恐怖主义活动频发的现状，对反恐过程中特赦权力进行说明，从而从法律的角度对反恐行动予以保障，同年还通过了通讯法案等，这些法律的制定都可看作是澳大利亚联邦在情报立法领域的尝试。二是 1986 年后澳大利亚立法行为的完全独立。澳大利亚联邦立法独立的标志性事件是 1986 年的《澳大利亚法案》和英联合王国的 1986 年《澳大利亚法案》的颁布，最终取消了英联合王国对于澳洲任何地区的立法权。[②] 而随后出台的法律包括 1986 年为规范情报部门内部关系制定的《情报安全局法案》及 1988 年为保障公民合法权益制定的《隐私法》。

在该阶段，澳大利亚情报法案大量出台，新法案在发展过程中经过不断完善和修改，最终形成了自己的情报法律体系，情报立法范畴也经历从微观到宏观的转变。

3. 澳大利亚情报立法完善阶段

澳大利亚情报立法的完善阶段主要指从 2001 年美国“9·11”恐怖事件影响之后至今，该阶段的主要表现为澳大利亚联邦开始调整国内情报机构职能，将当前新形势加入情报机构工作当中，并对情报立法内容进行丰富完善。

① 刘杰. 外国情报公开法述评. 法学家，2000（2）：125－126.

② 杜邈. 澳大利亚反恐怖主义立法述评. 河北法学，2006（10）：172.

“9·11”恐怖事件作为澳大利亚情报立法的一个事件节点，突出表现就是在该事件后澳大利亚加强了情报部门反恐职能以及将反恐执法单独立法。早在“9·11”恐怖事件发生前，一项研究曾推断出澳大利亚会遭受恐怖袭击，原因在于恐怖主义的地缘特征：“基地”组织虽在阿富汗遭受重创，但仍在一些国家负隅顽抗并开始建立新据点，活动营地从北高加索、中东、南亚、东南亚这条“恐怖链条”①，向非洲、拉美等地扩展，而澳大利亚恰恰同“恐怖链条”中的南亚、东南亚相邻，其中印度尼西亚更是世界上最大的穆斯林国家、世界第四人口大国，这无疑增加了澳洲本土遭受恐怖袭击的可能性。为了更好地应对恐怖主义，“9·11”恐怖事件之后，澳大利亚政府一方面对原有情报法案进行修改补充，如在2002年《恐怖主义法案立法修正案》中补充规定，在48小时之内，被拘留者“不能与外面的任何人进行联系”。两天之后，被拘留者可以聘请律师为自己做无罪辩护，拘留期最长可达7天之久，即便是14岁的少年也有被拘留的可能。被拘留者如果拒绝回答问题，有可能被判5年徒刑。另一方面则对现有法律体系进行完善，在2002年10月12日巴厘岛爆炸发生后，澳大利亚政府再次对现行法律进行审查，各州、地区的总检察长赞同在宪法授权下进行联邦反恐怖主义立法以增强联邦法律在反恐领域的效能，澳大利亚政府相继出台多部法律来保障情报部门权力的合法性，如《边界安全法修正案》《安全法修正案（恐怖主义）》《禁止资助恐怖主义法》《刑法典修正案（禁止恐怖主义爆炸）》《电讯侦听法修正案》等。此外，为保障情报机构正常运转，澳大利亚政府还投入了更多的情报经费预算，据官方统计显示，澳大利亚自“9·11”恐怖事件发生后，情报经费预算在短短10年内增加至150亿美元，是2000年情报预算的3倍，主要投入方向包括情报人员培训和产品技术研发等，而这一改变也是民众所支持和肯定的。

虽然“9·11”恐怖事件已经过去十余年，但是造成的影响却没有消退，而且有向着全球扩大化的趋势，以非军事、非国家、非传统方式向各个领域渗透，包括敌对网络通过远程但无孔不入的威胁。一些合法的非国家行为体的影响力也在不断增强，经济危机、恐怖主义、难民问题、毒品、走私、环境恶化、自然灾害和疾病等导致的安全挑战也超出了传统安全和盟友的合作范围。传统的武力运用性质也正在发生变化。一个国家军事力量的发展不仅要继续提升军事打击的破坏性和精确性，而且应该能够提供维和、调停、安全保障行动和人道主义灾难救援等非军事服务。针对这些新情况，澳大利亚

---

① 贺千珊．试论我国的反恐怖主义立法构想——俄罗斯及中亚诸国反恐怖主义法的启示．武警学院学报，2010（3）．

越来越重视非传统意义上的安全，特别是诸如网络攻击、暴力政治组织、大规模杀伤性武器（核武器和生化武器）扩散等直接涉及国家生存与发展的问题，而经济国际化和全球化使经济安全及网络安全等也都被提上了议事日程[①]。2009 年 11 月 23 日澳政府发布了《国家信息安全战略》，详尽描述了澳大利亚政府将如何保护关键基础设施、政府机构、企业和家庭用户，使之免受网络威胁，从而维护澳大利亚的国家网络安全。为保障战略的顺利推进，相继出台了《电信传输法》《反垃圾邮件法》《数字保护法》《信息安全手册》等多部信息安全法规[②]，旨在通过加强对网络秩序的监管来规范网络环境，从而从制度层面对网络信息的传输、使用、发布规则加以规范。

在该阶段，澳大利亚情报法案已经趋于完善，相继出台的法律也更为具体和细致，法案涉及的内容也基本涵盖情报部门日常工作职能和公民社会生活的方方面面。

综观澳大利亚情报立法的历程，情报立法从当初的借鉴英国情报立法模式到如今形成独立情报法律体系，澳大利亚情报立法经历了漫长的摸索过程，情报立法理念也经历了从宏观立法到微观立法的转变，情报立法所涉及的内容也基本囊括情报部门的组织架构、情报执法、情报监督等方面，澳大利亚情报立法的逐渐成熟完善历程也为各国情报立法提供了重要的借鉴价值。

（二）澳大利亚情报立法模式

澳大利亚为普通法国家，以立法规范化限制政府行为是其法治的主要特征之一。就立法程序而言，联邦宪法只是纲领性规定，具体的立法程序则来源于英国议会的做法。就情报立法而言，当前澳大利亚的情报立法分为直接立法和授权立法两种模式。从澳大利亚情报立法形式来看，澳大利亚情报立法偏向于情报独立立法，即对与情报有关的活动进行专门立法。从澳大利亚情报立法功能来看，情报立法大体可分为组织架构上的情报立法和业务内容上的情报立法。

从组织架构角度进行情报立法来看，澳大利亚情报专门立法内容主要是对情报业务部门的组织框架、人员分工、机构运行、权利权限等方面进行宏观上的解释规范，如《1979 年安全情报组织法》（Australian Security Intelligence Organization Act 1979），该法案自 1979 年起草至 2013 年 6 月 29 日完成汇编整合，并在法案使用过程中不断修改调整，一直沿用至今。此外相关出

---

① 方晓志.《澳大利亚国家安全战略》评析. 世界经济与政治论坛，2013（3）：31－44.

② 孙星. 澳大利亚信息安全保障体系建设及对我国的启示. 信息安全与技术，2011（9）：8－9.

台的法律还有《情报安全局法》《国家评估部门法》等[①]。从业务内容角度进行情报立法来看，澳大利亚情报专门立法主要针对具体的业务工作以及特定的行业要求。如出于对公民个人隐私保护的考虑，制定出台了《隐私法》《情报自由法》《通讯法》《广播服务法》《反网络犯罪法案》《电信传输法》《反垃圾邮件法》《数字保护法》等多部法律，从现实审查、网络信息过滤等多个环节保障公民的合法权益；为应对恐怖主义威胁，澳大利亚政府相继出台了《禁止资助恐怖主义法》《边界安全法修正案》《电讯侦听法修正案》《反恐怖主义法》等多部法律。

可以看出澳大利亚情报立法模式主要依托联邦宪法为母法，在国家层面设置的情报法案从宏观层面对澳大利亚整体情报工作进行指导，而各联邦或州有权为维护本地区安全根据各州宪法精神，制定位阶更低的与情报活动相关的法案。而从情报立法形式来看，澳大利亚情报立法多采取“捆绑式”立法，即针对某一问题或情报工作需要，会在短时间内制定出台大量的情报单行法案来规范相关情报活动。

澳大利亚情报立法主要经过以下流程：

1. 情报法案的提出

情报立法过程中的法案来源有多种：执政党在大选中所作的诺言；执政党所采纳的新政策；情报部门提出的建议；议员根据选民的要求提出的方案，政治游说组织或社会压力团体的建议；各种调查委员会的结论与建议，国际公约的要求；法律改革委员会的提议，等等。无论情报法案来源于何处，如果法案得不到政府内阁的支持，那么它要成为法律的可能性就非常小。因为内阁所在的政党在下议院为多数党，因此控制议会下院，另外议会议事日程由内阁负责安排。只要内阁拒绝将某法案列入立法日程表，那么该情报法案便难以在议会中得到真正的实质性的讨论，更不用说被议会采纳而成为法律。

2. 情报法案的批准与起草

相关的情报部门必须对情报立法的必要性及情报立法所涉及的问题进行研究。由于澳大利亚实行部长负责制，情报立法建议必须首先得到有关部长的批准。此立法所涉及的政策必须经联邦总理的批准。任何涉及重大政策问题的立法建议，均需内阁批准。这一系列的批准权限及批准过程，均由政府《立法手册》做出详细的规定。一旦内阁批准，有关政府部门便可着手准备“情报法案起草指示”“情报法案解释书”。同时议会律师办公室亦开始起草法案，法案起草后仍需内阁立法委员会讨论并批准才能正式提交议会讨论。

---

① Australian Security Intelligence Organization Act (1979).

当一部法律涉及不同的政府部门，常由最具直接利害关系的部门负责做上述准备工作。该部门同时负责咨询其他有关部门，并将咨询结果报告内阁。如果是重大法案，必要时便建立“跨部委员会”，该委员会将对立法建议进行研究并向内阁报告或提出立法建议。如果法案涉及州—联邦关系，两级政府之间亦进行互相咨询与谈判，谈判结果及意见分歧均必须报告内阁。无论何种情况，任何政府部门都必须咨询检察总长（Attorney—General）所负责的部，以确定立法的必要性。情报立法的具体形式（新法律或修改已有法律）则由议会律师办公室提供意见。其次，在情报立法过程中对下列内容的解释总是不可少的：情报立法的必要性及目的；经济效益及开支；政府部门之间的咨询结果或意见分歧；对公民权利的影响；法律生效日期，及将来负责执行此法律的政府部门。最后，在内阁讨论之前，相关部长必须咨询政党的“重大决策委员会”所属的有关委员会，而在内阁批准后、法案在引入议会之前，仍需执政党的批准。

3．情报法案的授权立法

情报授权立法必须有一个由议会制定的“母法”为其根基，经过授权制定的情报立法必须得到议会的许可。执行机构（行政机构）立法权来自议会的委任，但议会保留自己的立法权优于其所产生的政府部长和其他公共机构的立法权，即在情报授权立法过程中，情报部门经授权制定的法位阶低于议会制定的法，在从属关系上服从于议会制定的法。

从程序上说，首先，授权立法的情报法案必须在规定的时间内在议会备案，备案后议会任何一院都有权否决此法规。为了保证议会行使这一权力，自20世纪30年代起，澳洲上院便建立了法规与法令常务委员会，专门对授权立法进行监督。其监督内容主要包括：提议的情报法规是否符合“母法”的授权、情报法规有无对个人权利及自由进行无理侵犯、情报法规有无使个人权利的享有取决于行政裁量权、情报法规有无包括应由议会立法的事项。该委员会所提出的不利报告，会导致议会对法规的否决。根据联邦宪法规定，情报立法一旦被否决，6个月内政府不得制定同样的法规。最后，法院可以对授权立法的合法性进行司法审查。这种审查包括对法规制定的程序合法性及授权范围进行审查。

4．情报法案的监督

依据联邦宪法规定，澳大利亚法院的裁决具有法律效力。除宪法及情报部门立法之外，其他虽不具有法律性质和法律约束力的法规条款中，法院在进行裁判时可能予以考虑的具有一定影响力的活动包括：针对某些特定案件的行政决议、在相应的法院辖级之外的其他司法裁决、国际法和国际条约中的明文规定、行政惯例、学术撰著等，这些都会对情报部门在行使权力、履行职责过程中起到监督和规范的作用。

第二节 澳大利亚情报法制建设评价及启示

一、情报法制建设评价

（一）澳大利亚情报法制建设优点

1. 通过立法规范部门权责

综观所有的澳大利亚情报立法，在立法中对情报活动的方方面面都进行详细的解释说明，并对法案使用后遇到的问题和困难也在修订版中进行补充和学理解释，真正使情报活动都有法可依，如在《2005 年情报服务立法修订案》中对 2001 年情报法案补充说明部分，提出“An agency head must give to the responsible Minister in relation to the agency a written report in respect of each activity, or series of activities, carried out by the agency in reliance on an authorization under section”,①即要求情报机构负责人在对政府汇报时由以往的口头汇报改为以书面形式呈报情报报告，从而保证汇报环节的正式化。同时在规范情报人员行为时，对其可以采取的行为和方法予以法律保护，而对不能采取的行为也进行说明和限制，可谓泾渭分明，如在《2001 年情报服务法》的“附录 2：枪械、训练提供限制”（Limits on provision of weapons, training etc.）一章中，对情报人员使用枪械规定如下，认为出于保护自己、保护安全情报局员工、保护与安全情报局有合作关系人员时才可使用（To protect himself or herself; or to protect a staff member or agent of ASIS; or to protect a person who is cooperating with ASIS in accordance with section 13）。在情报部门的规章中对情报人员及官员的任用选拔权限、薪资福利、权利特权等也都有明确的解释说明，这就大大杜绝了职权的滥用和贪污受贿等问题。

2. 情报立法紧贴现实需求

众所周知，行政主导下的立法模式，由于复杂的层级制的影响，往往导致拖延立法时机、延长立法周期或不断调整立法项目等情况出现。②为了保证情报工作不滞后于时代发展的脚步，澳大利亚在情报领域的立法也在不断调整更新。例如，为解决网络立法不健全的问题，澳大利亚决定整合相关的规

① Intelligence Services Legislation Amendment Act (2005).

② 吴志攀.“互联网+”的兴起与法律的滞后性. 国家行政学院学报，2015（3）：40-41.

则和解决方案，建立互联网领域独立的法律体系，将之前分散在情报法规中的各款进行统一梳理整合，并出台专门的法律进行解释，同时在法案中还对ASIS在网络环境下的权力进行重申，从而保证其在网络阵地上行使情报手段的合法性；2002年10月12日，印度尼西亚巴厘岛发生系列爆炸事件，其中至少有73名澳大利亚公民被确认在爆炸事件中丧生，为预防日益频发的恐怖主义活动，澳大利亚政府根据本国需要相继出台了五部相关的反恐怖主义法，它们相互衔接，共同建构了反恐怖主义法律体系。[①]其中主法共包括10章，分别是“恐怖组织及其他概念的界定”“技术性修正”“资助恐怖主义活动”“控制措施与预防性拘留措施”“拦截、询问、搜查恐怖主义活动相关人员”“获得信息和文件的权力”“煽动”“飞机场和登机口的视频监视设备”“金融交易报告”“澳大利亚安全情报组织的权力”。该法不仅对境内外企图颠覆、破坏澳大利亚国家安全的行为进行界定，同时在量刑法度上进行了详细的说明，法案还积极将别国遇到的暴恐犯罪情况吸纳进来，从而在不断更新过程中吸取案例经验，保证情报立法紧贴现实工作的需求，促进澳大利亚的情报法制建设。

（二）澳大利亚情报法制建设不足

1. 对情报部门的监督相对乏力

澳大利亚的情报部门比媒体和公众所能知道的要广泛得多，而且议会没有对澳大利亚的情报部门实施有效的外部监控，这很大程度上是由议会的性质决定的，因为行政长官通常是由执政党的主要成员担任，而议会受英国女王的干预，所以澳大利亚情报部门的行政长官并不会向议会负责，不会向议会汇报情报部门的情况。在法律方面也缺少相应的监督体系，澳大利亚关于情报的立法中，制定了对情报人员的监督机制，但是缺少对情报部门的监督条款，使得情报部门的工作可能置身法律之外。

2. 没有注重权利与权力的平衡

随着全球反恐力度的不断加大，澳大利亚政府为了防止恐怖事件在本土发生，不断修改反恐法案，而这些法案成为公民批评情报部门的焦点，因为澳大利亚公民担心他们的基本权利会受到损害。这些批评主要集中在保护国家安全与保护公民权利之间缺乏平衡。例如，澳大利亚相关情报立法规定情报部门如果收集到某个人与恐怖主义有关的情报信息，那么他就有可能被强制拘留进行审查。这些立法为了保护澳大利亚社会的安全与稳定，有可能会损害公民的合法权益。

---

① 康海军. 反恐刑事特别程序立法模式初探. 江苏警官学院学报，2008（5）：28－32.

二、对我国情报法制建设的启示

（一）通过立法明确情报部门职责

2017年6月27日通过的《中华人民共和国国家情报法》，是我国第一部情报领域的专门立法，但与澳大利亚情报法相比，我国情报法规定的内容相对简化，对各情报部门间的职责划分及合作协作规定不够明确。澳大利亚通过情报立法，将情报部门的职责划分等进行明确规定，使情报部门的各项活动有法可依。例如《2005年情报服务立法修订案》中，规范了情报人员的行为，要求其可以采取的行为和方法必须通过法律的许可并受法律保护，对不能采取的行为也进行了说明和限制。同时，对情报部门的组织框架、人员分工、机构运行等方面进行了细致的规范。其中，《2001年情报服务法》中，对情报部门的职能职责、与其他业务部门间的合作及具体行动中的责任分工进行规范；《情报安全局法》中，也规范了情报部门的具体职责范围和内部关系。这些在一定程度上大大提高了情报部门的工作效率，并且保证情报部门的各项活动都有法可依。我国应该借鉴澳大利亚的情报立法建设，通过立法明确各部门职责，保证情报部门高效开展工作。

（二）通过立法保护公民的隐私权

澳大利亚是世界上为数不多制定《情报公开法》的国家之一，因此澳大利亚政府注重保护公民的隐私。出于对公民个人隐私保护的考虑，澳大利亚相继制定出台了《隐私法》《情报自由法》《数字保护法》等多部法律，从现实审查、网络信息过滤等多个环节保障公民的合法权益。其中，《2001年情报服务法》中，明确规定了澳大利亚秘密情报局有义务保护公民的隐私权不受侵犯，并且对侵权后需要承担的法律责任进行规定。《中华人民共和国国家情报法》中，虽然规定了对侵犯公民和组织的合法权益等违法违纪行为应当依法进行处分，构成犯罪的应当依法追究刑事责任，但并没有明确保护公民隐私权的条款。这就无法通过法律保护公民隐私，因此在今后的修改中，国家情报法中应当加入对公民合法权利，特别是隐私权保护的条款，一方面体现我国情报立法的健全，另一方面使得情报工作在法律框架内实施，做到有法可依、有法必依。

（三）情报立法模式的体系化

澳大利亚情报立法属于宏观层面的立法，但是在情报立法过程中，往往在联邦宪法的基础上各领域形成专门的情报立法体系，相关立法补充也会以单独立法或在原有立法修订案中出现，所呈现的特点就是集中性，这种集中性主要表现为立法时间上的紧凑性和立法内容上的关联性，形成了体系化的立法模式，即根据情报对象形成相互独立的情报法律体系。这是澳大利亚情报法制建设的一大亮点，能够保证情报立法的独立性和有效性，值得我国借鉴。

三、澳大利亚情报立法的特点

情报立法是一项针对特定情报部门采取行动而制定相关法律条款，以用来规范、保障情报工作顺利开展的立法措施。它区别于其他立法行为，澳大利亚情报立法呈现出以下几个特点。

（一）服务于国家安全利益

从情报立法本质而言，情报立法行为是国家通过制定与情报活动有关的法律来维护国家与公民的安全利益，情报立法本身则是一种主动的国家防御性行为。而在澳大利亚情报立法过程中，情报法案能否顺利通过不是执政党所决定，而是要通过议会审议，其中为避免法案有政策性倾斜，在审查过程中极大地考虑反对党派的意见，当意见出现分歧时，法案便要退回重修，如果仍不能得到议会审议通过，该法案便会被驳回，通过采取这种党派权力制衡的手段，可以充分保证澳大利亚情报立法的公正性，这是由于澳大利亚立法过程中受到早期威斯敏斯特体系（Westminster System）影响，澳大利亚政府希望通过行政与立法中的两权制衡来维护法律的公正严明。同时，在情报立法中还明确规定，如果在遇到威胁国家安全的紧急情况时，当局的情报部门向政府汇报的形势分析及工作简报也应向在野党派呈报，通过采取多党合议的手段也可以大大减少政策上的失误，切实为国家安全利益服务。

（二）“捆绑式”立法

澳大利亚情报立法行为遵循澳大利亚立法原则，但在实际操作过程中也逐渐形成自己的特色。澳大利亚情报立法所呈现的特点就是集中性，这种集中性主要表现为立法时间上的紧凑性和立法内容上的关联性。例如，在2004年9月9日，印尼首都雅加达的澳大利亚使馆遭到自杀性炸弹袭击，当场造成10人死亡，近200人受伤，在后续调查过程中发现东南亚恐怖集团“伊斯兰祈祷团”是这起恶性恐怖事件的策划组织，而它与“基地”组织有着千丝万缕的联系。事后，澳大利亚政府对澳大利亚的安全环境进行评估，评估结果认为国际安全环境已发生了巨大的变化，澳大利亚开始成为恐怖分子的攻击目标，澳大利亚海内外利益都将受到恐怖分子的威胁。随后澳大利亚议会制定了《反恐怖主义法》，同年3月和6月在原法基础上分别制定了2号反恐方案和3号反恐方案，分别对“联系恐怖组织”和“囚犯移送”、“外国旅行证件”、“询问” 和 “法庭程序” 等内容进行补充，而第二年澳大利亚议会在“7·7” 伦敦爆炸事件发生后又结合反恐新形势，制定《新反恐怖主义法》，主要对之前的恐怖主义概念进行重新界定，还包括控制措施、视频监控、资金流动等内容。

综上来看，澳大利亚情报立法不仅拥有与其他国家情报立法共同的维护国家安全稳定的职能，同时还拥有本国的立法特色，在一定程度上，澳大利亚情报立法中仍能见到英国情报立法的身影，但澳大利亚的情报立法正逐渐摆脱英国立法模式的桎梏，朝着“体系化”的立法模式迈进，虽然这种体系化法律仍需漫长的时间进行立法完善，但根据情报对象形成相互独立的情报法律体系这种思路可以为我国在情报立法方面提供思路创新。

结论：

对我国情报法制的若干思考

当前，我国国家安全面临传统军事冲突风险与非传统安全因素的双重挑战。南海问题、三股势力、社会治安等相互交织，威胁共同体的稳定和发展。中央审时度势，提出“总体国家安全观”，设立中央国家安全委员会，绘制《国家安全战略纲要》，颁布《中华人民共和国国家安全法》。在指导思想、机构设置、行动路线和制度体系上构建形成了国家安全战略蓝图。其中，情报作为国家安全的“耳目、尖兵和参谋”①，它的“决策依据、行动支持和效果评估”② 功用也从隐性实践走向显性的制度存在。例如，在《十三五规划纲要》中，中央提出要推进“国家情报”等涉及国家安全的立法工作。在此基础上，《中华人民共和国国家情报法》于2017年颁布实施。立法将情报工作纳入规范体系，彰显了以制度化路径规范情报工作的现实迫切，也体现了国家“把法治贯穿于维护国家安全的全过程”③ 的全方位依法治国的总体思路。

一、我国情报立法的意义与功能

对我国情报工作进行立法，其目的不在于以清晰的法律条文表述情报工作的主要框架和大体内容，而是要实现情报工作的制度化。“制度化是某项工作从松散的、随机的、不固定的方式方法转向普遍认可的规范模式的组织化、有序化、合法化的过程”④。制度化的精细与否体现着情报工作的成熟程度和发展水平。粗略来说，中华人民共和国成立以来我国一直进行着情报工作的

---

① 句琰．包昌火情报思想剖析．情报杂志，2013（6）：1－4．

② 张家成，马费成．我国国家安全情报体系构建及运作．情报理论与实践，2015（8）：5．

③ 中共中央政治局召开会议审议通过《国家安全战略纲要》．人民日报，2015－1－24：001．

④ 郭永良．全民反恐的软法建构．湖北警官学院学报，2016（4）．

自觉实践。但是，长久以来，调整情报工作的制度依旧停留在政策层面。政策的随意性和变通性会造成情报工作导向的忽左忽右，“文化大革命”已经证实了这种摇摆方略的错误性。立法以可观测的权利义务之刚性配置为观察对象，在内在价值、外在形态、施行机制、稳定性和实效性等方面，都表现出了无与伦比的优势。[①] 自然，以立法路径实现情报的制度化功能具有更强的合理性和可接受性。立足国家安全的宏观需要，情报立法的意义与功能体现在以下三个方面：

（一）情报立法是满足国家安全战略布局的需要

美国半个世纪来的情报立法历程和情报界（IC）的成立已然表明，高度融合（fusion）的情报工作[②]才能满足国家安全的需要。单打独斗的情报工作会使情报产品低效、零碎，无法满足国家安全战略布局的需要。尤其总体国家安全观中所指涉的安全既囊括了传统安全又包括了非传统安全，还类型化为政治安全、国土安全、军事安全、经济安全、文化安全、社会安全、科技安全、信息安全、生态安全、资源安全、核安全等。不言而喻，上述每个安全领域都需要情报工作提供决策支持。如果在每个领域都割裂地、孤岛地开展情报的收集、研判、反情报和秘密行动，不仅会造成国家安全资源的不必要浪费，还会导致情报工作的重复、无用。但是，目前，我国的情报工作正处在这一现状：政治安全情报主要由外交部主导、社会安全情报主要由公安部主导、核安全情报主要由国家核安全局主导，等等。虽然有针对当前突出问题进行的立法努力，如《中华人民共和国反恐怖主义法》第 43 条～48 条对社会安全情报（主要是反恐情报信息）进行了制度化规范，但大部分其他领域却未实现法治化。通过非法治化的“各自为战”路径获得和分析出来的情报产品主要体现为战术性、局部性、短期性和不可持续性。如果不实现各种情报之间常态的、规范的、系统的融合和整合，战略性、全局性、长远性、前瞻性的情报产品将难以得出。高质量的战略情报的缺失，势必掣肘我国在全球发展和地区稳定中建设性作用的发挥、减缓我国实现国家安全治理能力现代化的进程。保障国家安全战略情报的可持续生产，需要制度化的手段。通过立法授予中央国家安全委员会下设特定机构的情报统筹权，明确各个情报部门要统合和服务于该机构的战略决策和情报部署，并设置情报从战术跃升至战略层面的制度供给和流程安排，是较为可行的途径。这也是之所以

---

① 张秋波，郭永良，梁秀波．公安情报法治化若干问题研究．江西警察学院学报，2015（5）：50.

② 张家成．情报融合中心：美国情报共享实践及启示．图书情报工作，2015（13）：87.

《中华人民共和国国家情报法》第2条明确规定“国家情报工作坚持总体国家安全观，为国家重大决策提供情报参考，为防范和化解危害国家安全的风险提供情报支持，维护国家政权、主权、统一和领土完整、人民福祉、经济社会可持续发展和国家其他重大利益”的原因所在。

（二）情报立法是实现不同情报部门之间制度化协作的需要

情报工作的特质之一是“隐蔽性”。“隐蔽”使得各个情报部门之间以及本情报部门内部各单位之间保持必要的“距离”。甚至在某些情况下，互不通气、互相隔绝已成常态。即便有情报合作的需要，也多或以重大任务为牵引（比如，2008年奥运安保中社会安全情报与军事情报部门的联合），或以专项行动为载体（譬如，在2014年新疆反恐专项行动中，政治安全情报、信息安全情报与社会安全情报部门等的配合），尚未形成常态化、规范化、体系化的制度模式。我国现行法律未明确各个情报机构之间的纵向和横向关系，“条条块块”存在诸多弊病。由此，理念上应有改观：不能因为保密的需要，阻断情报功能的发挥。事实上，情报功能是动态存在的，只有在情报传递和交流合作以及决策支持时才能发挥功用。那么，情报部门之间的合作是必然。即便在合作中出现泄密的情形，也是发挥情报功能所不可避免的副作用。况且，即便泄密，也可以充分运用“反情报”的战略战术，完成泄密中的保密。不能因噎废食，静态地保证情报的绝对安全。遵循这一逻辑，立法应该规定不同部门的情报权限以及相互之间的交流合作制度。尤其是通过立法确定军事情报安全部门、经济安全情报部门、社会安全情报部门等之间必要的协调机制、沟通机制、汇报机制以及保障机制等，并为各个机制配置相应的权力和对应的责任，以使情报效用最大化。比如，在情报判断上有可能出现军事安全部门和国家安全部门不一致的情形[①]。如何协调沟通，避免效率低下，立法必须为之安排相应的规则，以确保正确或相对正确的情报判断传递至国家安全决策层面。情报部门的多寡，并不代表国家安全情报能力的强弱。松散的、相对多的“多头马车式”的情报部门要劣于集中高效的、相对少的情报部门。国家安全面广事多，不得不涉及微观领域的情报分工，情报部门必然是多分支的。那么，就需要通过制度化的途径实现它们之间的有机合作、有力配合、有效工作。情报立法是确立不同情报部门权限等级和科层架设的刚性需要，它是避免非制度化的、不稳定的非常设机制之反作用的必然选择。所以，《中华人民共和国国家情报法》第3条第1款规定：“国家建立健全集中统一、分工协作、科学高效的国家情报体制。”第4条进一步明确：“国家情报工作坚持公

① 江焕辉. 国家安全与情报工作关系的嬗变研究. 情报杂志，2015（12）：15.

开工作与秘密工作相结合、专门工作与群众路线相结合、分工负责与协作配合相结合的原则。”

（三）情报立法是规范情报工作程序的需要

情报是国家总体国力的一环，情报工作的价值无平时与战时之分，它的任务是“获取、收集及分析涉及国家安全的资讯，及早预测、掌握不利国家安全的危险因素，以防范排除实际危害的发生”[①]。作为一种不分平战的常态运行的机构，它的隐蔽性使得它在很大程度上脱离了监督和制衡。一般而言，情报不予公开的情形一般包括：国防、外交等为国家利益保密的情报；公开可能损害国民健康、生命、公共安全的情报；私人秘密、企业经营秘密的情报；刑事执法中的情报；机关内部审议、讨论、协议过程中的情报；其他法律明确规定不公开的情报，等等[②]。例如，我国《政府信息公开条例》第 14 条第 4 款规定：“行政机关不得公开涉及国家秘密、商业秘密、个人隐私的政府信息……”《中华人民共和国公务员法》《中华人民共和国人民警察法》《中华人民共和国法官法》《中华人民共和国反恐怖主义法》等都对保守秘密和情报安全做出了规定。以隐蔽确保“信息不对称”，以实现对他方的知识优势，要求情报工作一定程度和一定范围的不公开。但是，“由于保密行为的自我指涉性，秘密执法的权力容易在行使中自我膨胀、自我递增”[③]，对于一种秘密的自我指涉的权力，外部的不同质的权力制约因为信息的不对称而无能为力。尤其“情报就是权力”，这种权力一旦被常态垄断，情报权力主体将会矮化其他权力（利），造成公民合法权利的潜在损害和不合理克减。这就要求对与公民权利存有张力的情报手段进行严格的规范，从启动、审批到采用以及事后的监督和救济，都应有充分、细致和合理的法律依据。事实上，对秘密情报手段缺乏必要的控制，“会导致国家机器利用技术手段控制和威胁个人自由”[④]。《中华人民共和国国家情报法》必然要直面这一问题，通过程序正义，实现国家安全和人权保障之间的动态平衡。例如，该法第 15 条规定：“国家情报工作机构根据工作需要，按照国家有关规定，经过严格的批准手续，可以采取技术侦察措施和身份保护措施。”

---

① 周治平．法治“国家”情报活动法律问题及其监督机制之研究——以德国与“我国”情报法制为中心．东吴大学博士学位论文（台湾地区），2011：1.

② 刘杰．外国情报公开法述评．法学家，2000（2）：128.

③ 郭永良．论我国反恐模式的转型．法学家，2016（2）：149.

④ 张建伟．特殊侦查权力的授予与限制——新《刑事诉讼法》相关规定的得失分析．华东政法大学学报，2012（5）.

二、我国情报法律体系的基本架构

国家情报法律体系的完善与否，既是一个国家稳定发展情报工作的重要手段与工具，也是一个国家情报工作发展程度的重要标志之一。在理论上，我国的情报法律体系应当是一个“金字塔式”的形状，在塔的顶端是《中华人民共和国国家情报法》，在塔的中间是各种关于情报的法律法规，在塔的底层是有关情报工作的规范性文件，上述三者共同组成国家的情报法律体系。当前，情报立法的中层和底层已积累了许多行之有效的成熟经验，同时也存在诸多合力较弱、人权保障不够、体制机制不顺畅等现实问题，需要开展情报基本法的立法工作，以实现“法之安定与法体系完整之建立”，“利于各法间相互呼应，及执行上之不矛盾抵触”。[①]

在实践上，我国现阶段产生了对情报工作基本问题立法的需要。情报的目的主要是服务于国家安全的实然需要。作为一个开放的、动态的概念体系，国家安全的范畴和内容会随着国家政治经济的发展而变化，在不同历史时期服务于安全决策的情报工作重点也多有不同。中华人民共和国成立后我国国家安全战略重心是传统安全，国家安全观也是以安身立命的军事斗争准备为主。当时的情报工作主要用于满足对敌斗争的需要。改革开放后，中央于1997 年提出以“互信、互利、平等、协（合）作”为主要内容的“新安全观”，并通过发布《中国关于新安全观的立场文件》对它进行系统阐释后，非传统安全因素逐渐纳入国家视野。情报工作在此期间取得了长足进步，但由于新安全观只限于对外安全和国际安全问题，“只讲外部不讲内部”，是“一种片面的”国家安全观。[②] 情报工作自然需要立基地缘政治服务于外部的国际交往和地区稳定等方面的安全决策，其重点主要是政治安全情报、国土安全情报、军事情报等。2014 年中央明确提出“总体国家安全观”，对我国内外安全、传统与非传统安全及其具体内容进行了全方位阐释，是对我国面临的国内外安全形势进行的高度概括和时代总结，[③] 并通过立法、成立专门机构、实施国家安全战略等进行具体部署和落实，情报工作也应跟上这一步伐。尤其，总体国家安全观将国家安全布局为政治、国土、军事、经济、文化、社会、科技、信息、生态、资源和核 11 个领域的安全，这一布局与现有《中华人民共和国国家安全法》及各个部门的情报法律规范的划分并非一一对应，

---

① 柯泽东．环境法论．台湾大学法学丛书编委会，1988：150.

② 刘跃进．非传统的总体国家安全观．国际安全研究，2014（6）：6.

③ 郭永良．总体国家安全观对边检反恐的法律蕴意．江苏警官学院学报，2015（2）：37.

其中任何一项安全领域中情报活动的开展，都需要在各个法律文本中的相关内容共同配合加以调整规范。为此，从理论上和立法上将这些不同的法律规范加以提炼集中并在制度构造上整合形成有机统一的情报法律体系，有利于完整、系统地认识情报法律，有利于全面、集中、系统地指导和规范情报活动，进而可以满足国家安全的需要。当前，关键是制定具有统合性的法律文本来对情报工作的基本问题进行规范。《中华人民共和国国家情报法》的出台满足了当前的迫切需要。

三、实施《中华人民共和国国家情报法》时应遵循的原则

总体国家安全观的理论体系已得到法律制度的充分确认，对于关乎安全与否的情报工作，也需要通过建构相应的基本法制来固化。在实施《中华人民共和国国家情报法》时，需要遵循以下基本原则：

第一，必须遵循宪法及其精神。宪法是我国根本价值的凝练和文本表达。任何法律制度都必须依宪而制、依宪而行。这里的宪法既包括《中华人民共和国宪法》，也包括宪法精神。就宪法文本而言，落实《中华人民共和国国家情报法》时要特别注意与宪法下述条款的衔接：（1）第 28 条规定："国家维护社会秩序，镇压叛国和其他危害国家安全的犯罪活动，制裁危害社会治安、破坏社会主义经济和其他犯罪的活动，惩办和改造犯罪分子"，这是国家享有国家安全权力和义务的宪法来源，该条款对服务国家安全的情报工作也具有指引意义。（2）第33 条第 3 款规定："国家尊重和保障人权"，第 40 条规定："中华人民共和国公民的通信自由和通信秘密受法律的保护。除因国家安全或者追查刑事犯罪的需要，由公安机关或者检察机关依照法律规定的程序对通信进行检查外，任何组织或者个人不得以任何理由侵犯公民的通信自由和通信秘密。"这就要求情报工作不仅要服务安全，也要平衡人权，它意味着实施《中华人民共和国国家情报法》要充分考虑公民在国家安全面前需要克减和让渡多少权利。（3）宪法第 53、76 条对国家机关工作人员和公民保守国家秘密进行了要求，这是实施《国家情报法》的重要依据和制度保障。就宪法精神而言，宪法确定了我国的人民民主专政国体和人民代表大会制度政体。情报立法时不仅要充分吸纳人民参与，实现并保障民主主体和民主权利的广泛性，在确保每个公民的合法权益都能受到法律保护的同时，授权特定机关可以采取秘密手段和反情报等实现对极少数敌人的专政。尤其在开展情报工作时，要充分发挥我国人民代表大会统一行使国家权力和各国家机关分工合作、协调一致工作的制度优势，实现情报功用的集中、有效。

第二，认真了解各个国家、地区的情报立法实践，比较借鉴，在实施

《中华人民共和国国家情报法》的实践中，充实和完善国家情报法制工作。例如，美国早在1978年就颁布了《外国情报监听法》，用于规范收集外国情报以及对外反间谍活动的信息，并经过了6任总统内的数次修订，形成了相对成熟的关于对外情报监听的基本法律制度。该法就情报收集的对象、程序、方法、内容、情报机构之间的协同以及立法监督、司法审查等方面的规定比较系统、全面，值得我国借鉴。在法国，《情报法》于2015年5月通过。该法通过前后，引起了法国各界关于“要自由还是要安全”的全民大讨论。该法对警察和国家安全部门等采取相应的特殊情报技术，并对如何批准和控制监听技术的运作，包括窃听、安置摄像机、安置窃听软件、进入特定网络搜索情报等进行较为细致的规范，通过比较研究，有利于弥补我国《刑事诉讼法》中关于技术侦查中的缺憾。我国台湾地区的“‘国家’情报工作法”共33条，对情报主管部门和情报机构的关系及相应的机制等基本范畴进行了比较全面的规范，通过借鉴，有利于《中华人民共和国国家情报法》的贯彻实施。这也是本书研究域外情报法制的重要意义。

第三，以当前急切需要解决的问题为导向，对反恐、南海冲突等的情报需求及法制保障进行重点研究。当前，我国面临的内忧主要是非传统安全，如恐怖主义等；外患则主要是传统安全，如南海问题等。由此，当前实施《中华人民共和国国家情报法》应主要从适应上述领域的安全需要入手，着眼恐怖主义的形成机理、发展态势及防控思路，将情报法置于强化情报、侦查、防范、应急“四位一体”反恐布局中考虑。对于南海问题，要立足于国家利益和地区安全，加大收集分析各方的利益诉求，充分在历史和法律框架中对南海冲突风险的化解提供智力支持和情报保障。这需要在实施《中华人民共和国国家情报法》时对上述问题有清醒的认知和务实的考虑。

第四，实施《中华人民共和国国家情报法》必须有一个全局性的战略布局，即明定我国情报工作的总体思想、主要目标和制度体系。其总体思想是服务于国家安全战略布局，主要目标是通过权责配置实现情报部门之间的合力，避免无序情报工作的形成。其制度体系则主要包括核心制度和保障制度。核心制度是指直接用以规范或调整情报部门在国家情报工作中之行为的规则体系，它应包括收集制度、分析研判制度、归口报送制度、使用和分享制度以及必要的隐蔽行动和反情报制度。保障制度是指用以支撑核心制度顺利推进和有效运行的规则体系，主要包括信息技术制度、情报资金制度、队伍建设制度和保密制度。[1]

第五，实施《中华人民共和国国家情报法》时，应对情报含义进行严格界定。当前，在关乎国家安全的各个机构中，情报依托不同的名称、载体、渠道等在被使用。例如，军事情报指为保障军事斗争需要而收集的敌对国家、集团和战区的有关情况以及对其研究判断的成果；内参是指决策者或者高级领导者参考的内部情况报告；政府信息是指行政机关在履行职责过程中制作或者获取的，以一定形式记录、存在的信息；等等。此外，还涉及情报（intelligence）与信息（information）的辩争、社会科学情报与自然科学情报的界分、[2] 服务于经济发展的图书馆情报与科技情报和服务于国家安全的情报之间的混淆，等等。由此，未来在实施《中华人民共和国国家情报法》时，应适时对这一基本概念进行厘定，避免概念不清造成的内耗，促进情报法律体系的发展，进而满足国家安全的需要。

---

① 张秋波、郭永良．我国公安情报工作立法若干理论问题研究．武警学院学报，2015（9）：12－13．

② 黎难秋．国家情报政策涵义及其制订原则．情报科学，1988（6）：57．

参考文献

[1] 蔡震荣. 警察职权使法概论. 台湾元照出版公司, 2004.

[2] 陈新民. 行政法学总论. 台湾三民书局, 2005.

[3] 法学研究编辑部. 俄罗斯法论丛 . 中国社会科学出版社, 2006.

[4] 黄道秀. 俄罗斯法研究. 中国政法大学出版社, 2013.

[5] 梁陶. 日本情报组织解密. 时事出版社, 2012.

[6] 刘守功. 国外间谍情报机构概览及活动. 金城出版社, 1996.

[7] 张保平, 尹承军. 边防案件秘密侦察理论与实践. 群众出版社, 2010.

[8] 张俊杰. 当代俄罗斯法学思潮. 法律出版社, 2008.

[9] 陈明传, 骆平沂. 情报与国土安全、国家安全之关系. 台湾警察专科学校警专学报, 2011, 5 (1).

[10] 戴艳梅. 俄罗斯联邦安全总局探析. 情报杂志, 2010 (1).

[11] 杜邈. 澳大利亚反恐怖主义立法述评. 河北法学, 2006 (10).

[12] 范莉萍. 中俄信息安全立法比较研究. 黑龙江大学学报, 2010.

[13] 方晓志. 《澳大利亚国家安全战略》评析. 世界经济与政治论坛, 2013 (3).

[14] 郭晓峰. 试论侦防网络犯罪的层级模式. 山西警官高等专科学校学报, 2009, 21 (3).

[15] 郝晓伟等. 俄罗斯互联网治理工作评析. 当代世界, 2014 (6).

[16] 胡荟, 孟祥. 论法在美国情报管理体制中的地位与作用. 情报杂志, 2015 (8).

[17] 黄爱武. 战后美国国家安全工作的法律规制. 上海政法学院学报, 2010, 25 (3).

[18] 李伟. 二战后日本政治体制改革. 长治学院学报, 1997 (4).

[19] 李志鹏, 张若龙. 日本国家安全保障会议探析. 江南社会学院学报, 2015 (6).

[20] 李竹. 美国、俄罗斯国家安全立法背景析评. 苏州教育学院学报, 2008 (1).

[21] 梁志. 美国中央情报局的由来及其职能的演变. 历史教学，2009 (10).

[22] 刘杰. 外国情报公开法述评. 法学家，2000 (2).

[23] 刘肖岩. 美俄情报文化比较. 情报探索，2012 (10).

[24] 刘亚强. 英美安全情报体制的设置与调整对中国安全情报体制建设的启示. 南开大学，2008.

[25] 马亚雄. 英日警察条块结合管理体制中的权限划分. 公安研究，2002 (11).

[26] 闵娜. 俄罗斯国家安全观的发展演变. 群文天敌，2013 (8).

[27] 潘妮妮.《特定秘密保护法》与日本国民权利浅析. 日本学刊，2014 (5).

[28] 皮纯协，刘杰. 知情权与情报公开制度. 山西大学学报，2000 (3).

[29] 任福珍. 情报机构的潜在用户及其转化新探. 延安大学学报（社会科学版），2002 (2).

[30] 孙晓宇，张秋波. 美国情报监听立法评析. 现代情报，2015 (4).

[31] 孙星. 澳大利亚信息安全保障体系及对我国的启示. 信息安全与技术，2011 (9).

[32] 王存奎，王爱博，王雪莲等. 情报界定相关立法比较研究. 保密科学技术，2015 (12).

[33] 王琨. 俄罗斯人权全权代表制度研究. 复旦大学，2010.

[34] 王良鹏，周振杰. 日本二十世纪初的治安立法与治安体制研究. 刑法丛论，2014 (2).

[35] 王绪珍. 俄罗斯情报机构东山再起. 国家安全通讯，2000 (10).

[36] 吴常青. 国家安全与公民隐私权的平衡：美国情报监听制度及启示. 情报杂志，2016，35 (4).

[37] 肖传国. 冷战后日本情报体制改革探析. 日本学刊，2012 (4).

[38] 谢芳. 世界主要法治国家监听法综述. 山东警察学院学报，2006 (1).

[39] 谢晓专，王沙骋，赵需要. 美国情报监听立法沿革研究. 图书情报工作，2011，55 (22).

[40] 谢艳. 西方行政立法控制机制及其对我国的启示. 浙江大学，2004.

[41] 杨小敏. 反恐背景下美国监视和情报制度的新发展. 当代法学，

2009，23（3）.

［42］杨艳芳．美国宪法中公民权利变迁考察．法制与社会，2012（36）.

［43］张秋波，闫妍．美国情报监督立法及启示．情报杂志，2016（35）.

［44］张向宏等．美日俄信息安全体制机制研究（二）信息安全法规建设．微型机与应用，2015（12）.

［45］张优东．恐怖主义犯罪现状、根源及立法完善．西南大学，2006.

［46］郑余豪．从美国联邦调查局之组织探讨我国政治侦防与犯罪侦查之划分．中国文化大学法学研究所，2003（3）.

［47］钟海．新世纪日本情报政策的调整．情报杂志，2001，20（7）.

［48］周振杰．日本近代刑法与刑法思想史研究．刑法论丛，2011（3）.

［49］朱世巍．细看日本近代情报机关，http://www. globalview. cn/html/global/info_6843. html. 2015.

［50］澳大利亚的立法制度．Http://www. pkulaw. cn/fulltext_form. aspx? Gid = 1509961902. 2015 - 3 - 26.

［51］澳大利亚反恐怖主义立法述评．Http://www. pkulaw. cn/fulltext_form. aspx? Gid = 1509961902. 2015 - 3 - 26.

［52］澳大利亚立法概述研究．Http://www. pkulaw. cn/fulltext_form. aspx? Gid = 1509961932. 2015 - 3 - 26.

［53］人民网．日本《通信监听法》起争议，http://www. people. com. cn/GB/channel2/18/20000822/196777. html. 2000.

［54］中国新闻网：日本《特定秘密保护法》恐开启军国主义，http://www. chainanews. com/mil/2014/12 - 12/6871072.

［55］Andrew Nolan, Richard M. Thompson II. Reform of the Foreign Intelligence Surveillance Courts: Procedural and OperationalChanges. http://www. fas. org/sgp/crs/intel/R43362. pdf. 2014.

［56］Jared Serbu. Geospatial intelligence HQ is now DC's 3rdlargest federal office building. http://federalnewsradio. com/in - depth/2011/09/geospatial - intelligence - hq - is - now - dcs - 3rd - largest - federal - office - building/slide/1/. 2011.

［57］Jennifer K. Elesea. Intelligence Identities Protection Act. https://fas. org/sgp/crs/intel/RS21636. pdf. 2013.

［58］Marco Capriz. Reforming The US Intelligence Community: Legislative Responses To Recent Historical Events. http://makalu57. com/styled - 14/index. html. 2009.

[59] Office of the Director of National Intelligence, Office of the General Counsel. Intelligence Community Legal Reference Book. 2012.

[60] Office of the Director of National Intelligence. U. S. National Intelligence An Overview. 2013.

[61] The 9/11 Commission Report: Final Report of the National Commission on Terrorist Attacks Upon the United States (Authorized Edition), W. W. Norton & Company, July 22, 2004, at 411.

[62] The Washington Post. USA Freedom Act: What's in, What's out. https://www.washingtonpost.com/graphics/politics/usa-freedom-act/. 2015.

后　记

情报往往与隐蔽相系，法治则与公开关联。从某种意义上可以说，一个国家法治程度与公开内容呈正相关关系。那么，情报法治化建设水平也是衡量一个国家法治化程度的重要尺度。在情报法制建设过程中，情报立法反映了一个国家对情报工作的态度和方针，它是国家对情报工作重视程度的集中体现。情报立法是一个漫长的过程，它以情报工作实践为基础，在情报执法过程中不断完善和发展，并形成一个符合国家情报工作现状的相对完备的情报法律制度体系。不难理解，一个国家的情报法制往往受到其政治、经济、文化、地理环境以及面临的威胁等因素的影响。纵览国内关于情报法制研究的学术论文和著作，大抵可以分为两类：一类是情报法治化过程的简单陈述和描述，如情报法律的产生、形成、发展等；另一类是各国情报法制的简单罗列，一般都是美国、俄国、法国、德国、日本、以色列的介绍性排列，至于其中“各自滋味”，全凭读者自己理解。上述两种研究方法，有一定的缺陷，对于情报法制的研究本身就是一项极富挑战性的工作，如何在资料不充分的情况下，通过分析各国情报法律制度的历史以及优缺点，对我国情报法制建设提出真知灼见，才是情报法制研究的根本。

本书依托于国家社科基金项目“总体国家安全观视野下公安情报法制建设研究”（编号：15BFX060），对各典型国家（地区）的情报法制建设做出了梳理，并给出了自己的判断。希望能够为我国情报立法工作的推进有所裨益。当然，囿于语言和材料上的不充分，书中难免有许多不足，尤其书中引用了诸多参考文献，未免有疏漏之处，敬请批评指正。

本书分工如下，张秋波负责全书架构和统筹，第一章由闫妍撰写，第二章由王帅响撰写，第三章由孟祥云撰写，第四章由周相坤撰写，第五章由张健豪撰写，第六章由孙一凡撰写，郭永良负责前言、结论的撰写及全书部分表述的修改。

著者

2017 年 9 月